·杭州·

天台山文化简明读本

胡正武 著

浙江工商大学出版社
ZHEJIANG GONGSHANG UNIVERSITY PRESS

·杭州·

图书在版编目(CIP)数据

天台山文化简明读本 / 胡正武著. —杭州：浙江
工商大学出版社，2019.10
ISBN 978-7-5178-2283-7

Ⅰ. ①天… Ⅱ. ①胡… Ⅲ. ①地方文化－台州－通俗
读物 Ⅳ. ①G127.553—49

中国版本图书馆 CIP 数据核字(2019)第 141318 号

天台山文化简明读本
TIANTAI SHAN WENHUA JIANMING DUBEN
胡正武 著

责任编辑	沈 娴 刘 颖
责任校对	费一琛
封面设计	叶泽雯
责任印制	包建辉
出版发行	浙江工商大学出版社
	(杭州市教工路 198 号 邮政编码 310012)
	(E-mail:zjgsupress@163.com)
	(网址:http://www.zjgsupress.com)
	电话:0571－88904980,88831806(传真)
排 版	杭州朝曦图文设计有限公司
印 刷	杭州高腾印务有限公司
开 本	710mm×1000mm 1/16
印 张	16.25
插 页	20
字 数	305 千
版印次	2019 年 11 月第 1 版 2019 年 11 月第 1 次印刷
书 号	ISBN 978-7-5178-2283-7
定 价	48.00 元

天台山蜜橘新出世

天台山蜜橘雪中摘盡

大世界

THE GREAT WORLD DAILY NEWS.

公城

天台山蜜橘广告（第7页）

1

天台山琼台仙谷（第 42 页）

智者大师像（第 46 页）

国清寺隋塔重光，汤天伟摄（第 46 页）

天台山桃源春晓，胡如海摄（第**49**页）

天台山桃源春晓鸣玉涧（第 52 页）

东洋白鹤殿（第 54 页）

郑虔《溪山行旅图》(纨扇绢画)(第 **80** 页)

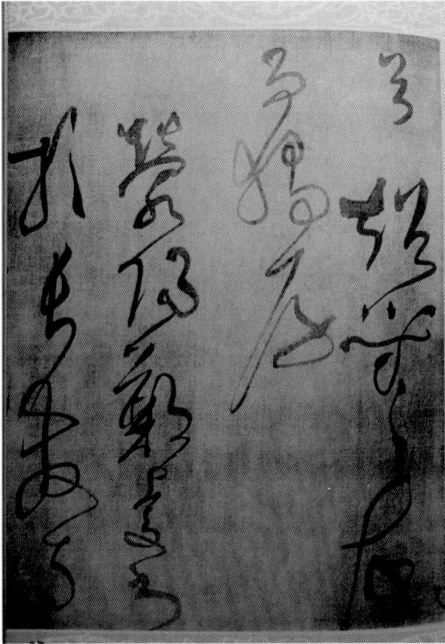

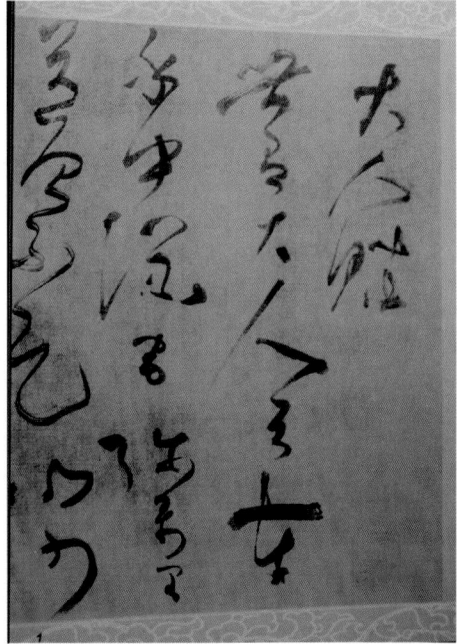

郑虔《大人赋》(局部)(第 82 页)

朱熹题字"源头活水"（第 86 页）

寒山子隐居像（第 102 页）

日僧最澄来台求法通关文牒（第 **108**、**218** 页）

台州龙兴寺（唐开元寺），吴丽华摄（第 **108** 页）

日本天台宗赠呈台州龙兴寺道邃和尚传教大师像（第 109 页）

日僧最澄台州受戒碑（第 **109** 页）

雍正御撰《紫阳道观碑文》，王海波摄（第 127 页）

上諭朕惟佛道弘深普濟萬品宗師開揚妙吉教故

泰達使眾生利益福田不墮慈令在湔門則當斯

其覺宄在時法勅當耀其微軸朕閱古德語錄選

輯僧肇以下諸大善知識之作刊示來今囚念諸

家廣德後學實得佛祖妙心宜示廣闡持加封號

隆業偕真人來明奇禪師帯溪森禪師供已另降

諭吉玉林琇禪師已蒙

世祖章皇帝投封外其餘未封者俱加封號其踵前代

已封者俱增字加封僧肇勅封大智真覺智僧禪師永

嵩覺勒封润明瑞相禪師寒山勅封妙覺普度和聖大

士拾得勅封閒覺慈度合聖大士趙州諗加封圓浹

真際禪師竇門催加封　　未弟寧匱真

洋明禪師雪竇顯加封正智明覺禪師溈山祐加

封智寶大圓禪師仰山寂加封真諯智通禪師寂　圓牿

勤果加封明棠真覺禪師並令該地方官致祭一

次俾天下後世恭學大眾者知果能實備實證利

已利人則千百年後帝王猶為之表彰是亦勸勵

之道也特諭

雍正敕封和合二聖諭（第151頁）

抗倭英雄戚继光（第 **202** 页）

戚继光表功碑，马欣摄（第 202 页）

俞大猷题摩崖石刻（第 **202** 页）

琳山学校（第 210 页）

琳山学校一隅（第 210 页）

隋代古刹国清寺,吴丽华摄(第 219 页)

国清寺高僧三石碑，吴丽华摄（第 **220** 页）

天台国清寺妙法莲华经经幢，吴丽华摄（第 220 页）

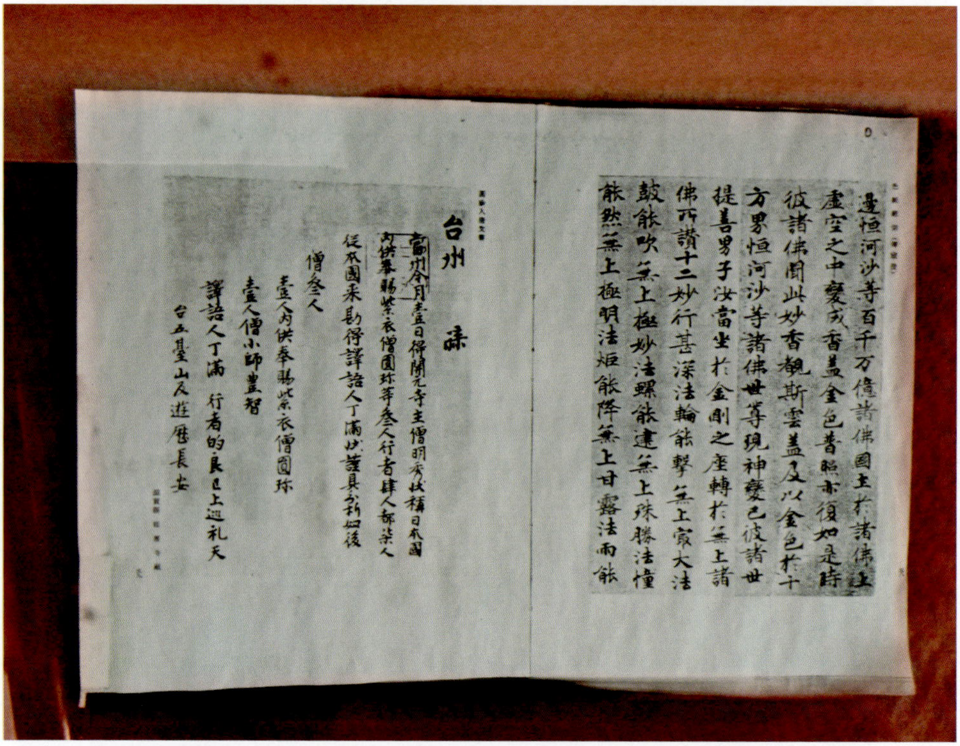

邊恒河沙等百千万億諸佛國土於諸佛上
虛空之中變成香蓋金色普照亦復如是時
彼諸佛聞此妙香觀斯雲蓋及以金色於十
方界恒河沙等諸佛世尊現神變已彼諸世
提善男子汝當坐於金剛之座轉於無上諸
佛所讚十二妙行甚深法輪能擊無上最大法
鼓能吹無上極妙法螺能建無上殊勝法幢
能然無上極明法炬能降無上甘露法雨能

台州　牒

當州今月壹日得開元寺主僧明秀狀稱日本國
內供奉賜紫衣僧圓珎等叁人行者肆人部從人
從本國來勘得譯語人丁滿狀謹具分析如後
僧叁人
壹人內供奉賜紫衣僧圓珎
壹人僧小師豊智
譯語人丁滿　行者的良已上巡礼天
台五臺山及遊歷長安

日僧圓珍等人巡礼天台山文牒(第 **226** 页)

中韩天台宗祖师纪念堂，吴丽华摄（第 **220** 页）

河内文庙科甲碑廊（第 225 页）

大禹陵（第 232 页）

孝女曹娥庙（第 232 页）

谢安隐居处（第 232 页）

天台山华顶李白读书堂遗址（第 232 页）

华顶拜经台日出，汤天伟摄（第 **232** 页）

天台山桐柏宫紫阳殿（第 232 页）

石梁飞瀑，吴丽华摄（第 233 页）

天台山赤城（第 **233** 页）

自　序

常言道："无巧不成书。"

我做本课题是因缘巧合，是由几个没想到凑成的。一是中学后的读书没想到："天台邻四明，华顶高百越。门标赤城霞，楼栖沧岛月。"回想求学时代最初为生我养我的家乡台州感到自豪者，是读唐朝诗仙李白这首《天台晓望》的诗作，令我心头似乎有一种莫名的惊喜，原来台州的标志天台山竟然在大诗人笔下是如此的壮丽巍峨！随着读到更多唐人诗歌，这种情感更加浓郁，如盛唐田园诗人孟浩然写道："问我今何适？天台访石桥。"(《舟中晓望》)"欲寻华顶去，不惮恶溪名。"(《寻天台山》)可见天台山在当时骚人墨客心目中居于何等地位。在从家乡台州临海到杭州来回途中，一路上遥见赤城山梁妃塔，度会墅岭，缘剡溪到绍兴，再渡钱塘江抵达杭州，即情不自禁地涌起诗仙《梦游天姥吟留别》诗中所写种种情境，与沿途山水相观照，朦胧中生出这么有名的诗人为何来到如此偏僻遥远而荒凉的地方？因何而来，又来干什么？然当时仅以此懵懂疑问而已。二是这条我上大学的路，后来成了一条为海内外唐诗研究者所瞩目的"浙东唐诗之路"没想到：从湮没于历史尘埃之中无人问津的遗迹，到学界感兴趣、政界作规划、社会各界共建共享的山水文化廊道，其影响力不仅限于国内；从昔日声名煊赫，到现代日渐销声匿迹，又到近三十年来日益广为人知，成为浙江大花园建设中的亮点，并有可能成为今后申报世界文化遗产的选题。三是在教学上担任地方文化课没想到：成为大学教师后，对地方文史有点兴趣，也写过几篇习作性的论文，遂因而安排我接任《天台山文化》的乡土课程，便让我由之前的业余兴趣而改成职业之一课。于是搜集资料，自编讲义，购得《全唐诗》《全唐文》《全唐诗补编》《全唐五代小说》及正史如《二十五史》、方志如《天台山方外志》等，还有台州文史界所作地方名人介绍等，边阅读边摘录，编过《全唐文》中有关台州的文章篇目索引等资料，从囫囵吞枣起步，到逐步深入解读，基本脉络由模糊到逐渐清晰，所编讲义也从薄到厚，内容从粗疏肤浅到有所深入细致，总之是变得有些"丰腴"起来。嗣后申报省社科联课题获得成功，就以此讲义为嚆矢,加以整理、充实和提高。四是成书如此曲折没想到:在本课题照原计划推进其间,因为主持学报编辑部工作,兼顾教学、科研,头绪不少,又逢学校迎接办学百年之吉、迎接教育部本科办学水平评估等重大事件,奉命为学校主编校志等事,作为迎评组成部分不容推辞。而自觉才疏学浅,绠短汲深,负重过任,经常睡眠不足,遂导致腰椎间盘复发,连坐在椅子上都不能久,乃借得一张学生床板,仆在上面赶工。承蒙一起编纂诸位同事齐心协力,众志成城,忘我投入编纂审校,乃在学校给出的期限前纂成校志初稿交付使用。复因编纂校志及修改出版需要,先后奔走于杭州、温州、宁波、临海各档案馆、校史馆等,搜集抄录校史档案,对于百年办学历史及其曲折苦难发展过程有点熟悉,故校内凡涉及校史疑难之事,几乎均来找我。另有学校前身办学旧址保护与宣传,校志后续利用诸事,亦均难置身于外。如此一来,自己完成这个"读本"课题就在无形中"冷却"下来了,以至于时间延长,难以着手结题。五是申报台州山海文化传统及其当代价值研究创新团队、筹建天台山文化研究院一事没想到:我校原有研究地方文史机构从最初的台州师专台州人文研究室,逐步演变为台州学院天台山文化研究所,我都参与其中,从台州人文研究室时最年少者,到天台山文化研究所的最年长者,都是人数较少、规模亦小,资助从无到有但很少、目标也不高大,管理较为宽松的模式,到台州学院升格本科之后,教学科研并驾齐驱,团队建设日益重视,故作为核心成员之一组成"台州山海文化传统及其当代价值研究创新"团队,向台州市申报获得成功。数年前学校筹建和合文化研究院·天台山文化研究院时,充实了一批青年博士,引进学术研究带头人,为办成一个既要眼睛向上瞄准国家级项目,即所谓"顶天",又要立足地方、研究地方、服务地方的课题,即所谓"立地"这样两头兼顾的全校第一个人文社科学术研究平台,拟订建设方案,反复讨论修改,度过了一段艰苦紧张、颇费心血,令我很难遗忘的时光。研究院揭牌以后,除了原有学报编辑工作和研究院日常管理工作外,终于想起要把搁笔多时的本课题做完,才动笔续写的。故本书中的内容,既有自己对于以往研究的沉淀、积累以及近年来的思考,也有受到前辈同事的指导、后辈同事的砥砺与启发。对于本书的最终完成,内容的充实提高,这是一个不能不记的因素。

此书的稿子交付出版社后,蒙责编沈娴女史细心审读,提出若干修改建议,因又做了集中修改。至此,笔者心中虽感如同卸下一点重负,稍稍松了一口气,但仍有不少的牵挂,时而有所剔决。岁月不居,顷刻之间,已过如许春秋!回首往事,略述颠末,以为自鉴之镜。

权为序。

目　录

说明:

本书为浙江省社科联社科普及重点课题(2007—75)成果,亦是台州市"台州山海文化传统及其当代价值研究创新团队"研究成果之一。

第一章　概　说

第一节　天台山命名的由来

天台山是一座风景优美的濒海名山，是一座拥有丰厚文化积淀的人文名山，它的名字既美丽又飘逸，既明白透亮又蕴藉含蓄，令人循名责实，激起探寻与亲临其境的情感。那么这个美好的山名是如何而来的呢？实际上它是中国古代"天人合一"传统哲学思想在山水地名上的反映，此山上应天文中的台宿（也叫台星），因而取其义命名为天台山。宋陈耆卿《嘉定赤城志》卷二十一《山水门》载："天台山在（天台）县北三里。按陶弘景《真诰》：'高一万八千丈，周回八百里。山有八重，四面如一。'《十道志》谓之顶对三辰①，或曰当牛女之分，上应台宿，故曰天台。一曰大小台，以石桥大小得名，亦号桐柏栖山。"古代将天文与地理对应，此山"顶对三辰，上应台宿"，故以"台"为名。《晋书·天文志》载台宿共六星，两两而居，分为三对，叫作"上台""中台""下台"，故别名"三台"。其含义是："在人（间）曰三公，在天（上）曰三台，主开德宣符②也。西近文昌二星曰上台，为司命，主寿。次二星曰中台，为司中，主宗室。东二星曰下台，为司禄，主兵。所以昭德塞违也。"三台六星主管"开德宣符"，分别主寿、主宗室、主兵，"所以昭德塞违"，此语出自《左传·桓公二年》："君人者将昭德塞违，以临照百官。"唐孔颖达疏："昭德谓昭明善德，使德益彰闻也；塞违谓闭塞违邪，使违命止息也。"是说国君要彰显美德，避免错误，做百官楷模之意。三台对应人间，寓意三公，即象征人世间地位最高贵的三个职位：大司徒、大司马、大司空。一说对应太师、太傅、太保。

① 顶对三辰：上对天上的日、月、星。
② 主开德宣符：主管发现神明之德，向民间宣示其意图。

因此天台之名含义美好，引发遐思，天下便有许多山名取义于此，也有取名"三台"者，加上简化字将"楼臺"（楼台）、"臺阶"（台阶）的"臺"字也简化为"台"，以致现在国内"天台山"数量不少，其中就有由"天臺山"简化而来者。

谚云："入乡随俗。"浙东台州天台的读音是常常被人家读错的，所以首先要提出这个问题。现在中央电视台和广播电台播音员大多能够读准确天台的"台"是读阴平声，但是也有一些读错的；而平民交际尤其是非台州人交际中大多把它读作"五台山"的"台"，也就是把它读作"楼臺"（楼台）、"臺阶"（台阶）的"臺"了。这主要是简化字方案推行以后原先属于不同的词、不同的字被简单合并所导致的音义混淆。此前台州天台的读音尚不至于如此混淆。

台州以天台山得名，天台山的"台"读如怀胎十月的"胎"，天台的"台"也是"胎"字的声符。古代字书中"台"字又有另一音，读如贻，是表示第一人称代词"我"的意思。梁顾野王《玉篇》："台，与时切，我也。又音胎。"它是说"台"有两个基本含义：第一人称代词的"台"和台星的"台"。这两个"台"字不但读音不同，其字形原本也有差别。《玉篇》在《分毫字样》中区别台字音义时做了如下解释：台读"汤来反"，即读如"胎"音时其含义为"星也"，是星宿名；读作"羊支反"即同"与时切"音时，其含义为"我也"，是第一人称代词①，《尔雅》："台、朕，予也。"两者原本属于两个字形，后来字形同化了，但读音未变。

简化字方案将"臺""檯""颱"这些形义各不相同的字都合并为一个笔画少的"台"，造成了词义与字形的淆乱，原先字形与词义相对清晰的对应关系被破坏了。五台山的"台"、台湾的"台"原本写作"臺"，电视台、广播电台的"台"字原本也写作"臺"，读如"抬"。"臺"字本义为土臺、楼臺、臺阶，汉许慎《说文解字》："臺，观四方而高者。"《玉篇》："臺，徒来切，四方高也，阁也。"唐陆德明《经典释文》："臺榭，（榭）音谢，本亦作谢。土高曰臺，有木曰榭。"如《左传·昭公七年》："楚子成章华之臺，愿与诸侯落之。"②杜预注："宫室始成，祭之为落。"它与本义指天文学上星宿名的"台"可说是风马牛不相及的两个词两个字。简化以后，今人难以区分这两者的音义关系，使得天台、台州这个地名多易误读以至于误解。据说改开之初有一次台州组织了一个代

---

① 这一音义的"台"在字形上口字下边不合，是怡、贻、鲐等字的声符。

② 这句话意为：楚国的国君建成了章华台，希望与诸侯一起为它举行落成典礼。

表团到外地考察学习,在互相介绍情况时,东道主中有人问道:"请问台州是台湾的哪一部分?"这不禁令在场的台州人吃惊不小,啼笑皆非。

台州天台的读音应当遵循"名从主人"的原则,这样才能保持地名特有的音义内涵,才能体现文化的多样性和地方性。汉语中对于人名、地名等专名就有保持其本色读音的规则,如吐蕃不能读作"土番",瓦窑堡不能读作"瓦窑保",可汗要读如"克寒",单于要读如"缠于",天竺又写作身毒①,读如"怨笃";唐德宗李适、宋学者洪适的"适"读如"括"而不能读如"式"②。即使人名等专名的写法也不可随意改变,如张国焘不可改为"张国涛",姓"於"的也不可随便改成"于",姓"潘"的更不可写成"泮",等等。在人名地名用字上要尊重历史、继承历史而不是抹杀历史,尊重个性、理解个性而不是抹杀个性,才能促进文化的多元并存,才能促进文化的兴旺繁荣,才能实现社会的和谐发展,真正提高全民族人民的科学文化水平。

第二节　地方与山镇

地名之命名,或以山或以水,这在江南一带尤其普遍。宋朝王观国在《学林》卷六《扬》中说过这样一段意思:"古人建立州县,或由山名,或因水名,或因事迹而为之名。非此三者,而以意创立,则必取美名。"是说古人给地方州县取名,要么按照山名命名,要么根据水名命名,要么根据某个突出的事迹命名,如果上述三类都不是,那么就是根据自己的意愿取含义美好的名字了。这确实比较概括地表达了地名命名的"原则"。中国自古以来就有在一个地方寻找一座名山作为该地方山镇的传统(当然不能机械化绝对化地看待这个问题),这个山镇实际上就是此地的地理标志,又往往是它的文化代表。《尚书全解》卷二:"封十有二山。"汉朝孔安国注云:"每州之名山殊大者,以为其州之镇。《周礼·职方氏》:每州皆取其大者以为镇,若扬州山镇曰会稽;荆州山镇曰衡山之类耳";"正北曰并州,其山镇曰恒山";"东北曰幽州,其山镇曰医无闾"。每州封表一山为一州之镇,所以某地寻找一座名山作为地理标志和文化代表是十分普遍的事情。就浙东台州来说,它的山

---

① 《梁书·诸夷列传·中天竺国》:"身毒即天竺,盖传译音字不同,其实一也。"
② 简化字适合的"适"本作"適",与从"舌"声的"适"也是风马牛不相及的两个字。

镇是天台山,故州以山名,即是遵循先人之传统而已。浙东其他几个州也有类似现象,如绍兴原名越州,越州以前称会稽郡,以会稽山得名,会稽山即其山镇;宁波原名明州,系以四明山得名,四明山即其山镇;金华取金华山为名,金华山即其山镇;衢州取其境内三衢山为名,三衢山即其山镇;等等。即使浙东以外其他州郡之于境内名山,其理亦同,如江州(今江西九江)山镇为庐山,宋人陈舜俞《庐山记》卷一《总叙山篇第一》引孙放《山赋》曰:"寻阳(今浔阳)南有庐山,九江之镇也。临彭蠡之泽,接平敞之原。"意为浔阳南面有庐山,是九江的山镇,面临彭蠡泽(即鄱阳湖),连接平坦开阔的原野。

天台山成为本州郡的山镇是在南朝到隋唐,行政区划上由临海郡到台州时期。原先临海郡是以临海县为基础与核心,临海县本以临海山得名。《太平御览》卷四十七引《临海记》曰:"临海山,山有二水,合成溪曰临海。一水是始丰溪,一水是乐安溪。至州北两溪相合,即名临海溪。山因溪名。"《太平寰宇记》则称临海山在县东北二百四十里。宋陈耆卿《赤城志》因之。按其道里计算,大约在临海东面沿海,此处因非重点,姑不具论。所以临海县与临海郡是以临海山而命名,临海山为山镇。后来的台州这一块地方首先依靠其山水成为中原文人关注的媒介,因而天台山作为台州的山镇早在台州出现以前的临海郡时期,逐步完成转换。先前是孙绰对天台山的赞美颂扬,加上与孙绰时代相仿佛的东晋其他知名文人的鼓吹,对于天台山的"美的发现"产生了巨大而深远的影响。东晋文学家,曾任临海郡章安令的孙绰在《游天台山赋》序中说:"天台山者,盖山岳之神秀者也。涉海则有方丈、蓬莱,登陆则有四明、天台,皆玄圣之所游化,灵仙之所窟宅。夫其峻极之状,嘉祥之美,穷山海之瑰富,尽人神之壮丽矣。"后来南朝梁昭明太子萧统编纂《昭明文选》时选入孙绰此赋,《游天台山赋》遂成为读书人必读的作品,在文人心中留下深刻印象。而临海山则由于缺少名人名作,无从发挥文化张力,逐渐失去其"山镇"的地位,为天台山所取代。

天台山简称"天台"或者"台山",如东晋支遁《天台山铭序》:"往天台者,当由赤城山为道径。"前唐诗人李巨仁[①]《登天台篇》诗云:"台山称地镇,千仞上凌霄。云开金阙迥,雾暗石梁遥。"可见在唐朝初期将此前的临海郡建置为台州以前,此地的山镇天台山已经是众所周知的共识了。

---

① 其年代或作梁朝人,或作隋朝人,总之在前唐时期。

第三节　天台山文化是台州文化的代表

　　山镇虽然要高大，但不是以高大为唯一准则。因为它不仅是自然地理属性上的山，更是文化属性上的山，所以有的地方山镇不一定是该地方最高大的山，但是它必定是该地方文化上最有代表性的山。如"扬州山镇曰会稽"的会稽山就是这样的例子，姑且不说前汉时期扬州那么广大的辖区内有比会稽山高大者存在，即使是后来从扬州分出来的会稽郡境内也有比会稽山高大者存在，如括苍山、天台山、四明山等都是浙东有名的大山。这些大山为何未能成为会稽的山镇？当然是会稽山具有至高无上的地位与名望。传说大禹治水到此，召集天下诸侯共商大计，死后即葬于此山之麓（即所谓"禹穴"），故得名"会稽"（"会"者集合聚会也，"稽"者计之谐音也——笔者注）；后来越国君主勾践兵败于会稽山，复于此"卧薪尝胆，奋发图强"，"十年生聚，十年教训"，终于打败吴国，报仇雪耻，后来更是与诸侯争雄，令越国登上巅峰，越国势力空前强大。故会稽山的历史地位远高于境内其他的山，遂成为扬州山镇，成为会稽郡的山镇。台州以天台山得名，也就意味着台州境内具有山镇条件的名山无出其右，如括苍山虽然高大胜于天台山[①]，但天台山的文化地位远超括苍山，天台山是台州自然地理上的象征和标志，天台山文化是台州文化的代表，所以用天台山文化来标目就是代表了台州文化。台州人或者外地人在涉及台州山水时总是喜爱联系到天台山，而不必限于其实际空间距离的远近。如宋朝蔡向蔡瞻明，他本是东平（今属山东）人，于绍兴初年提举浙东常平，因寓临海。其宅在巾山南麓，与南园相近。宋王之望《跋蔡瞻明双松居士图》有云："天台之麓，梵释之宫。长松对植，夭矫双龙。拔地起兮摩天扫空，雄吟雌和兮方塈清风。下有丈人兮巾屦从容，玩此卒岁兮何必友园绮而交黄公？归来明堂须栋兮，无留滞乎山中。"又如南宋初曹勋隐居于台州城内巾山之北麓，其别业（别墅）号"松隐"。清洪颐煊《台州札记》："曹太尉勋绍兴中寓居台州，筑松隐于巾子山麓。"宋陈耆卿《赤城

---

　　① 括苍山绵延于浙东台、婺、处、温州之间，其主峰米筛浪海拔 1382.4 米，坐落在台州临海境内，今峰顶建有全国最大高山风电场。虽然未成为台州之山镇，而成为处州之山镇。处州曾以此得名括州，后因避唐德宗李适讳而改名处州。

志》："曹勋，颍昌人，字公显。宣和五年赐同进士出身，官至昭信军节度使开府仪同三司，赠太师，谥忠靖。绍兴中寓天台。"曹勋在南宋高宗绍兴年间（1131—1162）在台州州治巾子山麓造别墅居住，后来卒于临海，"曹开府勋墓在临海县西四十里显恩褒亲院侧"。这里的"寓天台"指的是居住在台州州治临海。这都是极其寻常的事例。而唐朝诗人吟咏台州也每喜欢提到天台山，如皎然《送邢台州济》诗云："海上仙山属使君，石桥琪树古来闻。他时画出白团扇，乞取天台一片云。"诗写得潇洒飘逸又蕴藉含蓄，于卷舒自如的想象浪漫中寄托了送别友人赴任的情意，并交代了自己对"海上仙山"的无限向往，令人激起一睹仙山真面的情感和欲望。由此以来，文人在诗文作品，迎送交际之间，都喜欢以"天台"代称台州，形成风气，延绵不绝。由于天台山所具有的美好含义，产生了联系人间与天上的纽带作用，自汉末以来，佛道宗教便在此地逐步兴盛发达起来，这自然增进了天台山的神秘气氛，令人产生了更多的联想与想象。因此，天台一名不仅台州人喜欢用，台州以外地方的人也很喜欢用。这就是后来盛行的文人之间交际普遍以"天台"代称台州的来源。如唐朝台州刺史吕丘胤《寒山诗集原序》："详夫寒山子者，不知何许人也。自古老见之，皆谓贫人风狂之士。隐居天台唐兴县西七十里，号为寒岩。"这里的"天台唐兴县"便是台州唐兴县的意思。唐兴是唐朝安史之乱爆发以后，将原始丰县改名为唐兴县。笔者曾经在《训诂阐微集》中概括"天台"一名在意义上主要包含三个层次：本义为山名，即天台山；其次，指台州，州以此山得名，故可代称州名，《台州府志》中屡次提及"天台，台州之通称"；其三，指天台县，以天台县直到五代吴越国时方始出现，到宋初才定为正式县名，故居最后。当然"天台"一名还有其他含义，如可指佛教天台宗等等。迄清末止，台州所辖六县（临海、黄岩、太平、天台、宁海、仙居），各县文人对外喜欢称自己为"天台人"。

不仅以"天台"来代称台州，台州人在历史上还有用与天台山相关的名物代称台州。比如"赤城"，本是天台山麓国清寺外不远处的一座丹霞地貌的小山，《天台山志》载："赤城山，天台山之一小山也。石皆赤色，壁立如城。"南宋祝穆《方舆胜览》亦记载："赤城山在台州天台县北六里，一名烧山，其上石壁皆如霞色，望之如雉堞然，故人以此名山。"可见赤城山是因为其山"石皆赤色，壁立如城"，远看如雉堞一般，所以叫作赤城山。因孙绰《游天台山赋》中写到"赤城霞起以建标，瀑布飞流以界道"而声名远播，天台山大八景中即有一景为"赤城栖霞"。台州州治（明以降为府治）城里有一书院名

"赤城书院",道路有"赤城路"。更有代表性的是台州迄今为止最早的州志叫作《赤城志》,由台州著名学者陈耆卿等编纂于南宋嘉定十六年(1223),所以又被称为《嘉定赤城志》。

又有以天台山及其附属地名"丹邱"(即丹丘)来命名某些机构,如宋朝台州州城的官方馆驿就设有"天台馆""丹邱驿"。宋陈耆卿《嘉定赤城志》卷三《地里门·馆驿·州》载:"天台馆在州南一百三十步,俗名行衙。乾道九年火,淳熙三年尤守袤重建,嘉定十六年齐守硕重修。""丹丘驿在州东南一里,旧传葛玄炼丹于此,故名。乾道九年火,今为民居。"陈氏注云:"按孙绰赋:'仍羽人于丹丘',丹丘今宁海有之,《天台记》载晋虞洪入丹丘山,遇丹丘子求茗,则得名旧矣。今临海有丹丘观,宁海有丹丘院,亦此义也。"同书卷二十二:"丹丘在县南九十里,葛玄炼丹处。孙绰赋所谓'仍羽人于丹丘,寻不死之福庭'是也。"天台馆俗称"行衙",可见当时在台州州城的重要作用,与丹丘驿均于乾道九年(1173)遭火灾焚毁,后来由台州守尤袤和齐硕两度重建。丹丘驿火灾后就未重建,天长日久,被改建为民居了。陈耆卿解释丹丘地名含义为遇丹丘子求茗,恐怕是"仙话",而出处是《天台山赋》,则指出了它的近源。其实古代"丹丘"一词含义美好,是指昼夜通明之地,其远源来自《楚辞》:"仍羽人于丹丘。"汉王逸注:"丹丘,昼夜常明也。"所以古代以指仙人居住之处。天台馆也好,丹丘驿也罢,都是将天台山有关的地名提取为州城有关机构的名字,是州城以天台山及其相关事物为标志的结果。

天台山由于孙绰作赋而名播遐迩,又由于入选昭明太子萧统的《昭明文选》,成为天下读书士子的必读课文,成为文人人人尽知的名山。并因释道诸教的传播,更加风靡于世俗各界,还随着佛教天台宗、道教(道教也传到国外,但影响要弱得多)的传播而影响达于国外,知名度益发广泛。以至于民国年间台州人到上海经商,都喜欢打"天台山"的牌子,像台州黄岩蜜橘就以"天台山蜜橘"为名(见文前彩页"天台山蜜橘广告")。可见天台山对于台州的重要意义之一斑了。

第四节　今日台州

台州位于浙东沿海中部,北接宁波、绍兴;西与金华、丽水相连;南邻温州;东临大海。属亚热带季风气候型。历史上台州原本辖临海、黄岩、天台、仙居、宁海、太平(今温岭)、三门七县,由于 20 世纪 50 年代宁海县划入宁波,60 年代玉环县划入台州,现在台州辖临海、温岭两市、椒江、黄岩、路桥三区和天台、仙居、玉环、三门四县。简括成"一二三四"。州土东西最宽达 172.8 公里,南北最长 147.8 公里,陆地总面积 9411 平方公里。2014 年,人口 597 万,人口密度 634 人每平方公里。面临广阔海洋,大陆架海域面积 8 万平方公里,大陆海岸线 745 公里,占浙江省的 28%。① 背靠三座大山:北面有天台山,西面有括苍山②,南面有雁荡山。诸山之中以天台山为山镇,成为台州的标志。隋朝诗人李巨仁《台山篇》已见于上文,明朝太平(今台州温岭)人谢铎《天台山》诗云:"天台山,高不极。山中去天不咫尺,台星下射扶桑赤。羽旗飒爽招不得,至今传者神仙宅。君不见周当盛时生甫申,峻极者岳能降神。天台山,高不极。作镇东南比天脊,屹立乾坤自开豁。"其地理形势造成了台州相对封闭的自然环境,这一自然条件也造就了台州相对独立的文化。明朝地理学家王士性说:台州处于山海之间,它的文化是一种山海文化,民风比较朴素,没有富商大贾,也没有赤贫者,生活水平不太富裕但也不太贫困。

从改革开放以来,台州经济建设和社会进步迈上了健康快速的新阶段,以股份合作制为标志的民营经济,充满活力,成为促进台州经济蓬勃发展的主力军。就地缘而论,浙东温州、台州原本血肉相连,在文化上也同样亲近,"温台经济模式"愈来愈成为浙江乃至全国经济发展的亮点。浙江人做生意遍天下,其中很大一部分是台州人和温州人。台州人善于做生意,全国(除台湾外)哪个省市区没有台州商人的身影和脚印? 早先是外出卖豆腐生(豆腐脑)、补鞋、收购废旧电器(旧变压器、旧发电机、旧电动机等)等营生,实在是无奈之举,因为当时国家对台州几乎无投资,而且台州向来人多地少,平均耕地面积不到全国平均数的三分之一,只能依靠自己的艰苦奋斗。因为

---

① 《大清一统志·台州府》:"在浙江省治东南五百七十七里,东西距三百七十里,南北距二百五十五里。东至海一百八十里,西至处州府缙云县界一百九十里,南至温州府乐清县界一百十里,北至绍兴府新昌县界一百四十五里,东南至海一百九十里,西南至温州府永嘉县界二百五十里,东北至宁波府象山县界二百八十里,西北至金华府东阳县界二百七十里。自府治至京师四千七百七十八里。"

② 清薛应旂《浙江通志》载:"苍岭,在台州仙居县西北九十里,高五千丈,周回八十里,界于缙云。重冈复径,随势高下,其险峭峻绝,为东浙之最,行者病焉。"又云:"处州缙云县有括苍山,一名苍岭。《图经》载十大洞天,括苍为第十,名成德隐真洞天。周三百里,东跨仙居,南控临海。"

国家投资的稀缺,台州基本上没有得到国家投资所建设的产业,据台州地区统计资料,从 1950 年到 1990 年的 41 年间,台州全民所有制固定资产投资总额为 313465 万元,其中 1950—1965 年,全民固定资产投资仅 13014 万元,占41 年间投资总量的 4.15%。台州人民完全是依靠自己勤劳的双手,凭借自己的聪明智慧,迎难而上,奋勇拼搏,用自己的血泪和汗水,换来了今天台州欣欣向荣的景象。在改革开放以来那些原先国家大量投资、国有大中型企业集中的地方出现大量产业工人下岗,成为改革开放的沉重负担时,台州则没有出现这样的问题。也正是因为没有国有大中型企业多的前因,所以民营经济发展灵活快速,轻装上阵,产品适销对路,竞争力强,在市场经济调整转型中获得了很大的优势,台州社会经济总量很快为民营经济所填充。进入新世纪以后,台州仍然依靠自发而生的民营经济推动整个经济快速发展,在“十一五”期间,民营经济已经占据绝对优势,国有企业仅起到“添秤头”的作用。台州的民营经济在国家方针政策支持极端贫乏的条件下艰难起步,挣扎发展,却为国家做出了巨大的贡献。仅以近五年台州国民经济发展数据为例:

单位:亿元

年份	2007	2010	2011	2012	2013	2014	2015	2016
总值	1715.10	2426.45	2794.91	2921.32	3169.37	3387.51	3558.13	3842.81
财收	218.38	310.62	370.47	408.95	448.47	485.29	539.78	583.83
国税	109.52	145.74	170.35	188.53	200.74	220.08	241.76	240.55
地税	108.86	164.88	200.12	220.42	247.73	265.21	298.02	343.28

从上表中可以看出,现在台州这样的国家几无投入而高产出的地方,近五年来每年上交国库的财政超出 200 亿元,远远超过前 41 年间全民所有制固定资产投资总和的七倍多(仅计绝对数)。而且随着台州经济快速健康发展,今后还将逐年增加。台州人民对国家有贡献,而无索取。自立自强,不等不靠,这是台州人民的基本态度。[①]

在进入 21 世纪的今天,我们要建设家乡,建设新时代的文化,就应当进一步了解家乡,了解传统文化和家乡的文化特色,这样才能更好地吸收其精华,扬弃其糟粕,在前人已有文化的基础上建设更加繁荣富强的新台州。

---

① 本部分数据来自台州市统计局整理的 2006——2016 年《台州市简明统计资料》。

第二章　台州沿革简述

　　台州从其前身汉朝设置的回浦县开始，迄今已有两千多年的历史了。其间的管辖范围发生了很大的变化，行政区划的分合亦屡有更改，都是历史发展中所常见之事。以下分述之。

第一节　萌芽于回浦县

　　台州在历史上的行政建置较之浙东各州郡要晚于会稽郡，而要早于永嘉（今温州）等郡。据《大清一统志·台州府》载："《禹贡》扬州之域，春秋为越地，后属楚。秦属闽中郡。汉置回浦县，为会稽南部都尉治；后汉建武初改曰章安，仍属会稽郡，为东部都尉治。三国吴太平二年析章安县地置临海县，又分会稽东部置临海郡。晋及宋齐以后因之。乐史《太平寰宇记》：'台州梁为赤城郡。'而隋唐志皆不载。"这段史料交代了此地在《禹贡》时代属于"九州"中的扬州，春秋时代属于越国，后来楚国打败越国又归属于楚国。秦朝属于闽中郡。这个闽中郡也只是个十分模糊的概念。秦始皇统一天下以后，废除分封制，实行郡县制，台州属于当时的闽中郡，其基层行政建置无可稽考。台州历史上较早的有明确文献记载的行政建置，始于汉昭帝始元二年（前85）。以原隶属东瓯的回浦乡升格为回浦县，据民国《台州府志·大事略》记载："以东瓯回浦乡为回浦县。"回浦就是因灵江水流湍激回旋的江边而得名。《玉篇》："回，回转也。""回"就是指水流湍激回旋之貌①。《玉篇》："浦，水源枝注江海边曰浦。"唐许尧佐《清济贯浊河赋》："动涟漪于回浦，萃光景于微风。"这些文献都可助读"回浦"一词的含义。回浦属会稽郡，隶扬州。宋吕祖谦撰《大事记解题》卷十二载："以东瓯地立回浦县。"注："《地理

---

　　①　如孔子高足颜回字渊，"回"与"渊"之含义相因，即水深漩涡之义。

志》:回浦,南部都尉治。据《舆地广记》:温台处皆东瓯地也。回浦,今台州临海县也。"这是台州辖境中最早建立的县。县治设于回浦(今章安回浦)。辖区大约相当于今天台州、温州、丽水之地。

东汉光武帝建光六年(25),回浦县改称章安县。汉顺帝永和三年(138)析章安东瓯乡置永宁县。① 汉献帝建安四年(199),分章安县西部建立松阳县(约为今丽水地区)。宋乐史《太平寰宇记》卷九十九:"白龙县,西一百九十二里,旧八乡,今六乡,本章安县之南乡。汉献帝八年吴立为县。《吴录》云:取松阳木为名。按《吴地志》云:县东南临大溪,有松阳,树大八十一围,腹中空,可容三十人坐。故取此为名。梁开平四年改为长松县,又改为白龙县。"这里的永宁县是后来温州的雏形,松阳县(白龙县)是后来括州(今丽水)的雏形。

第二节 升格于临海郡

三国吴大帝黄武、黄龙(222—231)时,分章安县西北部设立始平县②。《三国志·吴书·孙权传》载,吴大帝孙权黄龙三年(231)十月:"会稽南始平言嘉禾生。十二月丁卯,大赦。改明年元(为嘉禾元年)也。"分章安县西部和永宁县部分辖境置临海县,以县境濒临大海,有临海山而得名。吴少帝太平二年(257)划出会稽郡东部设立临海郡,隶属扬州,治章安③,辖章安、临海、始平、永宁、松阳、安阳、罗江,辖境与西汉回浦县相当,这是此地行政区划上设郡之始。

《晋书·地理志》载:"临海郡④:章安,临海,始丰,永宁,宁海,松阳,安固,横阳。"⑤西晋太康元年(280)改始平县为始丰县;分鄞县 800 户、章安县北部 200 户置宁海县,隶属临海郡。东晋明帝太宁元年(323),将临海郡南部的永宁、安固、松

---

① 《史记·太史公自序》:"吴之叛逆,瓯人斩濞。"刘宋裴骃《集解》引徐广曰:"今之永宁是东瓯也。"

② 相当于后来天台、仙居两县,至晋改曰始丰县。

③ 一作初治临海,寻徙章安。此说于理较长,符合当时设置郡命郡以驻地之名之例。若其郡治章安,则当命名为章安郡,非临海郡矣。

④ 吴时置。统县八,户一万八千。

⑤ 《二十五史》,上海古籍出版社、上海书店 1986 年版,第 51 页。

阳、横阳四县划出成立永嘉郡①。临海郡辖章安、临海、始丰、宁海四县。后来台州行政区划大致形成。东晋穆帝永和三年(347),分始丰县南乡,置乐安县(今仙居),属临海郡。这样就形成了临海郡五县的地盘与分布格局。

南朝临海郡行政区划大致相沿未改,与永嘉郡保持相对固定的分治格局。到隋文帝杨坚统一全国以后,情况才发生了较大的变化。

隋文帝开皇九年(589),废临海郡,辖区并入临海县,属处州。开皇十一年(591),政治中心也由章安迁至现在的临海市区大固山麓,自此以后临海一直是台州的政治中心。宋陈耆卿《赤城志》卷五《公廨门》二:"(临海)郡初治临海,后徙章安。""州治在州城西北大固山下,旧在山上。"大业三年(607)改州为郡,临海县属永嘉郡。

第三节　州名始于唐初

唐初,复分临海为章安、始丰、乐安、宁海、临海五县。唐神龙中将新设置的象山县也划归台州。武德四年(621)于临海县置台州,因境内有天台山而得名。从此,台州一名沿用至今。七年,并宁海县入章安县。次年,又将始丰、乐安、章安三县并入临海县,台州仅辖临海县。贞观八年(634)复分临海置始丰县。唐高宗上元二年(675),划出临海南部设立永宁县,分始丰县置乐安县。永昌元年(689),复分临海东北部置宁海县。武则天天授元年(690)九月改永宁县为黄岩县,以县西黄岩山得名。唐玄宗天宝元年(742)复称临海郡。乾元元年(758)复称台州,隶浙江东道。

《旧唐书·地理志》载:

> 临海　汉回浦县,属会稽郡,后汉改为章安。吴分章安置临海县。武德四年,于县置台州,取天台山为名。
> 唐兴　吴始平县,晋改始丰。隋末废。武德四年,复置,八年,又废。贞观八年,复为临海县。上元二年(761)改为唐兴。
> 黄岩　隋为临海县地,唐上元二年,析置永宁县,属台州。天

---

① 此永宁即永嘉之别称,据《元和郡县志·江南道·温州永嘉县》:"永嘉江,一名永宁江,在州东三里。"非台州后来之永宁。

授元年,改日黄岩。

　　乐安　废县。唐武德四年复置乐安县,属台州。八年省,上元二年分临海复置,仍属台州。徙治盂溪。

　　宁海　永昌元年,分临海置。

　　象山　神龙二年,分宁海及越州剡县置。

　　五代到北宋时期,台州所属五县县名方才定型。五代台州属吴越国。天宝元年(908),改唐兴县为天台县,后复改为始丰县,北宋建隆元年(960)吴越复改为天台县。宝正五年(930),因治理盂溪水患,改乐安县为永安县以祈永保平安。据《大清一统志·台州府》载,五代唐长兴元年(930),吴越改为永安县。五县当中,临海、黄岩属于望县,宁海为紧县,天台、永安为上县。

　　望,临海,一十五乡,大田、章安二镇。

　　望,黄岩,州东南一百六里,一十二乡,盐监五镇,于浦、杜渎二盐场。

　　紧,宁海,州东北一百七十里,六乡。

　　上,天台,州西一百一十里,四乡。

　　上,仙居,州西一百五里,六乡。有括苍岭,永安溪。

　　宋景德四年(1007),以永安县"其洞天名山屏蔽周卫,多神仙之宅",诏改永安县为仙居县。

　　元朝,至元十四年(1277)台州改为台州路,治临海,隶江浙行省浙东道,辖县如故。元贞元年(1295),黄岩县升为黄岩州,仍隶台州路。

第四节　从五县到九县(市、区)

　　明朝,洪武元年(1368),改台州路为台州府,隶浙江行省。三年,复黄岩州为黄岩县。明宪宗成化五年(1469)划出黄岩南部方岩、太平、繁昌三个乡,设立太平县,以其境内有太平山而得名。十二年,划乐清县东部山门、玉环两个乡入太平县。从此,台州辖临海、黄岩、太平、仙居、天台、宁海六县。

　　清朝,雍正六年(1728),于玉环山置玉环厅,厅因山名,隶温州府,太平县二十四都、二十五都、二十六都划入玉环厅。

民国时期，中华民国元年（1912）二月，玉环厅改为县。民国三年（1914），中华民国政府内务部改定各省重复县名，太平县以县西温峤岭别称温岭而改名温岭县。民国二十九年（1940）7月，以南田县全部境域及宁海县东南部18乡镇、临海县东北部五乡镇置三门县，以地濒三门湾而得名。

中华人民共和国时期，1949年6月，设立浙江省第六专员公署，后改称台州专员公署，通称台州专区，辖临海、黄岩、天台、仙居、温岭、三门、宁海七县。1952年10月，宁海县改属宁波专区。此后曾二度撤销台州专区，分属宁波、温州两专区：

第一次是在1954年5月，撤销台州专区，临海天台三门三县划属宁波专区；黄岩温岭仙居三县划属温州专区。1956年3月，仙居县也改属宁波专区。到1957年7月，复置台州专区，辖临海黄岩温岭天台仙居三门宁海七县。1958年10月，三门县撤销，并入临海县。

第二次是在1958年12月，撤销台州专区，天台县划属宁波专区，临海仙居黄岩温岭四县划属温州专区。到1962年4月，恢复台州专区，除宁海县改隶宁波外，辖临海、黄岩、温岭、仙居、天台、三门、玉环七县。玉环岛原属温州，此时划入台州，从此确定了当代台州的领域。此后将近二十年间行政区划基本稳定，到改革开放以后才又掀起了新一轮的行政区划变动波澜。

1978年10月改称台州地区。1980年7月设置海门特区[①]，辖境包括原海门区、大陈镇、山东人民公社和临海县前所人民公社。1981年7月以其行政区域置椒江市[②]，以境内有椒江而得名。并将临海县章安区、黄岩县洪家区、三甲区又划属椒江。1986年3月临海市成立，1989年10月黄岩市成立。1994年台州撤地建市，分黄岩市东南部成立路桥区，原椒江、黄岩两市均改区建制。1996年温岭市建立。至此台州市辖临海温岭两县级市，椒江黄岩路桥三区，玉环天台仙居三门四县，一共九个县（市、区）。

---

① 海门原是一个镇，在历史上隶属于临海县，民国年间出版的《中国古今地名大辞典》"海门镇"条："在浙江临海县东南九十里。明洪武时建卫筑城，三面阻水，为浙东门户。清时卫废。有海门镇总兵驻之。交通便利，商业发达，有小轮与海舶联络。"自20世纪50年代开始将临海城关与海门镇分别设置为台州专署直属区，从临海县划出，第一次台州专区撤销后归属温州，成为温州专区直属区。1956年撤销直属区后，将它划属黄岩，作为黄岩县的一个区。因此海门归属黄岩管辖，总共才25年时间。

② 因江苏南通有海门县，为避免重名而未用海门市，但港口一直叫海门港。

第三章　天台山文化的第一次兴盛期
——三国迄隋

　　天台山文化源头虽远,但由于僻处东南沿海,非中原统辖范围。从居民传承看,此地本是百越民族原住的区域,从台州境内发掘出土的史前文明遗址看,1982—1984 年仙居县横溪下汤遗址挖掘出土文物所测定的年代距今7000—4000 年前,而据最新一次(2014.12—2015.6)考古研究表明:仙居下汤文化遗址年代,“勘探报告显示,下汤遗址主体文化内涵分两个文化时期。一为跨湖桥文化时期,距今约 7500 年左右。二为上山文化时期,距今约10000 年左右”。这是目前发现的史前人类遗址中较早的一处。然而从文化的“血统”上看,今日的天台山文化与之并非一脉相承,而是有明显差别。这就自然引出一个疑问:传到今天的天台山文化是从哪里来的?

第一节　天台山文化的萌芽时期

　　台州史前文明,文献记载不足;但现当代考古发掘的古代先民遗址较多,从 20 世纪 50 年代起台州各地发现新石器时代遗址共 60 多处,出土了大量的石器生产工具和生活用品陶器。这些史前时期考古表明,台州这块土地在新石器时代就已经有了先民生活的遗存,农业、渔业、制陶业都较为发达。兹不具述。清末王棻在《台学统·叙录》中说:“吾台处万山之中,岸东海而为郡。三代之时,人文未启。”指出台州处于东海之滨的丘陵中,上古时代属于蛮荒地带。民国喻长霖在《台州府志》序中说:“吾台古称荒域,僻处海滨;三代之时,人物无闻;汉晋以来,表有间见;隋唐之时,亦为贬谪之地。”喻氏意为台州这块地方上古是蛮荒之地,处于偏僻的东海之滨,夏商周时代从未出现著名人物;从汉朝晋朝以来,才有极少数的人物偶尔涌现;到隋唐时期,也还属于朝廷发配充军罪人的地方。可见开发的时间不早,人物(指杰出人士）明耀于历史记载的不多,较之会稽郡这样的地方自然是有些黯然了。

如前文所述,台州在秦朝还是一片没有开拓的蛮荒之地,作为一个名叫"回浦"的乡,隶属于当时行政建制不很清楚的闽中郡,具体的郡以下的行政归属就无从稽考了。有的史籍记载属于会稽郡的鄞县,如《晋太康记》称章安"本鄞南之回浦乡,章帝章和元年（87）立,未详"。这个"乡"或属闽中郡,或属会稽郡,隶属关系的模糊性反映了当时该地在中原王朝心目中处于边缘地位,并无明确的"重要性"的显示。

这个不太重要的海滨之地到西汉昭帝时才有了第一个县级的行政建制:回浦县,堪称台州行政建置上的第一次飞跃。清人编《浙江通志》载:"《太平御览》:始元二年（前85）以东瓯地为回浦县。"从此回浦县境内社会发展进入了一个"文明"（中原文明视野之中的发展历史）阶段。这种阶段性变化的动力主要是大汉国力的整体增强在江南统治能力提高的具体表现,江南原先社会生产力较为低下,农业开发程度较低,经济实力较为贫弱,史籍所载越人"祝发文身"（断发文身）,就是当时越国经济文化的真实写照,故对中原王朝而言就不具备多少重要性。而大汉王朝主要的政治经济军事外交视野都在北方,如军事上与漠北游牧民族的战争曾经长期困扰着汉王朝,经济上中原农业是全国最为发达的,也是农业税收入的主要来源;外交上主要争取对象都分布于北方与西北方,如派遣张骞出使西域大月氏等国,派遣苏武出使匈奴等国,这些地方的重要性都大大超越了南方。等到张骞出使西域时才逐渐感觉到南方,当时主要还是西南方的天竺①等地也需要建立联系的重要性。可见西汉时期江南开发的程度是不高的,对大汉全国局势没有什么影响。随着中原文化力量的加强,社会生产力的提高,经济获得较大的提升,人口繁衍,江南开发与管理对于国家的意义日益彰显。这中间特别要指出,西汉末年中原农民大起义导致了中原人口大量向相对平稳的江南迁徙,对江南的农业经济发展产生了重大的促进作用。由于江南具有许多开发农业经济的自然地理上的优势,有的还是中原地区所不可能具备的,如江南适宜发展喜光热的粮食作物水稻、适宜种植桑树养育蚕茧等等,这就使得江南社会发展的步伐不断加快。这种由于生产力的提高产生的社会进步不断要求生产关系也要做出相应的调整。原先较为原始的狩猎、刀耕火种的

---

① 今尼泊尔、印度、巴基斯坦等南亚次大陆。

农业生产方式产生了跨越性的变化,社会经济基础的演变必然要求上层建筑也与之相适应,所以就当时来说,回浦县的建立,标志着社会行政管理也随之做出相应的调整。这无疑是社会发展到了上层建筑不得不做出调整的明证。

到东汉时,回浦县的行政管理机制产生了相当大的变化。东汉之初,将回浦县改名为章安县,从地点上说,回浦与章安其实属于紧挨着的村镇,就是现在的章安镇辖地,此地距离今天的临海城里大约50公里,与今天的台州市主城区椒江隔江相对。所以东汉初将回浦县改名为章安县,只是换个名而已,县治仍在老地方。这并不重要。重要的是后来又将章安县所辖之地一分为三:以章安县东瓯乡置永宁县(即后来的永嘉,今温州);以章安县西部置松阳县(即后来的处州、括州,今丽水),这三个县构成了后来浙东地区东南部三个州的格局。这种行政区划的不断升级和分化,有力地说明这个地区经济、政治、社会的发展到了相当兴盛的程度,必须分置才能适应新的需要了。因此说这一时期是天台山文化的萌芽期。

第二节　中原移民促进天台山文化跃进

自西汉昭帝始元二年(前85)设回浦县这一行政区起步,到三国东吴少帝太平二年(257)置临海郡,开始升格为州郡一级建制。在汉朝到三国不长的时间里,这一区域的发展是比较快的。说明临海郡在当时的国家政治、经济、军事、交通等方面的地位有了较大的提高,在国家的概念里所起的作用,也非往昔可以同日而语的了。据宋陈耆卿《嘉定赤城志》卷一《地里门》载:"太平二年,析章安置临海县。以会稽东部立临海郡,治临海,取郡东北临海山而名,属扬州,寻徙治章安。"意为太平二年东吴将章安县分出来设置了临海县,又将会稽郡东部分出来设置了临海郡,郡治就设于临海,临海县和临海郡都是取郡东北的临海山为名,隶属于扬州。不久郡治迁移到章安。民国《台州府志》据《三国志·吴书·孙亮传》《太平寰宇记》等材料定为吴大帝孙权时置临海县,而吴少帝太平二年(257)置临海郡。按照汉朝以来的郡名与郡治关系,郡治设在何处,即以何处县名为名。《后汉书·郡国志》:"凡县名先书者,郡所治也。"汉以后到六朝一直按照这样的原则记载历史,那么临海郡的郡治当时设于临海,后来移到章安,是十分合理的发展,也是顺理成章的解释。

在该时期,临海郡的地方文化上占据主导地位的是由北方士大夫与一般移民所携带而来的中原文化,因为当时的政权是由北方逃难来的,掌握着政治权力,统治着思想舆论,执掌着风气导向,所以就当时社会构成来说,北方来的"难民"在社会地位上要高于本地的原住民,他们的价值取向与道德观念、评价尺度都左右着社会风尚的走向。这种移民带来的语言、风俗与原住民之间的差异,犹如一石击水,卷起层层波澜,给临海郡的文化发展造成了压力、困惑,也带来了新的条件新的契机,为中原文化的传播创造了新的环境。由于文化的传播与冲突、抵制、取舍、融合相伴而生,在两种文化(此时可称为同族的异地文化)接触过程中,需要不断磨合方能逐渐学习消化吸收,成长为新的文化品种、文化类型,不会像化学反应那么迅捷,因此北方难民带来的中原文化不可能一下子就被江南临海郡的本土文化所吸收融合,而是需要比较漫长的历程才能完成此项转变演化。所以当北方难民涌向江南之时,彼所携带之中原文化尚未本土化。从文化传播的角度来说,可称为文化的移植。这种文化移植对台州(临海郡)当时社会起了极大的推动作用,使得台州在此后的历史发展中呈现较快的提高。

一、三国东吴及东晋王朝南迁对台州的巨大影响

其原住民就是所谓"山越"的生存方式比较落后,经济发展水平亦较低,到东晋时代中原居民大量南迁,据《晋书·王导传》载:"俄而京洛①倾覆,中州士女避乱江左②者十六七。"临海郡也涌入了大量的北方难民,当然也来了一些士族(贵族)仕宦,这就加快了临海郡的大面积开发。这种开发给临海郡的经济产业与社会内部结构带来的新的变化,如产业生产者身份的变化、生产工具的更新换代、生产方式的升级并由此导致生产关系的转变,像北方盛行的庄园堡垒制,到临海郡则有了改变,原先较为固定的庄园主与其依存者的关系由于战乱逃难而解体,自由生产者(自耕农)数量增多。又由于新的环境需要抵抗山越的反击而结成新联盟组织(坞堡)等等。由于东吴和东晋王朝均属于偏安江南的"半壁江山",在其保障自身生存与抗御北方(不完

---

① 京洛指洛阳,因西晋建都洛阳。

② 江左即江南,以长江下游安徽到江苏南京的一段呈西南—东北走向,江南的地方正在江之左,故称江左。

全是北方,但主要是北方)敌人的过程中,东吴依托东南沿海水上交通便利的条件,向外寻找新的合作(主要是从战略上考虑)伙伴或新的资源(土地与人口等),成为国家战略,像东吴派出人力经营岭南、交广,又北上跨海与辽东的公孙康割据集团相联结等,都是这一战略的具体实践案例,在这一过程中,不经意地发现了夷洲①,使得祖国大陆对宝岛台湾有了新的了解,并在新的历史时期对台湾行使主权。其意义自然是重大而深远的。

临海郡的社会快速发展变化在这一段历史时期的原因虽然复杂,但是其基本的动力与三国时代东吴立国江东,东晋王朝南迁,两者均建都江南的秣陵、建康②,带来了北方中原地区的文化有因果关系。可以说是北方移民促进了江南的开发,也促进了临海郡社会文化状态的快速变化。

(一)北方移民的涌入对临海郡农业开发的巨大推动

我国历史上移民特别是大规模移民的直接原因多是发生战乱、灾荒或者疾疫。中原地区每发生战乱或者灾荒,其平民便向四处逃难,躲避祸殃,形成难民潮。这种"难民潮"固然不是只向某一个方向流动,但是我国历史上中原难民的主要流向是江南。所以北方难民迁徙的目的地大多为江南。临海郡处于偏僻的东南沿海,群山连绵,流水湍急,陆路崎岖险峻,水路曲折幽深,交通不便,对于逃难者来说,倒是一处难得的乐土。从西汉末的绿林、赤眉起义,到东汉末年的黄巾起义,中原难民开始纷纷涌向江南。三国纷争,经久不息,战乱频仍,民不聊生,导致平民大量死亡与逃亡。曹操《蒿里行》诗中说:"铠甲生虮虱,万姓以死亡。白骨露于野,千里无鸡鸣。生民百遗一,念之断人肠。"中原的军阀混战造成的社会灾难,从曹操诗中自可想见。相对平静的江南便是理想的避难所,这就是我国国内移民史上移民数量大多向江南流动,移民方向大多向南方迁徙,移民定居大多选择江南的内外因素。东晋范宁说:"昔中原丧乱,流寓江左,庶有旋反之期,故许其挟注本郡。自兹渐久,人安其业,丘垄坟柏,皆已成行。虽无本邦之名,而有安土之实。"③这些从中原逃难到江左的人民本来都想返回家乡的,但是落脚江南

---

① 夷洲是蛮夷居住的地方,洲是州的今字,是水中陆地的意思。夷洲这个地名十分确切地表达了当时发现者对该地方的看法。今人或以三国东吴沈莹《临海水土异物志》所载有所谓夷洲人及其生活习俗、夷洲与临海方位距离的记录,就以为东吴孙权派遣的远征海上船队是从临海出发,以为夷洲,即台湾。

② 秣陵、建康又名金陵,即今南京。

③ 见《晋书·范汪传附子宁传》。

后时间一长，便安居下来，成为本地居民，也难以返回北方了。进入隋唐时期（7—8世纪）以后南方仍然是北人迁移的首选目标。经历多次人口南移，到安史之乱（754）后，南重北轻的人口分布格局俨然形成。到北宋初年（980—989），南北户口比例约为6比4；到明朝初年（14世纪后期）南北户口之比约为7比3。大量涌入临海郡的北方人口，带来了先进的文化、先进的生产技术和经验，农业生产因而有了长足进步，粮食产量不断增加，蚕桑纺织等经济开发速度加快；并由此带动了经济社会前进的步伐，改善了人民生活的状态。

三国时期（3世纪）以前，临海郡的社会发展水平尚处于较低程度，经济比较落后，大多过着"火耕水耨"的生产方式，普通民众生活水平低下，停留于"不待贾而足"的状态。所以呈现"无冻馁之人，亦无千金之家"的贫富相对均匀，社会安定，但整体经济实力不够殷富的局面。从汉末三国北方人口大量南迁后，临海郡以农业为主干的自然经济也较之此前有了较大发展，这一点完全可以断定。东晋偏安江南时期，浙东的农业生产状态多呈地主庄园经济，许多平民都依附于庄园主，形成堡垒式的农村。《晋书·山涛传附孙遐传》载："（山）遐字彦林，为余姚令。时江左初基，法禁宽弛。豪族多挟藏户口，以为私附。遐绳以峻法，到县八月，出户万余。"豪强大族私自收留那些无法自存的贫民，作为其佃农家丁诸役，其生产的结果与这些"私附"数量的多寡必有因果关系。临海郡的情况虽不同于余姚[①]，但是同属浙东，其一般状态应当有一定的共同点。《南齐书·州郡志》载："晋元帝过江……时百姓遭难，流移此境。流民多庇大姓以为客。"这是当时过江难民一般的选择与生存状态，就是依附大姓。那些被流民投靠依赖的大姓则都是有势力有地位或者有名望的权贵豪强、世家大族，有力量保护和"团结"流民聚坞堡生存立足，徐图发展。如《南齐书·虞玩之传》载："又四镇戍将，有名寡实，随才部曲，无问勇懦，署位借给，巫媪比肩。弥山满海，皆是私役。"临海郡的流民与大姓应当也是如此的关系，这种生活方式就给世家大族的兴起提供了较为便利的条件与肥沃的土壤。经过由中原移民的开垦拓荒，浙东的农业生产与经济状况有了很大的改善，即以东晋而言，东晋末期孙恩暴动时席卷浙东，东晋王朝派遣军队进剿，孙恩"乃虏男女二十余万口一时逃入海，惧

---

① 余姚属会稽郡，农业生产较为发达。

官军之蹑,乃缘道多弃宝物、子女。时东土殷实,莫不粲丽盈目"①。从孙恩军队溃退时为了给追击的官军制造一些混乱障碍,迟滞其追击的速度,就把抢来的物品和女子扔得满地都是,琳琅满目,可见浙东的物质生产已经达到相当不错的程度。临海郡自然也有长足的发展,民间的经济生活随之水涨船高,殷实人家在所多有。1984年12月,临海县更楼乡下塘园村出土了一批窖藏汉代铜钱,总重66公斤,估计原入藏铜钱个数在3万枚以上。铜钱的类别有汉半两、五铢、新莽钱和无文小钱等等,应当就是当时那些世家大族的家藏财富。1986年2月,椒江市兆桥乡祝昌村"发现古钱币二百九十余斤","初步鉴定为西汉到南朝"的钱币。在20世纪60年代中期,"黄岩县曾出土以五铢为主的古钱六箩筐,内有太平百钱和定平一百"。这批出土的古代钱币以汉朝货币为主,六朝货币为辅,数量较大,应当视为当时社会商品交换中流通的实际货币,那么可以推知原先以自给自足为社会常态的临海郡经济从三国以来已经产生了较明显的变化,商品交换已经成为日常生活中重要的组成部分,所以货币自然就成为人民生活中价值的坐标和财富的尺度。

东晋南朝定都建康,境内形势较之北方相对平静,加之中原难民陆续涌向江南,呈现生产增长,经济发展的局面。临海郡境内也有了很大的发展,尤其是农业生产,较有说服力的事例,是《宋书·臧质传》:"(臧熹)为建威将军、临海太守,郡经兵寇,百不存一。熹绥辑纲纪,招聚流散,归之者千余家。孙季高袭广州,路由临海,熹资给必遣,得以无乏。"从臧熹履任临海郡,整顿战乱之后的破败凋敝局面,安抚民众,恢复农桑,发展生产,让百姓得以休养生息,安居乐业,致社会安定,流亡群众才会纷纷投靠。"归之者千余家",在当时可不是一个小数目,足以说明臧熹抚御有方,局面安定,才会赢得流亡者的信任。而临海郡为政府军长途奔袭广州提供后勤保障,让这支部队及时得到充足的粮秣补充,也足以说明当时临海郡所掌握的物资相当可观,反映当时社会经济生活的较高水平。据《宋书·武帝纪》载,此次孙季高将军奔袭广州之部队有兵士三千,时在晋义熙六年(410)。而臧熹上任之前不久,临海"郡经兵寇"是在晋元兴元年(402),孙恩率领"五斗米道"信徒为主体的暴动队伍攻打临海,导致临海郡民众遭受重大劫难。《晋书·天文志》载:"元兴元年,孙恩寇临海,人众饿死,散亡殆尽。"在如此重大灾难之后,短

---

① 见《晋书·孙恩传》。

短数年之间，就能够恢复元气，人民过上相对富足安定的生活，的确可以推知临海郡的社会经济发展已经处于一个较高的水平线上。

就生产的情形而言，当时农业种植技术可能已经实现了较高的复种指数，主要农作物水稻的种植比较普遍，并且出现了一年两熟的耕作制度，如《临海水土异物志》载："丹邱谷，夏冬再熟。""丹邱"即丹丘，是临海郡的代称；"再熟"即两次成熟，一年收成两次。今人或解"再熟"为双季稻。宋陈耆卿《嘉定赤城志》说："言其土所宜也，夏熟者曰早禾，冬熟者曰晚禾。其最早者曰六十日，曰随犁归。""早禾"即早稻，"晚禾"即晚稻；"六十日"指生长期为两个月光景，"随犁归"是形容生长期短，随着犁回家就可收获了。从宋朝台州的耕作常态，上溯东晋时期，应当有一定的可信度。

(二)临海郡手工业的发展

在农耕时代，人民的营生除了农业生产最为重要以外，就是手工业了。手工业不但是农业经济的补充，更是人民解决日常生活用品，用于商品交换的主要物类，可视作农业产业的升级。临海郡手工业在该时期的表现多姿多彩，其产品也达到相当高的工艺水平。如陶瓷制作、蚕桑纺织、冶金、造纸等等都有可圈可点的业绩。

1. 陶瓷制作

三国两晋南北朝时期临海郡手工业的主要种类是陶瓷烧制，临海郡的陶瓷业制作名声虽远不如以会稽（今浙江绍兴）为中心的"越瓷"响亮，但从现代出土的古代陶瓷窑址与出土器物来看，其生产规模与产品工艺水平均有值得重视之处。现代发掘的该时期比较有名的古窑址有 15 处，原台州地区文管会金祖明先生把它们分为两个时期，前一时期为三国两晋，该时期窑场大多分布于临海郡郡治章安附近，产品种类有罍、罐、瓶、钵、壶、碗、洗、炉、鼎、砚、盘等十余类二十余种，其特征是"胎骨粗厚坚实，呈灰白色，火候较高，击之声音铿锵"。而临海鲶鱼坑口窑烧制水平最高，产品"胎釉细致，结合紧密，浸釉均匀，釉质玻化程度强"，"釉色滋润光泽，尤以淡青色釉更佳，其色如缥，透明似镜，似在清水中缥洁"。后一时期为南朝（宋齐梁陈），该时期产品以盘口壶为大宗，其他有鱼形瓶、盆、碟、带流把水注、虎子、两耳或四耳罐等，亦呈"色泽滋润，光洁鉴人，工艺精湛，素雅古朴"。文博专家徐三见先生认为临海郡陶瓷制作水平不在越窑之下，他说："从台州各市县文物部门征藏的器物来看，有不少的罐、钵、水注、谷仓（魂瓶）等器物的胎、釉、造型、纹饰都相当精美,可与名传中外的越窑的上乘产品相埒,甚或过之。"①

2. 蚕桑养殖与丝绸纺织

蚕桑养殖与丝绸纺织是另一类关系国计民生的重要手工产业。桑叶栽培种植是农业生产的重要部分,它是养蚕的基础,也是丝绸纺织的前提。三国以来至南朝时期,浙东蚕桑业发展迅速,如从临海郡分置不久的永嘉郡"有八辈蚕"②。又从刘宋时期开始,随着刘裕消灭后秦政权,携带大批手工艺人到达江东,进一步提高了江东(江南)的经济发展。如纺织业中的织锦工艺就是从此时传到江南的。据《太平御览》卷八一五《布帛部·锦》引《丹阳记》云:"斗场锦署,平关右,迁其百工也。江东历代尚未有锦,而成都独称妙。故三国时魏则市于蜀,而吴亦资西道。"从前民众日常生活,"一夫不耕,或受之饥;一女不织,或受之寒",其蚕桑纺织之普及,纺织工艺之提高,对于民众生活而言,是惠及百姓的事情。而浙东蚕桑纺织取得成效,见诸史志记载。可见包括临海郡在内的浙东蚕桑养殖与丝绸纺织业在该时期逐步发展,已经走向兴盛,并随着国家形势的发展而吸收其他地方的生产技术、工艺,促进了纺织业新的发展。

3. 开矿冶金

浙东矿冶业来历久远,其著名的产品如先秦时期即有杰出的越王勾践宝剑,20 世纪出土后仍然未锈蚀,锋利如初。源自远古的干将莫邪铸剑传说就发生于越国,也可作为浙东矿冶业开发的一个写照。在南朝时期,浙东矿冶生产水平当有新的提高。《晋书·庾亮传附弟翼传》载:"时东土(东土指浙东)多赋役,百姓乃从海道入广州,刺史邓岳大开鼓铸,诸夷因此知造兵器。"这些从浙东逃避赋役到广州的民众竟然成了广州的"高级兵工技术人员",为广州兵工"开发"并传递生产技术与"诸夷"发挥了十分关键的作用。

4. 造纸业

再有一种事关文化发展的极其重要的手工业门类造纸,在浙东有悠久的历史与著名的产品。下文所举传说中"刘晨阮肇天台山遇仙",实际是当时一个普通的造纸手工业工人入天台山采取造纸用优良原料,而与仙女相遇结婚的历险故事。这个故事发生在汉蔡伦(传说中造纸术的发明者)出生

---

① 徐三见:《默墨斋集》,中国社会科学出版社 2004 年版,第 307 页。
② 见《太平御览》卷 825 引《永嘉郡记》。

一年之后①："汉明帝永平五年，剡县刘晨、阮肇共入天台山取穀皮，迷不得反，经十三日，粮食乏尽，饥馁殆死。"②这是很值得注意的事情。穀皮是穀树的皮，穀树又名楮，又叫小构树，是一种灌木，广泛分布于江南丘陵，是古代造纸和纺织的优良原料，浙东山区穀皮资源十分丰富，为造纸业的兴盛提供了充足的原料。到东晋时期，浙东造纸业有了更大的发展，如裴启《语林》记载："王右军为会稽③，谢公乞笺纸。库中唯有九万枚，悉与之。"一次送给友人的纸张就有"九万枚（张）"之多，说明了什么？当然是会稽郡造纸行业发达的生动而有力的证据。剡中民众到天台山采集穀皮以供造纸之需，可以推知其时剡中与临海郡的产业联系是十分紧密的，临海郡的造纸也应当是民间主要的手工业经济收入之一。宋朝时，台州所造的纸张叫作"天台玉版纸"，其身价堪与当时知名品牌澄心堂纸比肩，足见临海郡造纸是建立于本地拥有丰富的优质造纸原料的基础之上，毗连郡县多出产良纸这样的产业链上，肯定不是偶然的。

二、临海郡人士出现于国家政治视野

对于原先僻处海隅、文化不发达的临海郡来说，它的本土人物要想有所作为，进入历史记载是不容易的事情。但随着国家政治中心的靠近④和本地土地的开发，农业手工业经济的繁荣，财富的增长，文化就成为必然的需要，临海郡在国家政治生活中的地位有了大幅度的提高，其杰出士人开始出现在国家政治视野之中，参与中央政治活动。其代表人物有晋朝临海郡人任旭。

任旭（？—327）字次龙，章安人，是临海郡第一个载入正史列传的人，当时声名远扬。史称任旭为人高洁，不随流俗，"洁静其操，岁寒不移"，颇称特立独行，独立思想，保持自身的清白，追求道德的自我完善。他的这种思想与行为，为自己赢得了很好的名声，地方长官屡次举荐他为孝廉，朝廷任命他为郎中，但他都坚定地辞谢，回归故里。晋惠帝元康年间（291—299）蒋秀

---

① 蔡伦的出生时间学界仍无定论，一说是永平四年（61）。
② 鲁迅：《古小说钩沉》，《鲁迅全集》第八卷，人民文学出版社1973年版，第361—362页。
③ 王羲之曾任会稽内史，内史即侯国的实际最高领导人。
④ 三国东吴建都建业，东晋和南朝四朝建都建康，即今南京。

任临海郡将①，雅闻任旭之名，遂命其为郡功曹。任旭在与蒋秀接触中看到蒋"居官贪秽，每不奉法"，正色苦谏，蒋秀不听，便飘然归去，毫无恋栈之意。嗣后，蒋秀东窗事发，终于被逮捕收监，任旭前去送行，蒋秀不禁感慨万千，说：任功曹真是难得的清高之人，当初没有听从你的规劝，我后悔莫及呀。任旭之声誉因之益发鹊起，遍国中广泛流传其清正高洁的德行节操。晋元帝司马睿登基前初到江东，召为参军，"手书与旭，欲使必到"，没想到"旭固辞以疾"（托病坚决推辞）。后来司马睿"进位镇东大将军"，又下令征召。等到担任了左丞相之职，又辟任旭为祭酒，而任旭"并不就"（均不赴任）。及晋室南渡，司马睿（即晋元帝）登基，为示尊重，乃公车特征，恰逢任旭"遭母忧"（遇上母亲去世，在家守丧）。当时司空王导重视兴办学校，广选明经之士，任旭与会稽虞喜，"俱以隐学被召"（两人都因为有学问但隐逸乡间而被征召）。任旭仍然毫无羡慕之意，心如止水，固辞如旧。太宁三年（325）三月，晋明帝又下诏以博士征召，"癸巳征处士临海任旭、会稽虞喜并为博士"，以示尊荣。任旭恬淡自守，视荣利如敝屣，咸和初，隐逸于乡间以终。

任旭以外，临海郡还有任颙也是较早的参与朝政者。据南朝宋刘义庆《世说新语·政事第三》"临海任姓客"条载："王丞相拜扬州，宾客数百人并加沾接，人人有说色。唯有临海一客姓任②及数胡人为未洽，公因便还到过任边云：'君出，临海便无复人。'任大喜说。因过胡人前弹指云：'兰阇，兰阇。'群胡同笑，四坐并欢。"③近人陈寅恪先生云："后来北魏孝文帝为诸弟聘汉人士族之女为妃及禁止鲜卑人用鲜卑语施行汉化政策，借以巩固鲜卑统治地位，正与王导以笼络吴人之故求婚陆氏强作吴语者，正复暗合。……王导乃不惜屈尊为之，故宜为北人名士所笑，而导之苦心可以推见也。临海任姓自是吴人，故导亦曲意与之周旋。"④

从三国东吴时代起，由于前文所述的政治地理诸因素的变化，临海郡人士从原先默默无闻转而为参与政治，出任官吏，这是此前所难以想象的。虽然为数不多，如凤毛麟角，而其可贵之程度不亚于山窝里飞出的金凤凰，浅滩上腾升的蛟龙。其见于史传者如临海人虞翔、黄他，事迹见《三国志·虞

---

① 将是军事长官，地方军事长官，兼管民事。
② 《语林》曰："任名颙，时官在都，预王公座。"
③ 余嘉锡：《世说新语笺疏》，上海古籍出版社1993年版，第175页。
④ 陈寅恪：《金明馆丛稿初编》，上海古籍出版社1980年版，第54—55页。

翻传》刘孝标注引《会稽典录》云："其文章之士,立言蔡盛,则御史中丞句章任奕,鄱阳太守章安虞翔,各驰文檄,晔若春荣。"虞翔被当作文章之士载入史册,其文章"晔若春荣",就是文章写得漂亮,像春天的鲜花一样绚烂。虞翔官至鄱阳太守,地位很高,只是正史中未尝为之立传,有些可惜。临海郡的人不怕牺牲,忠于职守,勇于赴汤蹈火,如:"门下督盗贼余姚伍隆,鄞主簿任光,章安小吏黄他,身当白刃,济君于难。"[①]无论是身居高位的虞翔也好,还是下层小吏黄他也好,都是临海郡早期人物出色的代表。

第三节　临海郡在国家战略中地位的提高

东汉末年,天下大乱,中原百姓在以张角兄弟发动的黄巾起义中饱尝乱世的苦头,侥幸活命者便慌不择路,四处逃亡。在镇压黄巾起义军的过程中,军阀割据局面遂告形成,迨黄巾起义军被消灭之日,东汉王朝的命运也宣告寿终正寝了。于是三国鼎立,孙坚及其子孙策、孙权立足江东,定都建业(今南京),积蓄力量,伺机而起。江南土地得到进一步开发,浙东遂成为东吴重要后方,并成为向外交通联络的重要口岸。在北方游牧民族的侵略下,西晋灭亡,逃到江南的皇室成员司马睿在东吴的"老屋基"上重建了晋室的政权,偏安江东一隅,面临着稳定局势,巩固政权,准备对抗北人继续南侵或收复失地的形势。司马睿初到江南时,吴人并不拥戴,《晋书·王导传》载:"及(司马睿)徙镇建康,吴人不附,居月余,士庶莫有至者。"后来王导劝说司马睿虚己顺心,礼聘吴会民望顾荣、贺循等人,"由是吴会风靡,百姓归心焉"。吴会指吴郡、会稽郡,实际上是一种修辞手法,吴郡会稽郡是江南广大地区的政治文化中心,所以代称整个江南人民对逃难而来的司马睿政权态度的转变。这就说明了包括浙东在内的后方对东晋王朝而言具有十分重要的战略意义。此后南朝宋、齐、梁、陈四个小朝廷如同走马灯似的轮番登场,均沿袭了东吴、东晋的格局,虽然再也未能出现北伐成功,收复江北失地,"还我河山"之壮举,但在维持江南偏安局面、安定后方,与民生息,积蓄物力财力的统治思想主导下,仍然推进了江南许多地方的经济发展与文化传播。浙东的山水资源和海上航行便利等便是在此期间得到认识,并取得

---

① 陈寿:《三国志·虞翻传》,中华书局标点本第五册,第1325页。

重大成果的。

一、军事形势的需要提高了临海郡的国家战略地位

(一)进剿山越提高台州军事重要性

今天的浙江省域在先秦时期属于越国之地,其居民的成分大致由东越民族和江南汉人组成。据今人研究,越国勾践所部属于江南汉人,此外越国民众则属于东越族。到后来随着北方汉族不断迁徙到江南,东越的原住民便不断受到挤压、驱逐甚至于屠杀,其生存环境日益恶化,于是逃难到山区苟且生活,后来便给了他们一个名称叫"山越"。原住民虽然窜伏四散,又被当局强制迁徙内地,"徙其民于江淮间,虚其地",林惠祥《中国民族史》中说这些原住民"然其伏匿山谷者必甚多,以其山居,故又称山越或山民"。被迫迁移到山区的原住民要生存,必然要与外来的移民争夺土地、水等自然资源,双方难以"和平共处",其形势完全由人力大小、文化高低与科技先进落后决定。当时的官府为了维护"社会稳定",从三国东吴开始不时发动进剿山越的军事行动。[①] 在这类军事行动中,台州由于它的地理因素,就处于非常重要的位置。它北附浙东政治文化中心会稽郡,成为朝廷赖以扩大招徕山越及其他百越民族的前沿地带;南控瓯越、闽越,成为朝廷监视瓯越、闽越乃至于骆越的重要基地。晋室南渡以后,为了进一步敉平内部[②],在江南站稳脚跟,并图谋生存与发展,收复失地,都需要建立稳定的后方。台州与会

---

① 如三国东吴顾雍,吴郡吴人,为上虞长,有治绩。孙权领会稽太守,不之郡,以雍为丞,行太守事,讨除寇贼,郡界安靖,吏民归服。《三国志·诸葛恪传》载:诸葛恪以丹阳山险,民多果劲,以前虽发兵征剿,只是获得外县的平民而已;其余深山远泽之民,无法尽数擒捕,因此屡次要求朝廷任命他出任剿主官,三年可得甲士四万。众臣商议都以为丹阳地势险阻,与吴郡、会稽、新都、鄱阳四郡邻接,方圆数千里,山谷万重,民人野逸惯了,风俗好武习战。不时观察机会,出为寇盗。一开战则蜂拥而至,战败则作鸟兽散,自前世以来,不能控制局面。诸葛恪到任之后,就通知四郡属城长吏,要求他们各保其疆界,明立部伍;对于那些顺从归化的平民,都给他们安排地方居住。对内部署诸将,驻兵于幽阻之处,但修缮藩篱,不与山越交锋,等到山越的庄稼将要成熟,就纵兵收割,使无遗种。山越陈谷吃光,新田无收,于是饥穷,陆续出山,向政府降服。诸葛恪因此下令:"山民改邪归正,都应当接纳抚慰,迁徙到外县,以平民对待。"山越知道官方只是想让他们出山安排,于是老幼相携而出。三年到期,所获人数真如预料的那样。诸葛恪自领万人,其余分给诸将。

② 主要还是山越,加上其他的教民暴动如孙恩暴动、族群矛盾引起的动乱等。

稽紧相邻接,其重要意义自在不言中。

(二)孙恩暴动促进了临海城的建设

孙恩暴动所成农军,实际上是一次五斗米道教徒的利益之争,与代表广大下层民众利益的"起义"还是有区别的。《晋书·孙恩传》载:"孙恩字灵秀,琅邪人,孙秀之族也。世奉五斗米道。恩叔父泰字敬远,师事钱唐杜子恭。"孙泰传其秘术,狡狯有智,诳诱百姓,敬之如神,都不惜竭尽财产、送子女以求福庆。孙恩农军曾一度攻打到会稽,兵临城下,《晋书》卷十三记载:"隆安三年(399)十一月甲寅,妖贼孙恩陷会稽,内史王凝之死之。"这个会稽内史王凝之是王羲之的儿子,信奉道教,不为设备,致城破之日,玉石俱焚。除了王凝之被杀以外,吴国内史桓谦、临海太守新蔡王崇、义兴太守魏隐都不战不守,弃官而遁。吴兴太守谢邈、永嘉太守司马逸皆遇害。朝野惊恐,于是派遣卫将军谢琰、辅国将军刘牢之迎击,孙恩败走。孙恩所部转攻临海郡,被临海太守辛景据大固山城防工事顽强防守击败,不久孙恩投水死,余部作鸟兽散。据《世说新语·德行》"吴郡陈遗"条刘孝标注引《晋书·安帝纪》载:"孙恩……逸逃于海上,聚众十万人,攻没郡县。后为临海太守辛景斩首送之。"《晋书·安帝纪》又云:"元兴元年三月(402),临海太守辛景击孙恩,斩之。"一说孙恩是投水自杀,非战败阵亡。《晋书·孙恩传》载:"刘裕与刘敬宣并军蹑之于郁洲,恩遂远进海中。及桓玄用事,恩复寇临海,太守辛景①讨破之。恩穷蹙,乃赴海自沉,妖党及妓妾谓之'水仙',投水从死者百数。"《宋书·高祖本纪》:"孙恩自奔败之后,徒旅渐散,惧生见获,乃于临海投水死。余众推恩妹夫卢循为主。"可以说这股席卷东晋王朝大后方要地的军事力量是被辛景所率临海郡军民的顽强抵抗打败的,如果没有临海郡城的易守难攻,临海郡军民的抵抗,则其势力不知会发展到什么样子。由此亦不难推知临海郡城的建设是独具只眼,完美利用地利的。关于临海郡城的建设以前有一种说法认为是"唐武德间刺史杜伏威所迁,李淳风所择"(明王士性《广志绎》),或以为是"唐尉迟敬德所造"(民国《台州府志》),这些附托名人造郡城或州城的传说,都反映了此城在古代战争的实际作用上得到检验,临海郡依山临水,易守难攻,的确非比等闲。所以宋陈耆卿《嘉定赤城志》说:"自古建郡若邑,倚城以为命,然必择胜地焉。"又说"今城垒骋目而

---

① 辛景本名辛昺,《新唐书·艺文志》作辛昞,盖唐朝史臣为避唐先祖讳昺,乃改名为辛景。

望,据大固山,介天台括苍间,中峰对峙,如入几席。天台仙居二水别流至三江口而合,萦纡演迤,环拱其郊。岩光川容,吞吐掩映于烟云缥缈之际,真足以奠城社,表宅里,聚廛市,以雄跨一方矣"。实际上台州城的建设是在东晋战争实际中展示雏形,在以后的历史曲折中不断完善加固而建成的东南沿海的坚固堡垒。据说唐朝大将尉迟恭(字敬德)督修城墙,到北固山百步峻地段屡造屡圮,而工期紧迫,颇为焦急。一夜大雪纷飞,翌日早晨有一头梅花鹿飞奔而过,直至山巅,不见踪影。尉迟敬德便命沿着鹿的蹄印修筑,果然城墙修到哪里就立到哪里,因此修筑工程按期竣工。为了纪念此事,就给台州城取了个别名——"鹿城"。这一传说体现了造城过程的艰难曲折。台州城北依北固山,南有巾子山,西南两面有灵江环抱,唯独东面为平原,到宋朝台州知州钱暄疏浚东湖,将此处开辟为水军练兵场,即建设了强大的武装力量,又巧妙地弥补了台州城防守上的一个不足,以至于台州城的防御功能得到进一步完善,固若金汤,如明朝抗倭战争中台州城就是处于倭寇侵略的重灾区而未被攻陷的府城。古代台州府城全长十八华里,今天幸存下来的"江南长城"(准确地说是台州府城墙)尚余十二华里,将台州城的雄姿展现于天壤间,也算是劫后的遗珍了。

二、外交联络活动的需要提高了临海郡的地位

三国两晋南朝时期,江东这块地盘的重要性得到凸显,特别是在对外交往联络上显示了前所未有的重要作用,成为国家发展战略中具有特殊意义的地方。临海郡濒临东海,拥有众多适宜海上航行的港口,海上交通便利的自然条件,使之在东吴以降的六朝与海外的联系上成为远交近攻战略的凭借,加重了东南沿海在国家战略上的分量,甚至于成为关系东吴东晋南朝政权生死存亡或政治军事斗争成败的重要环节。此地以三国东吴政权利用东南沿海交通便利的条件频繁开展联络、探险或者攻击等活动为例说明之。

(一)北交辽东公孙氏集团

从三国时期而言,终东吴一朝,临海郡在向北联络辽东军阀公孙氏集团,对曹魏集团形成南北夹击之势;向海外探索发展,寻求新的地盘、资源和人力等方面发挥了不可替代的重要作用。如《三国志·魏书》卷十四载:"太和末,吴遣将周贺浮海诣辽东招诱公孙渊。"公孙渊以辽东叛魏,与东吴相呼应,自然一拍即合。《三国志·吴书·孙权传》载吴大帝孙权于"嘉禾元年三月遣将军周贺、校尉裴潜乘海之辽东。秋九月,魏将田豫要击,斩贺于成山。

冬十月,魏辽东太守公孙渊遣校尉宿舒、阆中令孙综称藩于权,并献貂、马。权大悦,加渊爵位"。《孙权传》还载,嘉禾二年(233)三月,东吴"使太常张弥、执金吾许晏、将军贺达等将兵万人,金宝珍货,九锡备物,乘海授(公孙)渊"。可见东吴的孙氏与辽东的公孙氏双方都怀着自己的图谋采取"远交近攻"之策略,希望在对方的后院点上一把火,发挥掣肘或者背后插上一刀,起牵制全局的作用,让曹魏集团难以全力南下攻吴或者难以倾力攻取辽东。

(二)南攻交趾、珠崖

东吴还派遣军队远征交趾[①],如《资治通鉴·晋纪》"武帝泰始五年(269)"条载:"吴主遣监军虞汜、威南将军薛珝、苍梧太守丹阳陶璜从荆州道,监军李勖、督军徐存从建安海道,皆会于合浦以击交趾。"胡三省音注引沈约曰:"建安本闽越,秦立为闽中郡,汉虚其地,后立为冶县(今福建福州),属会稽郡,后分冶地为会稽东、南二部都尉;东部,临海是也;南部,建安是也。吴主(孙)休永安三年,分南部立为建安郡。"东吴派遣精明强干之士远赴岭南,深入交趾,改善交趾与东吴的联系。在交趾经营有年,对于开拓后方,稳定政局,巩固政权与加强同北方抗衡的持久战力诸方面,取得成效。同时又派遣将士平定海南岛,这是与远征夷洲相响应的国家战略行动。《孙权传》载,赤乌五年(242)七月,"遣将军聂友、校尉陆凯以兵三万讨珠崖、儋耳(今海南岛)"。

(三)控制闽越、骆越等南方区域

由于东吴政权设立临海郡的一个重大原因,是为了加强对闽越甚至骆越的控制和管理,临海郡在中央政府稳定东南,南控闽越、骆越发挥中间环节的桥梁作用。《陈书·陈宝应传》载:"(章)昭达既克周迪,逾东兴岭,余孝顷又自临海道袭于晋安(在今福建境内)。""又命益州刺史信义太守余孝顷都督会稽、东阳、临海、永嘉诸军自东道会之,以讨宝应。"可见临海郡位置的作用非仅作为普通州郡,而是具有国家战略地位的军事要冲。《南史·钱道戢传》载:"(钱道戢)天嘉元年为临海太守,侯安都之讨留异,道戢率军出松阳以断其后。"这些史籍记载,可为今人了解当时东吴的战略思路,提供有力的证据。

---

① 今越南北部,当时为中国领土,建置为交趾郡,后又称交州,治今越南河内附近。

（四）东取夷洲、亶洲

东吴利用濒临东海，海上航运便利的优势，不时派遣船队从事远航攻略，发展战略合作伙伴，夺取地盘和人力，以壮大自身力量。其中最为著名的便是远航夷洲（今台湾岛）一事了。《三国志·吴书·孙权传》载黄龙二年（230）正月，"遣将军卫温、诸葛直将甲士万人浮海求夷洲及亶洲。亶洲在海中，长老传言秦始皇遣方士徐福将童男女数千人入海，求蓬莱神山及仙药，止此洲不还。世相承有数万家，其上人民，时有至会稽货布。会稽东县人海行，亦有遭风流移亶洲者"。会稽东县，当即会稽郡东部沿海的鄞（今宁波）和临海郡之地，因会稽是浙东的政治经济中心，故贸易之处亦在会稽。应该说东吴派遣大将卫温、诸葛直率甲士两万多人远征夷洲、亶洲，其目的就是获取战略资源，《资治通鉴》卷七十一载："四年春，吴主使将军卫温、诸葛直将甲士万人浮海求夷洲、亶洲，欲俘其民以益众。陆逊、全琮皆谏，以为桓王创基，兵不一旅，今江东见众，自足图事，不当远涉不毛，万里袭人，风波难测。又民易水土，必致疾疫，欲益更损，欲利反害。且其民犹禽兽，得之不足济事，无之不足亏众。吴主不听。"可见史籍记载的"欲俘其民以益众"点到要害之处，只是这次浮海求夷洲、亶洲的结果，未如所愿，而是"欲益更损，欲利反害"罢了。这次出发的地点，史书中虽未明确记载卫温诸葛直是从会稽郡、临海郡还是建安郡（今福州）出海远航，但是就浙东诸郡濒海的位置而言，这种地理位置决定了临海郡在当时国家的生存发展中所处的地位与会稽郡、建安郡一样，是十分重要的。

三、经济社会实力的增强提高了临海郡的地位

江南的农业经济发展核心地带向来是江东浙西，这里是土地肥沃，便于发展经济的丝绸之府、鱼米之乡，自古是民庶繁盛，财产殷实之地。只要天下太平，与民休养生息，实际上很容易将人民生活水平提高到更高的程度。由于三国以来天下动荡，各方势力为了争夺地盘征战不息，青壮充丁，老弱病残与妇女儿童守家，"纵有健妇把锄犁，禾生垅亩无东西"，民不聊生，生产力破坏，人民的生活水平也不可能提高。浙东的农业生产资源相对于浙西而言要逊色得多，土地资源不及浙西，农业生产技术等方面也较为逊色。但是浙东的会稽郡主要是后来的宁波绍兴这一带的农业生产条件并不亚于浙西，是浙东最为富庶的地方。临海郡则要逊色于会稽郡，但属于浙东农业生产与社会财富积累重要的组成部分。只要社会稳定，人民的压力相对减轻，

自由度增大,那么社会经济发展就会相对快速,强于别处。这在史书中可以找到不少材料以作佐证。如《宋书·孔季恭等传》末史臣评论说:"自晋氏迁流,迄于太元(376—396)之世百许年中,无风尘之警,区域之内晏如也。及孙恩寇乱,歼亡事极。自此以至大明之季(464),年逾六纪,民户繁育,将曩时一矣。地广野丰,民勤本业,一岁或稔,则数郡忘饥。"意为会稽郡之地从东晋王朝南迁以来百余年间,社会安定,虽经孙恩暴动而百姓流亡极多,但到刘宋大明之末六十年间,人口繁育,与动乱前的盛况相似,土地开辟,农业丰收,民众无饥馑之患。而会稽郡的经济社会发展更是让土地资源得到较高水平的开发,地价昂贵,与汉朝长安附近相匹敌。"会土带海傍湖,良畴亦数十万顷。膏腴上地,亩值一金,鄠、杜之间,不能比也。"临海郡虽非会稽郡之贵,但也当有较大的发展,则是毋庸置疑的。从20世纪50年代以来考古发现的东汉到六朝时期砖室墓二百多座,出土有文字墓砖,是社会经济明显上升,财富积累到一定程度的有力证据,而且是文化教育也有了提高的产物。说明这个时期临海郡的经济、文化已经相当发达,社会经济实力较之西汉有了显著的增强。今人周一良先生说:"大抵东晋以来,此地区比较富足,为政府财政所资。"(《魏晋南北朝史札记·南朝东南内地之位置》)另以此地傍海,煮盐为国计民生大事,又向为国家徵收赋税之利薮,故沿海州郡,均有煮盐之业,临海郡当不是例外。其余如蚕桑纺织等,已见前文,此处从略。

第四节　临海郡资源开发与中原文化的结合

江南山水风光在三国以前的文献中表现较少,汉末三国社会动荡,中原民众背井离乡,四处逃亡,大量难民在这种大移民的浪潮中涌入浙东,不少中原的士族(贵族)亦随之迁徙至此。士大夫的逃亡涌入浙东,如东晋贵族桓彝所言:"我以中州多故,来此欲求全活。"就具有典型性。这些人士具有较高的政治地位,也具有较高的文化修养,彼所拥有的物质文化资源均高于原住民的水准,除了经营庄园,满足物质生活需要外,还具有较为悠闲的时间与心情从事其他的社会文化消费活动。浙东的山水风光从此就开始进入了中原来的文人的审美视野,这才有了此后接踵而至的士大夫间对于浙东山水的欣赏、游历、栖隐和赞美等等的许多佳话,许多故事。对于以天台山为标志的临海郡来说,则要以东晋王朝南迁以后为起点,北方贵族士大夫与

避世隐居的文人对于浙东、越中(主要在今绍兴到台州天台山这一块地方)
山水风光极为赞赏,不但见之于言谈,付之于登涉,而且形之于书信,笔之于
诗赋。如王羲之、王献之、顾恺之之均称赞过山阴道上之景色,传为千秋
佳话。

一、"二王"与顾恺之称赞山阴道、浙东、越中之景

王羲之(303—361),字逸少,琅琊(今山东琅玡)人。与其子王献之(字
子敬,王羲之第五子)都以书法出众闻名于中国艺术史,并称为"二王"或者
"羲献"。如唐朝孙过庭《书谱序》中说:"夫自古之善书者,汉魏有钟(繇)张
(芝)之绝,晋末称二王之妙……可谓钟张既绝,而羲献继之。"毫无疑问,王
氏父子均有过人的艺术素养与审美的眼光,对于美的事物的感受自然有别
于普通民众,他们身在浙东山水之间,其审美判断对于士大夫的影响亦自然
有别于普通民众,在上流社会中起到引导风气的作用。王献之与其父亲王
羲之都是从北方逃难到浙东来的中原士族人物,从北方人的视角来看浙东
山水风光,自然有许多新鲜感,夹杂着新奇的心情,是可以想见的。南朝宋
刘义庆《世说新语·言语》对王献之的观感做了十分精彩的记录:"王子敬
曰:'从山阴道上行,山川自相映发,使人应接不暇。若秋冬之际,尤难为
怀。'"梁刘孝标注引《会稽郡记》曰:"会稽境特多名山水,峰嶂隆峻,吐纳云
雾。松栝枫柏,擢干竦条,潭壑镜澈,清流泻注。王子敬见之曰:'山水之美,
使人应接不暇。'"余嘉锡笺疏引刘盼遂曰:"《戏鸿堂帖》载《子敬杂帖》云:
'镜湖澄澈,清流泻注,山川之美,使人应接不暇。'"作为北方人,大书法家王
羲之对浙东的喜爱,较其子又似更为深刻。他说过这样的话:"山阴道上行,
如在镜中游。"所以后来会稽人就将郡内的著名水利工程南湖①改名为"镜
湖"。南朝梁顾野王《舆地志》云:"山阴南湖,萦带郊郭,白水翠岩,互相映
发,若镜若图。故王逸少云:'山阴路上行,如在镜中游。'名镜始是耳。"镜湖
之名就是从这里而来。地志又引李太白《登半月台》诗:"水色绿且静,令人
思镜湖。终当过江去,爱此暂踟蹰。"则湖以如镜得名无可疑者。而或以为
小说所记,以为轩辕铸镜于此得名,事实不是如此。太白又有《送友人寻越
中山水》诗:"湖清霜镜晓,涛白雪山来。"王羲之四十多岁辞官以后就逍遥于
浙东诸郡的名山之中,修道炼丹,也写作抒发自己的山水之情,唐人徐灵府

---

①　又名长湖、大湖,始建于东汉,为会稽郡太守马臻在任时所筑的水库。

《天台山记》还记载王羲之到天台山游历，遇白云先生付授笔法之事："第一年学书，似蛇惊春蛰，鱼跃寒泉。笔下龙飞，行间蝶舞。虽未殊妙，早以惊群。至第二年学书，似鹤度春林，云飞玉间，笔含五彩，墨点如龟，骫骨相连，似垂金锁。"实际上此事近于仙话传说，荒诞不经，只可作一侧面观照，姑妄听之。王羲之的好友许迈作书信与王羲之说：从天台山到临海，多有金台玉室，仙人芝草。宋陈耆卿《嘉定赤城志》载："赤城山有玉室璇台，许迈尝居之。因与王羲之书云：自天台山至临海，多有金台玉室、仙人芝草。"顾恺之是江南本地人①，虽然熟悉江南的山水，但是当他来到浙东时，也情不自禁地为浙东山水之秀美所陶醉，《世说新语·言语》记载一则故事云："顾长康从会稽还，人问山川之美，顾云：'千岩竞秀，万壑争流，草木蒙笼其上，若云兴霞蔚。'"

对于山水之美的赏识见诸口头者是审美的开端，其进一步的发展则是付诸笔墨了。这种发展过程也是在东晋时期完成的。所以前面如王羲之父子和顾恺之诸人对浙东山水之美的赞赏，就为士大夫把它付诸笔墨做了铺垫。东晋士人承担起此任者便是当时文坛宿将孙绰。

二、孙兴公作《天台山赋》为浙东山水文学开了先声

孙绰（314—371）字兴公，太原中都（今山西平遥）人。少以文称，历太学博士，大著作，散骑常侍。曾任东晋章安县②令，稍迁散骑常侍，领著作郎，寻转廷尉卿。时为文坛领袖，声誉远播。钟情玄学，善作玄言诗，是玄言诗的代表诗人。孙绰既深于儒学，又深于道学，而尤擅名于玄言，是当时清谈家中的翘楚，与王羲之、支道林等隐居于会稽的一班享有高名的士大夫交往甚密。他写作《天台山赋》，既有来临海郡之前耳闻天台山的各种灵异传说做铺垫，更有来临海郡之后亲身经历的目睹天台山的幽深秀异景色为事实，写起来激情澎湃，文采飞扬，思越千载，笔综万物，是他最得意的作品之一。前贤所谓情动于中而形于言，吟咏之不足则嗟叹之，嗟叹之不足则不知手之舞之足之蹈之，正是情深于事的表现。孙绰之作《天台山赋》，便是他对此山认识与喜爱的自然流露，而他将此赋交其友范荣期欣赏，便是作者于此赋十分得意也十分自信的表现。南朝宋刘义庆《世说新语·文学》载："孙兴公作

---

① 顾恺之（348—409），字长康，晋陵无锡（今江苏无锡）人，东晋杰出画家。
② 章安隶属于临海郡，治章安，章安原属临海市，今属椒江区。

《天台赋》成，以示范荣期云：'卿试掷地，要作金石声。'范曰：'恐子之金石，非宫商中声。'然每至佳句，辄云：'应是我辈语。'"此赋是一篇影响甚巨的名作，它的问世，标志着台州古代文学走向一个新的时代。现代中国文学史家瞿蜕园评论孙绰《天台山赋》的历史地位与历史功绩时，做出了这样的评判："这篇赋可说是替谢（灵运）氏的山水诗开了门径。至于他以《游天台山》为题，采取记游的形式，而不对天台山做旁观的、静态的描写，尤为后来的游山诗所祖述。又，篇中杂有道、释两教的话头，仙佛思想与山水的题材合而为一，这种诗风也对谢灵运及后来的山水诗人有所影响。谢灵运的山水诗中往往也涉及某些名理，且有消极隐遁的情调，和孙绰表现在《游天台山赋》中的虚幻的求仙思想相近。"这就确定了《天台山赋》在浙东山水文学创作上开时代风气的作用，更确定了此赋在中国山水文学创作史上为后来山水诗鼻祖谢灵运诸人"导夫先路"的历史功绩。

　　孙绰《天台山赋》不仅在浙东山水文学上厥功至伟，为浙东山水文学创作开一崭新境界，而且在宣传介绍浙东名山天台山方面，乃至于向外界介绍临海郡的名山秀水时都是极好的作品。历代文人之所以崇拜天台山、向往临海郡，必欲亲身经历此地乃遂心愿，几乎都是从孙绰此赋中得到的最初印象。如唐人孙逖《送周判官往台州》诗云："吾宗长作赋，登陆访天台。星使行看入，云仙意转催。饮冰攀璀璨，驱传历莓苔。日暮东郊别，真情去不回。"孙逖与孙绰同姓，故称孙绰为"吾宗"，登陆句即用孙赋"涉海则有方丈蓬莱，登陆则有四明天台。皆玄圣之所游化，灵仙之所窟宅"之意。此诗颈联复用孙赋"践莓苔之滑石，博壁立之翠屏""建木灭景于千寻，琪树璀璨而垂珠"之意。即使后世享有大名的骚人墨客，也不例外。如孟浩然《舟中晓望》诗云："挂席东南望，青山水国遥。舳舻争利涉，来往任风潮。问我今何适，天台访石桥。坐看霞色晓，疑是赤城标。"这位赢得李白高度赞赏的"孟夫子"诗的尾联，就是用了孙绰赋中"赤城霞起而建标，瀑布飞流以界道"之语意。其用例不胜枚举。所以宋朝陈耆卿在《嘉定赤城志》卷十九《山水门》中开门见山地指出："台以山名州，自孙绰一赋，光价殆十倍。今以其所登载，质之见闻，秀概神标，炳炳如星日。非若野史浪记，谈河说海，诬诞而不经也。按道书，洞天福地于是邦为盛。夫神仙之事虽圣贤所不齿，然必有灵区异境，而后宅焉。"这段话的大意是说：台州以天台山得名，从孙绰写了这篇《游天台山赋》以后，为台州增光添彩，山水神秀，标题灿烂，不像野史浪记说的荒诞不经，道书记载台州洞天福地特别多，神仙之事向来为圣贤所不齿,而必然有适合神仙灵异的环境,才可以吸引神仙以此为洞府。从此后文人诗文创作多以《游天台山赋》为基本典故出处,就可以毫不夸张地说,孙绰的《天台山赋》是宣传天台山的最有历史影响力的佳作,孙绰是发现天台山之美,赞颂宣传天台山的第一人。

三、支道林等名流为天台山作文赋诗

支遁(? —366)字道林,河内林虑人,或曰陈留人(均在今河南省),本姓关氏。支遁隐逸于剡中东山,与谢安所隐相同,后入沃洲小岭建精舍,晚移石城山栖光寺,太和元年(366)终于剡之石城山。与谢安、王羲之、许询等为友,虽栖身方外,而经常参与“方内”雅集,辩论经义,享有清誉。宋施宿《嘉泰会稽志·高僧》载:“王羲之在会稽闻遁名,见之,乃定交。遁还剡,路由稽山,羲之诣遁,延住灵嘉寺。”意为王羲之在会稽听到支遁之名,等到见面之后方才定交,支遁返回剡中,经过会稽山,王羲之前往见面,请他到灵嘉寺居住。支遁能够入王羲之的法眼,得到王的情谊与看重,可见其为人与道行。《晋书》载:“沙门支遁以清谈著名于时,风流胜贵,莫不崇敬,以为造微之功,足参诸正始。”由于剡中与天台紧邻,佛道人士之间的交往也相当频繁,上述谢、王、许、孙、支诸名士久游浙东,于其名山莫不遍游,所以对于天台山的山水之美,亦不让孙绰专美了,连方外的支遁也不禁创作了《天台山铭》并序。其时王羲之等也都喜欢游山玩水,东中诸郡(指后来的浙东各州)名山游历殆遍,还据游历所见著作《四州记》等,也是属于山水游记性质一类文字。所以支遁等名流对天台山的赞颂,与前述孙绰作《天台山赋》一起形成了一个欣赏山水的文人群体,养成了一种喜欢山水审美的风气,在士大夫之间流传激荡,对以后浙东山水审美的文学表达产生了重要的影响,起了铺路石的作用。

四、谢灵运开创中国山水诗及其《临海峤诗》《山居赋》

谢灵运(385—433),陈郡阳夏(今河南太康)人,移籍会稽。幼时寄养于外,族人因名为“客儿”,世称谢客。系谢玄之孙,晋时袭封康乐公,故世称谢康乐。入宋以后将其公爵降为侯,因谢灵运生性偏激,多有不守礼度之举,“朝廷唯以文义处之,不以应实相许”,而谢灵运自视甚高,以为其才能“宜参权要”。既不受到任用,未被委以重任,心中常感愤恨。曾任散骑常侍,转太子左卫率。宋少帝即位,仍未得到重用,每构扇异同,出为永嘉(今温州)太

守。永嘉郡有山水名胜，谢灵运又向来爱好山水游览，到永嘉做太守既不是他自己乐意的，于是肆意游遨各县境内的山水胜迹，一次出游动辄需要一月半月，民间听讼就不再放在心上了。谢灵运游踪所至，就作诗吟咏以抒发心中的情感，表达内心的感受。在郡一周年，就托疾辞职，离开了永嘉。谢灵运于是把户口迁到会稽（今绍兴），修缮扩建祖上的别墅，这处别墅"傍山带江，尽幽居之美"。由于闲居在家，就与隐士王弘之、孔淳之等人纵放于山水之间以为娱乐，"有终焉之志"。这段时间谢灵运虽然仕途上"时运不济"，而在山水诗的创作上获得了空前的声誉，当时谢灵运每有一首新诗传到京都与其他城邑，人们不分贵贱，莫不竞相抄写，数日之间，社会上贵族也好平民也好都传遍了，"远近钦慕，名动京师"。后复担任侍中、临川内史、广州太守等职。终因牵涉政变，事泄被杀。其诗大多描写会稽、永嘉、庐山等地的山水名胜，善于刻画自然景物，开中国文学史上的山水诗一派。由于历史久远及谢灵运被杀等因素，谢灵运存世作品的数量不是很多，谢灵运在临海郡所作的诗歌，留下来的恐怕只有这一首《临海峤诗》了，其诗全称为《登临海峤初发疆中作与从弟惠连可见羊何共和之》，其中第四章集中写到天台山。①诗云："攒念攻别心，且发青溪阴。暝投剡中宿，明登天姥岑。高高入云霓，还期那可寻。傥遇浮邱公，长绝子徽音。"谢灵运《山居赋》也记录了他游览天台山的经历："凌石桥之莓苔，越楢溪之萦纡。"李善注曰："所居往来，要经石桥，过楢溪，人迹不复过此。"②

第五节　佛道两教对天台山的崇拜与传扬

临海郡这块地方与宗教似乎存在着一种天生的联系，无论是中国本土的宗教道教，还是外来的宗教佛教都格外垂青它，道教早期就有茅氏兄弟来天台山传播"火种"，《太平广记》引《集仙传》载大茅君盈被封为"寿齐天地，位为司命上真，东岳上卿，统吴越之神仙，综江左之山源"的道教宗师，于汉元寿二年（前1）八月己西，曾经与"王母及三元夫人、紫阳左公、太极仙伯、清灵王君乃南岳魏华存同去东南行，俱诣天台、霍山，过句曲之金坛"，开辟道

① 逯钦立：《先秦汉魏晋南北朝诗》，中华书局1983年版，第1176页。
② 萧统：《文选》，上海古籍出版社1992年版，第496页。

场,不可谓不早(但这类道书创教时代记载的真实性与可靠性是值得考证的)。天台山中尚有茅氏兄弟的遗迹三茅溪。佛教在临海郡最早的寺院是东汉兴平元年(194)创立的石头禅院,现名大兴寺,位于仙居县城东十里的杨府乡石牛村。石头禅院不仅在始建年代上居台州各寺院之首,而且该寺的一件文物堪称全国之最。这就是闻名遐迩的摩崖石刻大"佛"字。该字镌刻于寺东侧一座高达十余丈的石壁上。据文物部门考察丈量,字高 11.2 米,宽 11.2 米,呈正方形,总面积达 125.44 平方米,其中最粗笔画宽 50 厘米,比原被列为我国石刻大字之冠的四川省潼南县定明寺侧大"佛"字(该字高 8.5 米,宽近 6 米)还大 1 倍多,是当之无愧的全国最大的摩崖石刻字。三国时期始平①和临海县南乡(在今黄岩境内)都出现了寺院,后来的天台山成为佛教天台宗的"根据地"。并且来到此地的宗教都得到适合其时其地与其利的发展,落地生根开花结果,开宗立派,著书立说,人物辈出,香火旺盛,宗教人士披荆斩棘开拓出来的传教场所又多为名震海内外的大刹丛林,知名道场,尤其是天台山的山水对于佛道两教均有重大的贡献,影响深远。总之,佛道两教在临海郡从无出现败退的先例。

一、道教在临海郡的传播与道场的开辟

临海郡与道教特别有缘,大概与此地位置濒海有关。因为临海郡地位偏僻,面临东海,海上航运便利,易受海上外来文化之影响;又因为这种地理位置的特点,与内陆道教发展有所不同,濒海之地进退较为方便,许多不便在内陆发展的事物就有可能在此地生存和发展。道教教义中将先秦道家思想与神仙方伎之术结合起来,也每与濒海之地有关,如神仙之地多在海上不可及之岛屿,如仙话中所常说的海上三仙山瀛洲、蓬莱和方丈,以及夷洲、亶州、流求等等,都与大海密不可分,而道教书籍中的《十洲记》等即为此种思想的产物;神仙之长生药多出于海上之岛,采集长生药须付出昂贵的代价,而秦朝始皇帝"使徐福入海求神异物",这种神异物就是"延年益寿药",求药需要童男女和百工为条件,"秦皇帝大说,遣振男女三千人,资之五谷,种种百工而行。徐福得平原广泽,止王不来"。振男女即童男女。唐司马贞正义引《括地志》云:"亶州在东海中,秦始皇遣徐福将童男女,遂止此州。其后复有数洲万家,其上人有至会稽市易者",徐福止于亶州不复来归,是此种思想

---

① 南始平县,辖境包括今天的天台与仙居两县。

的产物。在东汉以来,唐朝以前,临海郡道教的场所特别密集,层次特别高,道教的宗师也很多,聚集于这块东海之滨的仙山神水,为弘扬道教不惜背井离乡,为炼丹合药不惜兀兀穷年。如宋范成大《吴郡志》卷四十《仙事》即载仙人王方平想到括苍山修道的事迹:"后汉中散大夫王远字方平,既得道,东欲入括苍山,过吴,住胥门蔡经家。经,小民也。远以其骨相当仙,语经曰:'汝应得度世,然汝少不知道,气少肉多,当为尸解,如从狗窦中过耳。'告经以要言而去。"这是临海郡括苍洞天的来由。道教钟情临海郡,还与当年道教被汉末术士张角等利用为联结力量、编练起义准军事组织的工具有关。《三国志·吴书·孙讨虏传》载:"中平元年,黄巾贼帅张角起于魏郡,托有神灵,遣八使以善道教化天下,而潜相连结,自称黄天。泰平三月甲子,三十六万一旦俱发,天下响应,焚烧郡县,杀害长吏。"孙坚及其儿子孙策都是靠镇压黄巾起义起家的,对黄巾军借助于道教那一套手段颇为不屑,以至于孙策为了自己威信不惜杀道士于吉,可见在东吴时期道教并不受到保护,反而在被驱逐被清除之列。道教修炼成仙,能否羽化的因素虽然有若干种,如服饵、导引行气、辟谷、诵经等等,而它的关键在于炼丹服药。《太平广记·神仙》十《刘根》载:"凡修仙道,要在服药。药有上下,仙有数品。不知房中之事及行气导引并神药者,亦不能仙也。"[1]炼丹是道士的"必修课",丹的极品是"金丹",服食金丹能够使人长生不老,羽化登仙。但俗传道教把登仙术庸俗化了,道教的本意并非如此。许地山先生说:"道家的长生思想,不是贪生逃死,乃是为知生而生,知死而死。"(《道家思想与道教》)道教在浙东的发展与传播,对于浙东山水文化、人地相依关系、自然地理的开发挖掘和人文地理的进步,都做出了重要贡献。早期道教名士有葛仙公(葛玄)、许迈、陶弘景等。汉末到三国时期道教宗师葛玄(164—244)字孝先,世称太极仙翁,俗称葛仙公或葛仙翁,句容(今属江苏)人。他来天台山修道炼丹,在天台山上开辟茶园,今天台华顶还保留着"葛仙茗圃",传为中国茶叶种植的先驱,天台山云雾茶的始祖,又传为唐朝日本留学僧来台州学习天台宗教义时带走的茶叶之祖;葛玄后来还到临海盖竹山开辟道场,盖竹洞天成为后世道教三十六小洞天的第十九洞天。《浙江通志》载:"《抱朴子》:盖竹山有仙翁茶园,旧传葛玄植茗于此。"《赤城志》载:"葛玄,丹阳人,字孝先,洪之从祖。初在赤城,后入括苍、盖竹等处。遇三真人,授以秘诀、符箓、戏幻之术,无不通

---

[1]　李昉,等:《太平广记》,上海古籍出版社 1990 年版,第 1043—56 页。

晓。吴赤乌七年,尸解而去,为太极左仙公。"许迈也是句容人,《晋书·王羲之传附许迈传》载:"许迈字叔元,一名映,丹阳句容人也。家世士族。"早年向郭璞、鲍靓等学习方外之道,并隐居于余杭之悬霤山,"立精舍于悬霤,而往来茅岭之洞室,放绝世务以寻仙馆",后来改名为玄,字远游。王羲之闻其名,结为莫逆之交:"羲之造之,未尝不弥日忘归,相与为世外之交。玄遗羲之书云:'自山阴南至临海,多有金堂玉室、仙人芝草。'"山阴南到临海正是浙东山水最引人入胜的地段。据宋陈耆卿《嘉定赤城志》载:"《会稽记》云:'赤城山有玉室璇台,许迈尝居之。因与王羲之书云:自天台山至临海,多有金台玉室、仙人芝草。'"他在临海郡寻访山水,修道采药炼丹,为时颇久,还曾于临海盖竹山筑栖真观。据宋陈耆卿《嘉定赤城志》载:"盖竹山在县南三十里。按《舆地志》:'一名竹叶山,中有洞名长耀宝光之天,周回八十里。《洞渊集》所谓第十九洞天也'……晋许迈尝居之。""栖贞观在县南三十里,旧名盖竹,盖许迈故居,晋时建。旧在山外,有石室、登霞台、葛玄礼斗坛、卧龙埠。"此处道教遗迹仍然存在,地处幽深,人迹罕至。《晋书·王羲之传》载王羲之辞官后与许迈一起修道采药不远千里,遍游浙东名山。"羲之既去官,与东土人士尽山水之游,弋钓为娱。又与道士许迈共修服食,采药石不远千里,遍游东中诸郡,穷诸名山,泛沧海。叹曰:'我卒当以乐死。'"其后仙释人物接踵而至,以陶弘景等为代表,陶弘景(452—536)字通明,南朝梁秣陵(今南京)人,号华阳隐居。他本是儒生,后来改学为道,陶弘景在临海郡修道的足迹几遍郡内名山,陶弘景在其《寻山志》中记述了考察台州名山胜迹的事情:"愿敷衽以远诉,思扣朝而陈辞。至赤城兮一憩,遇王子而宿之。爰彭狷兮弗远,必长年兮可期。及榆光之未暮,将寻山而采芝。"[①]《赤城志》还记载他曾经居住宁海阆风里,与张少霞炼丹。今铁场侧有东山,山犹存其炼丹修道的庵址。曾经做梦见神告诉他说:"山在后,海在前,金笈玉笥居两边,是中可以藏汝丹。"就埋丹于此。到南宋绍兴初,"邑人胡俊发地得瓷合,大小三重,内贮石,紫赤色如铁",当是前人所藏丹药之证。陶弘景隐居茅山以后,起初跟从东阳(今属浙江金华)孙游岳受符图经法,"遍历名山,寻访仙药。每经涧谷,必坐卧其间,吟咏盘桓不能已",曾经来到鄮县(今宁波)阿育王塔自誓受五大戒。大同二年(536)卒,时年八十五。他来临海的事迹则有

---

① 严可均:《全上古三代秦汉三国六朝文》(全梁文·卷四十六),中华书局1958年版,第3217页。

建灯坛观于灯坛山。陈耆卿《赤城志》载："陶弘景宅在临海县灯坛观。旧经云：陶弘景结庐于此。"陶弘景博学多才，勤于著述，除了文集《陶隐居先生集》三十卷外，他在浙东一带寻访名山秀水、采药炼丹、勘踏道场过程中，还做了大量的记载与描写，这些材料主要集结为《登真隐诀》《真诰》等书。《新唐书·艺文志》载陶弘景《登真隐诀》一十五卷，又有《真诰》十卷。这几种著作在发现临海郡适宜道教、山水景物和宣传推介诸方面都产生了重要的作用，现在仍然是考察六朝时期临海郡山水资源与宗教传播的必读文献。陶弘景的道教方术神仙医药著作对道教以及道教在临海郡的发展，都产生了广泛而深远的影响。

台州道教基地最有影响的当属桐柏宫（观），其他还有全国十大洞天中的三大洞天：黄岩委羽洞天、天台赤城盖竹洞天（玉京洞）、仙居括苍洞天。道教与台州结缘，令人不得不思考其中的因由，因为台州不是政治、经济、文化的中心，而是僻处东南海滨的边远地带，怎么会令道教产生浓厚兴趣呢？晋朝道士葛洪在其名著《抱朴子·内篇》中做了非常明了的说明："作药者若不绝迹幽僻之地，令俗间愚人得经过闻见之，则诸神便责作药之者不遵承经戒，致令恶人有谤毁之言，则不复佑助人，而邪气得进，药不成也。必入名山之中，斋戒百日，不食五辛生鱼，不与俗人相见，尔乃可作大药。"又说："凡小山，皆无正神为主，多是木石之精，千岁老物，血食之鬼，此辈皆邪炁，不念为人作福，但能作祸。善试道士。道士须当以术辟身，及将从弟子，然或能坏人药也。今之医家每合好药好膏，皆不欲令鸡犬小儿妇人见之，若被诸物犯之，用便无验。又染彩者恶恶目者见之，皆失美色，况神仙大药乎？是以古之道士合作神药，必入名山，不止凡山之中，正为此也。又按《仙经》，可以精思合作仙药者，有华山、泰山、霍山、恒山、嵩山、少室山……大小天台山、四望山、盖竹山、括苍山，此皆是正神在其山中。其中或有地仙之人，上皆生芝草，可以避大兵大难，不但于中以合药也。若有道者登之，则此山神必助之为福，药必成。若不得登此诸山者，海中大岛屿，若会稽之东翁洲、亶洲、纻屿及徐州之羊莒洲、泰光洲、郁洲，皆其次也。今中国名山不可得至，江东名山之可得住者，有霍山，在晋安；长山、太白，在东阳；四望山、大小天台山、盖竹山、括苍山，并在会稽。"从葛洪书中所载可见，当时临海郡境内的山水条件十分优越，符合道教人士炼丹合药的需要，故道教名人接踵而来。

明代人文地理学家王士性是临海人，他对本地山水与适宜道教的情况有深入的了解，他说："道书称洞天三十六，福地七十二，惟台得之多。临海南三十里，第十九，盖竹洞为长耀宝光之天；天台西五里，第六玉京洞为太上玉清之天；黄岩南十里，第二，委羽洞为大有空明之天；仙居东南三十里，第十括苍洞为成德隐元之天。福地，黄岩有东仙源、西仙源（仙源谓仙人所居，非常人可到之地也。《云笈七签》：福地第四曰东仙源，第五曰西仙源，均在台州黄岩县属地）；天台有灵墟、桐柏。其他非道书所载者，刘、阮桃源；寒山、拾得灶石；皇华丹井；张紫阳神化处；司马悔桥；蔡经宅；葛仙翁丹丘；智者塔；定光石；怀荣、怀玉内身。自古为仙佛之林。"可以说对临海郡境内（王士性说的是当时台州境内）道教场所的分布了如指掌。王士性对天台山中的桐柏宫特别地位做了交代："又数里上桐柏岭，始入山。岭峻可十里，宫其上，豁然夷旷。环以九峰，玉女、玉泉、华琳、玉霄、紫霄、卧龙、莲花、翠微也，道书七十二福地之一，谓王子晋治之，又云伯夷、叔齐为九天仆射，治桐柏宫。今宫有二子像，玉石铿然，非山所出产也。司马氏（按指司马承祯）遗迹亦已杳然。"

　　排行天下十大洞天之二的委羽洞在原黄岩县城南十里，今则在黄岩城区南缘，其中道教宫观建筑在"文化人革命"间遭到破坏，道上被尽数赶走，20世纪80年代以后才有所恢复，但是也难以再现当年兴盛景象；宫观中原有的许多珍贵文物烟消云散，损失难以估量。道教典籍中称委羽洞为"大有空明之天"，传说中仙人刘奉林骑鹤飞升时委翮于此，遂名之曰"委羽"。第六洞天之所在天台山赤城之玉京洞。宋陈耆卿《赤城志》卷二十一载："玉京洞在（天台）县北七里赤城山右，盖第六洞天，茅司命所治。或号太上玉清天，或号玉真清平天，或号上清玉平天。按道书云：天尊在元都玉京山说法，令众仙居此。……《赤城事实》又载晋柏硕因驰猎深入，见其中有名花异草，香气不凡。又徐灵府《小录》云：其下别有洞台，方二百里，魏夫人所治。南驰缙云，北接四明，东距溟渤，西通剡川，中有日月三辰，瑶花芝草。自晋宋梁隋暨唐天宝，尝望秩焉。国朝咸平、天圣中，投金龙玉简，顷岁为人窃去。今埋塞不全矣。侧有道人洞，其中二石穴，险不可跻。"余爽诗云："羽驾归来洞已扃，洞门深锁读残经。琼台一觉仙都梦，不觉松根长茯苓。""半山松柏散天声，芝盖当年憩赤城。我是上皇芸阁吏，玉京应有旧题名。""东临沧海宴群仙，误入桃源小洞天。一局残棋消几刻，老龙须甲已苍然。"（见文前彩页"天台山琼台仙谷"）这个第六洞天位置虽佳，却因与桐柏山上的桐柏宫相邻，声名几乎被掩盖，影响亦不是像它应有的广泛。排行十大洞天之末的括苍洞位于仙居县城东南30里下各镇境内，括苍山麓，道教典籍上称为成德隐元之天。该洞景况与委羽洞天相似，甚或有过之而无不及，地面建筑亦已荡然无存，空有荒凉的括苍洞，附近的仙姑岩是仙居临海民众"求仙""拜仙"的"仙地"，又称为"麻姑岩"，传说为仙人王方平等人降临之所。20世纪70年代仙居于此建造括苍水库，括苍洞天差点变成第二个桐柏宫，还好括苍洞天未被水库淹没，侥幸逃过一劫。进入21世纪后仙居县为建设仙居新文化，先修复一批声誉久著的历史遗迹，括苍洞天算是时来运转了，恢复为道教活动场所。其他的小洞天与福地，为数甚多，这里就不展开了。

　　此期道教代表人物有葛玄、陶弘景、徐则等人。葛玄、陶弘景都是中国道教史上著名的道士，上文已见。徐则，《隋书·隐逸传》有传。徐则是东海郯（今山东郯城）人。入天台山，居天台观，号"隐真中峰"。修炼道法，绝毂养性，仅赖松术为食。陈武帝诏命入朝讲授道要，陈朝文坛领袖徐陵钦佩他的风采，作文赞颂。隋灭陈后，晋王杨广任扬州总管，坐镇扬州，征召徐则询问道法。就在扬州布道期间，徐则死于扬州。灵枢自江都运还天台。这事凑巧与佛教天台宗创始人智颛的经历十分相似，智颛是在受命征召前往扬州途中，感觉身体不豫，自知不起，预作绝笔寄书信与晋王杨广，交代后事，圆寂于石城寺（今新昌大佛寺）。该时期道教宗师二葛、陶氏、徐氏等在临海郡的寻觅勘探活动，对于进一步揭示名山自然资源，丰富人文内涵，建设传道场所，为后来道教弘传奠定基础，做出坚实的铺垫。

二、佛教在天台山的传播与天台宗的创立

　　佛教从西汉末东汉初传入中土，以后经过与中国固有文化的碰撞、冲突，得以改造发展，逐步适应中国传统文化的外来文化新品种，成为最受中国民众欢迎的宗教，信徒遍及朝野，影响之广泛深远，是空前的。曹聚仁先生在《名教与佛教》中说："如鲁迅所说的，佛教东来以后，释迦牟尼在中国社会，所取得的广大崇高地位，那是圣人所不能企及的。虽说每一县城都有那么一所孔庙，比之佛寺，简直太寒酸了；南京城中，有那么一处夫子庙，却有四百八十处佛寺呢！"[①]曹氏还认为佛教思想"影响我国社会文化之深，成为思想的主流，也远在儒家之上。隋唐两代，第一流的思想家都是佛门弟子；和魏晋玄学，吸引了才智之士一样，显得儒家真的寒酸不足道呢！"传统儒道释"三教"中，儒道均属本土文化之产物，唯独释教为自"西天"取来之"经"，

---

① 曹聚仁：《中国学术思想史随笔》，三联书店1986年版，第186页。

竟然在中国这样一个历史悠久、文化发达的国度里受到广泛的欢迎,甚至在其本土都已经难以为继的情况下,仍然在中国如火如荼,长盛不衰。

佛教在浙东传播取得巨大的成功,但是从佛教传入到天台宗的诞生,也是历经交锋冲突的曲折过程。这与佛教在中土其他地方传播的经过大略相似,是外来文化必须经历的磨合"程序",方能与本土文化"和平共处",并催生新的文化。这可以分为两个层面来看:

从传统思想学术层面,正统文人对于这种新的外来文化给中国原来思想界带来的冲击持抵触批判态度者大有人在,如韩愈《原道》所说:"周道衰,孔子没,火于秦,黄老于汉,佛于晋魏梁隋之间。"即使以天台山而言,南朝隐居于天台山的著名文人顾欢就是一个典型。南朝齐朝隐士顾欢隐居于天台山,在山中写下了著名的《夷夏论》,表达了当时文人对佛教与中国原有主流思想之间的立场和主张。他说:"国师、道士无过老庄,儒林之宗,孰出周孔?若孔老非佛,谁则当之?"意思是中国传统的儒家道家学说就是相当于后来传入中国的佛教,如果说儒道的学说不是佛教,那么谁能担当这个角色? 他说佛教教人"下弃妻孥,上废宗祀。嗜欲之物,皆以礼佛;孝敬之典,独以法屈。悖礼犯顺,曾莫之觉",批评佛教不婚不娶,不祭祖宗,不敬君亲,有违名教。据《南齐书》本传载,顾欢字景怡,吴郡盐官(今浙江省海宁)人。[①] 又据《天台山志》载:南北朝齐名士顾欢,博学多才,齐高帝践祚,征至都,称山谷臣不仕……隐居于此,后人为纪念他,溪称欢溪,岙称欢岙,乡以此名。欢山烟雨,为天台山小十景。[②] 这是佛教教义与中华传统伦理观念(如天地君亲师、不孝有三无后为大、三纲五常等观念)相左之处,极易引起中国文人反感,也让普通民众难以普遍接受。后来佛教竭力吸收中国文化予以改造掩饰。

从世俗原始信仰原始宗教层面(当然这当中不排除先到此地发展势力的道教),对于佛教也不是热烈欢迎的,而是抵抗不了,不得不让出地盘。这可以从浙东流传或者记载下来的一些佛教故事传说来看,也可以解读当时佛教传播的情形。如《嘉定赤城志》卷三十五《人物门》四载:

> 昙猷,敦煌人。兴宁中(363—365)至天台。旧传赤城有五百

---

① 引自清《浙江通志》卷 248 经籍八第 4213 页。
② 引自《天台县地名志》附《天台县地图册》第 184 页。

大神居之，言辄降祸。猷至，遇一姬问途，忽有负而投诸渊者，猷飞锡救之，水立涸，今干溪是也。方诵经，有猛兽巨蟒交见，猷不动。后有神诣猷逊谢，愿他徙，于是鼓角凌虚而去。

南朝祖冲之《述异记》载：

> 章安县西有赤城山，周三十里，一峰特高，可三百余丈。晋泰元（376—396）中，有外国人白道猷居于此山。山神屡遣狼怪形异声往恐怖之，道猷自若。山神乃自诣之云：'法师威德严重，今推此山相与，弟子更卜所托。'道猷曰：'君是何神，居此几时？今若必去，当去何所？'答云：'弟子夏王之子，居此千余年，寒石山是家舅所住，某且往可憩，将来欲还会稽山庙。'临去遗信赠三套香，又躬来别，执手恨然。鸣鞭响角，凌空而逝。

这个昙猷就是东晋时期的西域僧人白道猷[①]，他到天台山传教所遇到的老姬、猛兽、巨蟒、山神、狼实际上是反映了东晋时期外来文化的佛教与本土文化的原始宗教之间争夺地盘、信众、势力范围等方面的曲折表现。本土文化势力在竞争中成为失败者，说明佛教在争夺民众上具有优势，这与佛教在华传播的进程相符。南朝宋时著名的和尚杯渡也慕名而来，千里迢迢到天台山传教。《法苑珠琳》卷第七十六："宋京师有释杯渡者，不知俗姓名字是何，常乘木杯渡水，因而为目……后东游入吴郡……行至松江，乃仰盖于水中，乘而渡岸，经涉会稽剡县，登天台山，数月而返。"但是本土文化并不甘心"无声委地"，退出竞争，如此"执手恨然"，还是表现了依依不舍、伺机再来的含义。经过一个较长历史阶段的磨合以后，佛教势力在天台山脉逐步站稳了脚跟，充实调整以至于修正了教义，进一步适应汉民族文化的习惯与伦理规范，让佛教获得更大的发展。这中间一个十分关键而又十分容易被忽略的环节是传教人士经过了转换，由起初的主要教职人员为外国人（天竺、西

---

① 《法苑珠琳》记载，白道猷久闻天台山石梁之名，极想到石梁上"度"过去，经过立意坚定，终于遂愿："禅观后试造梁，乃见横石洞开，梁道平正，因即得度。遂见栋宇宏壮，图塔瑰奇，神僧叙接，宛同素识。"王羲之闻知此事，亦慕名造访石梁，但未能得度。宋高似孙《剡录》载："白道猷罗汉僧，来自西天竺，居沃洲山。"则属于长期逗留于浙东，物色适合传教地盘。

域人)转为由中国本土人员担任,而天台山的传教由白道猷向智顗这样的佛教僧侣转换,应当是促进佛教中国化的重要因素。所以说佛教传播南朝晚期在浙东天台山传播获得重大成功,成为佛教中国化的成功典范,那就是天台宗。天台宗的问世与文化传承的时代氛围转变也存在密切的关系。开风气之代表人物首推南朝梁陈隋时期的一代宗师智顗禅师(智者大师)(见文前彩页"智者大师像"),他所开创的传教基地遍及天台山上各处。智顗(538—597)俗姓陈,字德安,华容人。生于南北朝战乱不休的多事之秋,纷乱的时代给他刻下了人生无常的印象,使他对俗世的变化和反复产生了逆反心理,以至于"深厌家狱",于18岁投湘州果愿寺出家。陈朝天嘉元年(560)到光州大苏山慧思门下,深知慧思之学,后常代慧思讲经,成为慧思的法嗣(衣钵继承人)。光大元年(567)到金陵弘扬佛法,成为金陵名僧。太建七年(575)率弟子二十余人居天台之佛陇山,陈宣帝割始丰县调(指赋税,税收——笔者注)给予智顗,"以充众费"。隋统一全国后,隋文帝杨坚下诏于智顗,要他"固守戒规",不要"身从道服,心染尘心"(身为僧人,心思世俗,即参与世俗各种活动——笔者注),智顗遂从新朝,与晋王杨广也即后来的隋炀帝关系十分密切,杨广屡次邀请智顗到扬州举行大型法会弘扬佛法,为杨广授菩萨戒,杨广尊智顗为"智者",智顗尊杨广为"总持"。智顗弘扬佛法广建寺院剃度僧人也得到杨广的大力支持,开皇十七年(597)杨广请智顗再赴扬州,智顗抱病行到剡县石城寺,给杨广写了绝笔书信,交代后事,溘尔圆寂。遗体运回天台安葬,今天台山上塔头寺有"智者大师肉身塔",传为智顗所葬之塔。有关史料记载智者大师在天台山上建立道场十余处,最孚盛名者首推由智者遗嘱,隋炀帝下令建造的国清寺(见文前彩页"国清寺隋塔重光")。国清寺初名修禅寺,太建十年五月南朝陈宣帝顼《敕给修禅寺名》:"具左仆射徐陵启,智顗禅师创立天台,宴坐名岳,宜号修禅寺也。"①后来隋炀帝杨广根据寺僧的报告,敕名为国清寺:《敕僧智越》"此寺嘉应,事表先觉。既理由冥感,即号国清寺。"②国清寺在唐朝随着天台宗的传播,声名响亮,地位崇高,与济州(今济南)灵岩寺、荆州玉泉寺、润州栖霞寺并称为"天下四绝"。李白《普照寺》:"天台国清寺,天下为四绝。……门外一条溪,几回流岁月!"后来随着天台宗东传日本与朝鲜半岛,国清寺遂成为日本天台宗、韩国天台宗的祖庭,成

---

① 严可均:《全上古三代秦汉三国六朝文》,中华书局1958年版,第3419页。

② 严可均:《全上古三代秦汉三国六朝文》,中华书局1958年版,第4043页。

为台州文化走向国外的桥梁,也是后来国外与台州联系回访的主要纽带。这是后话。

天台宗在佛教史上所产生的影响极其巨大而深远,曹聚仁先生对此做了高度评价:"佛家教义到了中国,有了十三宗,而天台宗比之印度本土,还完成了更大的胜业。"[①]天台宗在海内外广泛传播以后,不仅在宗教本身取得了历史性的发展与飞跃,把一种外来的文化融合于本国固有的文化,并取得新的进展,达到新的境界,为此后其他门派的问世开辟了新路;更为此后天台山文化在海内外的熏染播扬提供了一个极具魅力的武器,成为台州文化对外宣传与传播的最有力的拳头。

第六节　仙话传说对天台山文化形成的贡献

浙东山区重峦叠嶂,崎岖幽奥,人迹罕至,一个山凹就是一个相对独立的天地。在古代生产力比较低下的时期,就表现为交通不便,信息交换迟缓,人对深山中许多现象的认识不清楚,需要有合情合理的解释,就容易产生传说作为文化活动,以调节生活的滋味和娱乐消费。同时对于这种解释的真实性与虚幻性的理解也与今人有显著的差异,如刘阮遇仙传说,当时人是作为真实之事来理解,也是作为真实事件来传播的。这与现代法国年鉴学派创始人之一的布洛克所说的:在缺乏现代通信手段的中世纪社会里,人们对臆想和真理之间的界线的理解,是不同于现代人的。[②]也就是对于真与幻的界线并不像现在人们的理解,现代人在一个信息闭塞的环境中也会以幻为真,或者真幻模糊。缘此之故,产生于浙东山区的仙话传说很多,其中流传广泛且具备大范围影响者,主要有宋刘义庆《幽明录》所记载的《刘晨阮肇天台山遇仙》和托名陶潜的《搜神后记》所记载的《袁相根硕赤城遇仙》和《章汎》《赵昺》等等。

---

① 曹聚仁:《中国学术思想史随笔·章太炎国故论衡》,三联书店 1986 年版,第 186 页。

② 陈珏:《初唐传奇文钩沉》第一章《引言》之四。

一、刘晨、阮肇天台山遇仙

汉明帝永平五年，剡县刘晨、阮肇共入天台山取榖皮[①]，迷不得反，经十三日，粮食乏尽，饥馁殆死。遥望山上有一桃树，大有子实，而绝岩邃涧，永无登路。攀援藤葛，乃得至上。各啖数枚，而饥止体充。复下山，持杯取水，欲盥漱，见芜菁叶从山腹流出，甚鲜新，复一杯流出，有胡麻饭糁（相传胡麻饭为仙人所食——笔者注），相谓曰："此知去人径不远。"便共没水，逆流二三里，得度山，出一大溪，溪边有二女子，姿质妙绝，见二人持杯出，便笑曰："刘阮二郎，捉向所失流杯来。"晨肇既不识之，缘二女便呼其姓，如似有旧，乃相见忻喜。问："来何晚邪？"因邀还家。其家铜瓦屋，南壁及东壁下各有一大床，皆施绛罗帐，帐角悬铃，金银交错，床头各有十侍婢，敕云："刘阮二郎，经涉山岨，向虽得琼实，犹尚虚弊，可速作食。"食胡麻饭、山羊脯、牛肉，甚甘美。食毕行酒，有一群女来，各持五三桃子，笑而言："贺汝婿来。"酒酣作乐，刘阮忻怖交并。至暮，令各就一帐宿，女往就之，言声清婉，令人忘忧。至十日后欲求还去，女云："君已来是，宿福所牵，何复欲还邪？"遂停半年。气候草木似春时，百鸟啼鸣，更怀悲思，求归甚苦。女曰："罪牵君，当可如何？"遂呼前来女子，有三四十人，集会奏乐，共送刘阮，指示还路。既出，亲旧零落，邑屋改异，无复相识。问讯得七世孙，传闻上世入山，迷不得归。至晋太元八年（383），忽复去，不知何所。

刘阮天台山遇仙传说中的内容比较切合当地的实际，故事情节富于生活气息，如刘阮二人入天台山是为了采取榖皮，在山中迷路，所带的粮食都已经吃光，处境十分危险。忽逢仙桃，又见有芜菁叶、胡麻饭流下来的溪水，才沿流讨源，无意中遇到两位绝色美女，即结为夫妻。其人物的言行也离当

---

① "榖"音 gǔ，楮也。今人多未详辨，每误作"谷"，因其字形与"谷"的繁体字形式"榖"极为相似。若作"榖"，则其义不明，遂多臆说或误改原文。榖是桑科植物，又名小构树，其皮是造纸与纺织的优良原料。取榖皮是取其树皮作造纸原料和织布原料之用。剡中所产纸张素称名品，见称于唐人诗歌之中。如中唐诗人顾况作有《剡纸歌》，晚唐诗人崔道融有《谢朱常侍寄贶蜀茶剡纸二首》。

时山区人民生活很近,仙女们也"食人间烟火"。这些内容不但使得这个传说贴近农耕时代普通民众生活的现实,而且又赋予山中仙女纯洁美丽的容貌与清雅美丽的心灵,使之既似人间普通的女子,又似"世外桃源"中的清纯人物,让人觉得可爱可羡。刘阮遇仙故事以刘阮回家后思恋山中仙境的美好,又想重走桃源路,与仙女重修旧好,然而已经找不到"入境"的道路,最后不知所终的结局,让人感到无限怅惘与哀伤,产生无限的联想与想象,余韵袅袅,回味无穷,千百年来,不知触动了多少骚人墨客敏感的神经、创作的灵感,谱写了多少凄清哀婉的动人诗篇。不仅诗人把它写入诗歌,还有以词曲、小说、戏剧为体裁辗转敷衍这一美丽传说的文学作品(见文前彩页"桃源春晓")。

附:唐朝章碣桃源诗[①]

绝壁相歆是洞门,昔人从此入仙源。
数株花下逢珠翠,半曲歌中老子孙。
别后自疑园吏梦,归来谁信钓翁言。
山前空有无情水,犹绕当时碧树村。

二、袁相、根硕赤城遇仙

越中有关遇仙女的传说无独有偶,在托名陶潜的《搜神后记》中有一个与《刘阮天台山遇仙》情节类似的剡民入天台山打猎遇仙女的故事《袁相根硕赤城遇仙记》(原题作《剡县民》)。其原文为:

会稽剡县民袁相、根硕二人猎,经深山重岭甚多,见一群山羊六七头,逐之。经一石桥,甚狭而峻。羊去,根等亦随渡向绝崖。崖正赤壁立,名曰赤城。上有水流下,广狭如匹布,剡人谓之瀑布。羊径有山穴如门,豁然而过。既入,内甚平敞,草木皆香。有一小屋,二女子住其中,年皆十五六,容色甚美,着青衣。一名莹珠,一名口口(《太平御览》仅作"一名")。见二人至,欣然云:"早望汝来。"遂为室家。忽二女出行,云复有得婿者,往庆之。曳履于绝岩

---

① 彭定求,等:《全唐诗》,上海古籍出版社 1986 年版,第 1681 页。

上行,琅琅然。二人思归,潜去归路。二女追还已知(《太平御览》
作"已知追还",当据正),乃谓曰:"自可去。"乃以一腕囊与根等,语
曰:"慎勿开也。"于是乃归。后出行,家人开视其囊。囊如莲花,一
重去,一重复,至五盖,中有小青鸟,飞去(《太平御览》"一重复"作
"复一重","盖"作"尽"。当据正)根还知此,怅然而已。后根于田
中耕,家依常饷之,见在田中不动,就视,但有壳如蝉蜕也。[1]

此文所述,盖描摹天台山赤城、石梁之景象。其猎人的籍贯也是剡人,
与刘阮相同,这是一同;在天台山中所经之路深远,遇悬崖绝壁,忽然"柳暗
花明又一村",得遇二仙女,与刘阮又同,这是二同;二剡人与仙女似有宿缘,
一见钟情,便结为夫妇,与刘阮又同,这是三同;二剡人思归回家,仙女依依
不舍,与刘阮又同,这是四同;二剡人归乡后结局杳渺不知所终,与刘阮相
同,这是五同。由上述可知,这两个遇仙故事的出现不是完全偶然的,而是
有其相关联的因素,亦由此可知越中与天台山这一充满浪漫氛围的地域,千
百年来能够吸引文人墨客访幽探奇,寻访热情经久不衰,在访探之中创作了
难以计数的诗词歌赋。不能不说,唐诗之路的兴旺发达,与天台山中这种虚
无缥缈,充满奇幻,如诗若梦的故事传说有千丝万缕的瓜葛。而以《刘阮天
台山遇仙》传说尤其突出,播扬海内外,有人说"刘阮天台山遇仙"成为中国
文学史上最具知名度和引用率最高的历史典故,并且成为亚洲东方汉字文
化圈中诗文创作的表达奇遇、爱情、思恋诸类型意思的象征。唐朝诗人被刘
阮故事感动者不可胜数,如顾况、白居易、元稹、刘禹锡、张祜、许浑等等均写
过以刘阮遇仙为典故的诗歌;唐裴铏《传奇·昆仑奴》,孙棨《北里志·王苏
苏》等传奇小说还把这个美丽的传说结合到人物故事情节中,而以曹唐所作
诗歌最为突出。

曹唐为这一美丽的传说,以七律诗加以铺陈,创作了一组诗,总题为《桃
源》,共有《刘晨阮肇游天台》《刘阮洞中遇仙子》《仙子送刘阮出洞》《仙子洞
中有怀刘阮》[2]《刘阮再到天台不复见仙子》[3]共五首七律,用唐朝格律诗的形
式再现了刘晨阮肇天台山遇仙女这一传说的情节,并结合了诗人美丽的想

① 陶潜:《搜神后记》,汪绍楹校注本,第2—3页。

② 以上四首诗出自彭定求,等:《全唐诗》,上海古籍出版社1986年版,第1612页。

③ 出自彭定求,等:《全唐诗》,上海古籍出版社1986年版,第1613页。

象,模拟故事中人物的内心世界,使得这个故事更带上了一层艺术的色彩。

刘晨阮肇游天台

树入天台石路新,云和草静迥无尘。

烟霞不省生前事,水木空疑梦后身。

往往鸡鸣岩下月,时时犬吠洞中春。

不知此地归何处,须就桃源问主人。

刘阮洞中遇仙子

天和树色霭苍苍,霞重岚深路渺茫。

云窦满山无鸟雀,水声沿洞有笙簧。

碧沙洞里乾坤别,红树枝前日月长。

愿得花间有人出,免令仙犬吠刘郎。

仙子送刘阮出洞

殷勤相送出天台,仙境那能却再来。

云液每归须强饮,玉书无事莫频开。

花当洞口应长在,水到人间定不回。

惆怅溪头从此别,碧山明月闭苍苔。

仙子洞中有怀刘阮

不将清瑟理霓裳,尘梦那知鹤梦长。

洞里有天春寂寂,人间无路月茫茫。

玉沙瑶草连溪碧,流水桃花满涧香。

晓露风灯零落尽,此生无处访刘郎。

刘阮再到天台不复见仙子

再到天台访玉真,青苔白石已成尘。

笙歌冥寞闲深洞,云鹤萧条绝旧邻。

草树总非前度色,烟霞不似昔年春。

桃花流水依然在,不见当时劝酒人。

最后一首,诗人发挥了联想和想象,将传说中刘阮二人欲重回天台山,与仙女重温鸳梦而不知所终的结局,以生花之笔,细致入微地描写了刘阮二人入山以后物是人非的心理感受,充满感伤,惆怅恨憾,绵绵无穷,令人为之慨叹不已。今天天台山中仍然流行刘阮遇仙女的传说,好事者还将它敷衍为长篇小说,题目即为《天台山遇仙记》①。天台山中仍然有几处桃源洞,除天台桃源外,宁海亦有桃源,新昌亦有桃源等,都来源于刘阮遇仙传说,即使与遇仙本无关系,也要尽量往刘阮遇仙上靠。宋元祐年间天台县令郑至道据前所传《天台图经》,寻访山僧,考证与修复刘阮遇仙遗迹,自己捐俸"凿山开道,立亭于其上,环亭夹道,植桃数百本"(种植桃树数百棵),翌年春天与县尉郭仪等为桃源胜景命名,"鸣玉洞""桃花坞""金桥潭"等,并作《刘阮洞记》(见文前彩页"天台山桃源春晓鸣玉洞")。天台山脉中有几个桃源,其中与刘阮遇仙发生地关联者当以天台县的桃源洞为正,《中国古今地名大辞典》载桃源洞条云:"在浙江天台县西北二十里天台山中。又名刘阮洞。洞前有石名会仙石。相传汉永平时刘晨阮肇遇仙处。"②只是"年年岁岁花相似,岁岁年年人不同",游人每到此处,想起刘阮的奇遇,不能不为之感慨万千,留下无穷的惆怅与感伤,随着惆怅溪流水,默默而去。

三、其余仙话传说

临海乐安章沈,年二十余死,经日未殡而苏。云被录天曹,天曹主者,是其外兄,料理得免。初到时,有少女子同被录送,立住门外。女子见沈事散,知有力助。因泣涕,脱金钏三只及臂上杂宝,托沈与主者,求见救济。沈即为请之,并进钏物。良久,出语沈,已论秋英亦同遣去,秋英即此女之名也。于是俱去。脚痛疲顿,殊不堪行,会日亦暮,止道侧小窟,状如客舍,而不见主人。沈共宿嬿接,更相问。女曰:"我姓徐,家吴县乌门,临渎为居,门前倒枣树即是也。"明晨各去,遂并活。沈先为护军府吏,依假出都,经吴,乃对乌门,依此寻索。得徐氏舍,与主人叙阔,问秋英何在。主人云:

---

① 陈玮君编:《天台山遇仙记——浙江山的传说故事》,中国民间文艺出版社 1984 年版。

② 臧励和等:《中国古今地名大辞典》,第 711 页。

"女初不出入,君何知其名?"汜因说昔日魂相见之由,秋英先说之,所言因得。主人乃悟,甚羞,不及寝燕之事,而其邻人或知,以语徐氏。徐氏试令侍婢数人递出示汜,汜曰非也。乃令秋英见之,则如旧识。徐氏谓天意,遂以妻汜,生子名曰天赐。

(《汉魏丛书》本,出刘敬叔《异苑》)①

　　章汜传说是一则十分贴近社会生活化的青年追求自由爱情的故事,借由阴间遭遇,一方面揭露了社会现实的黑暗,官场的腐败,爱情的不自由,另一方面则让这两位有情人终成眷属。皆大欢喜大团圆,令人为青年男女冲破现实礼教束缚,追求自己的真爱表示由衷的赞赏。两位青年男女还阳之后,章汜前往女方秋英家里寻亲相认的情节尤其精彩,对于该爱情故事的可信性起着支柱作用,也令女方家长最终认了这桩离奇的婚事,的确是一则有普遍意义的平民当代生活故事。

　　晋干宝《搜神记》卷二"闽中有徐登者"条:

　　闽中有徐登者,女子化为丈夫。与东阳赵昺,并善方术。时遭兵乱,相遇于溪,各矜其所能。登先禁溪水为不流,昺次禁杨柳为生梯②。二人相视而笑。登年长,昺师事之。后登身故,昺东入章安,百姓未知。昺乃升茅屋,据鼎而爨;主人惊怪,昺笑而不应,屋亦不损。③

又同卷"赵昺尝临水求渡"条:

　　赵昺尝临水求渡,船人不许。昺乃张帷盖,坐其中,长啸呼风,乱流而济。于是百姓敬服,从者如归。章安令恶其惑众,收杀之。民为立祠于永康,至今蚊蚋不能入。④

---

　　① 按:此条所录虽属人鬼阴阳两界转换之事,但从其所述地名来说,定非完全虚拟者也。如前文所述,乐安县之设置,时在东晋永和三年。故此故事情节,透过其神奇面纱,则为可信者。

　　② 梯是枝条上长出的嫩芽——笔者注。

　　③ 干宝:《搜神记》,中华书局1979年版,第21页。

　　④ 干宝:《搜神记》,中华书局1979年版,第21页。

上述传说中的赵昺神奇故事,是自东汉以降广泛流传并盛行于东南沿海的民间信仰——白鹤崇和大帝信仰的偶像,这里记载的故事也是其原型。刘宋范晔作《后汉书·方术传·徐登》将上述两段故事合为一个记载,亦即正史所载赵昺事迹,乃是采用笔记小说素材提炼而成。台州地方志中亦普遍记载赵昺的灵异事迹,如宋陈耆卿《赤城志》记载赵昺事迹于"白鹤山"条下,《台州府志》有赵昺传,《黄岩县志》同样有记载。赵昺的神奇本事主要是"能为越方",即会变戏法一般,百姓信仰而跟从者很多,这就是神的雏形与开端了。由于赵昺善方术,带有道教的成分,其飞升形象每借白鹤为中介,故后来演变成白鹤崇和大帝之神像,其庙宇多名为白鹤殿、白鹤庙。(见文前彩页"东洋白鹤殿")又因为赵昺能为人治病保命,百姓祈求健康,甚有灵验,赵昺神像供奉之处称呼亦演变成灵康庙、灵康祠、灵康行祠;将赵昺尊称为赵侯,供奉地称为赵侯祠、赵侯行祠等等,可见这些地方百姓对赵昺的信仰与崇拜了。历代以来,凡买船造屋、购田置业、娶亲嫁女乃至搬迁开张、张网捕鱼、航海出行等一应事情,都要到白鹤大帝灵前祈求平安如意,迄今未歇。其分布地域遍及浙、苏、闽、粤、琼诸地,而台州信仰之风尤盛,据有的研究者所做调查,台州白鹤大帝信仰几乎遍布各村落。以临海市为例,现存白鹤殿(庙)有名者 82 处,全市共有 117 处供奉场所,其中西洋头一处崇和庙建于唐朝,是调查中得知的历史最早的庙宇。信仰民众老少皆有,呈现为家庭型、村落型、群体性的信仰活动。赵昺传说从普通的民间故事,不断被神化,终究将神话故事培养成了民间信仰的神仙——法力无边的白鹤大帝,从天台山麓到东海之滨,无不有白鹤大帝,与胡公大帝信仰等一起,成为天台山文化中具有特色的民俗与文化。

这些形形色色,五花八门的传说,先后诞生于天台山区和与天台山相近之地,就在无形中令人领略到,天台山实在不是普通的山,是文化名山,是幽隐之山,是宗教圣山。对于有志修炼佛道者而言,誓志出家者必定闻名而为之悠然神往。

第四章　天台山文化发展的第二次
兴盛期——唐宋

　　隋文帝杨坚平一海内以后,江南江北分裂分治,各割据军阀互相争斗不休的局面冰消瓦解,全国形势为之大变。在政治、经济、军事、外交、交通、宗教、文学、科举等诸多方面都呈现出前所未有的崭新气象。到李唐兴起,在杨隋的基础上以杨隋覆灭为前车之鉴,采取轻徭薄赋,与民生息的方针,统治集团励精图治,使得大唐帝国政治清明,下情上达,君臣同心,从谏如流,整个社会呈现罕见的景象,经过唐太宗、武则天、唐玄宗等将近一个世纪的经营,综合国力空前强大,文化事业空前繁荣。之后虽有五代的短暂分裂局面,但台州因地处偏僻,相对平安,吴越国在钱氏家族的治理下,采取安定平稳,不与大宋对抗的政策,社会生产力不断发展,人民生活未受到北方战乱的影响,呈现太平繁荣的景象。到宋朝政权平稳统治全国后,吴越国"纳土归宋",结束割据局面,实现了政权的平稳交接,进一步保证了其境内社会经济的继续发展。到南宋偏安江南一隅,建都临安府(今杭州),台州的政治地位有了明显的变化,从一个偏远的海陬之区,成为支持南宋政权重要的后方,也是南宋政权不可忽视的财政税收的基地。在这样的时代背景中,原先尚处于比较后进的天台山文化在这一时期内也有了长足的进步。

　　从唐朝开始,台州的社会经济文化逐步摆脱原始蛮荒,随着外来文化主要是中原文化的南延,较为快速地吸收北方先进的生产方法与技术,跟上并进入文明地区的步伐。前贤所谓"仓廪实而知礼节",成为社会前进的基本规律,特别是宋朝,社会长期安定,文教发达,儒学建设拉开帷幕,州学、县学就是从北宋时期设立,培养人才。陈耆卿说:"盖自咸平初始有科目,是时儒先长者斸荒燧暗,以为多士之倡。流风所暨,莫不根柢行义,枝叶艺能,在朝则致君,在州县则阜俗。"(《赤城志·人物门二》)台州从教育开始,逐步在语言、文学、艺术、经济、武备等方面,都有了长足发展,创造了台州历史上群星闪耀,人才辈出,经济繁荣,在国家政治生活中发挥重要作用的时代,也是学者众多,著书立说,学术进步,成果辉煌的时代。《赤城志·人物门二》总结道:"接于南渡,文物益振,故其圭衮之炜耀,笔橐之层复,为宰辅者四人,为法从者几十人,其次不为宰辅、法从而为卿监、郎曹,不为卿监、郎曹而为部使、郡守者,又不知其几人矣。"就是说到南宋的时候,人文蔚起,台州人物担任国家要职者多,计有宰辅(宰相、副宰相一类)四人,跟随皇帝身边的高级官员几十人,其下职位者就更多了。这是对台州在宋朝所涌现的人物所做的概括,以此观照当时台州文化发展水平,可见一斑。

第一节　大唐雄风对天台山文化的塑造

在中国历史上,唐朝是一个充满开拓进取,经济繁荣,社会稳定,文化兴旺的高度发达的时代,在安史之乱以前,政治清明,言路通畅,特别是唐太宗、武则天[①]和唐玄宗等英明君主的治理,把大唐的文治武功推向中国古代历史的极致,以至于中国人向来把唐朝与汉朝相提并论,以自己为"唐人"为荣,"汉唐"成为强大中国的标志,而把祖国称为"唐山"迄今仍是侨居海外华人的共同心声。在国际上,大唐雄风威震四海,周边诸国无不望风归顺,万国来仪,九译进贡,商旅驼队,横贯西域大漠;遣唐番舶,踏平东洋狂涛。至于西洋南洋,北狄南蛮,翘首大唐如望北斗,留学生与留学僧同来,遣唐使共贡唐物齐至,均愿结好中华,一霑大唐仁风。诚如盛唐诗人王维《和贾舍人早朝大明宫之作》:"绛帻鸡人报晓筹,尚衣方进翠云裘。九天阊阖开宫殿,万国衣冠拜冕旒。日色才临仙掌动,香烟欲傍衮龙浮。朝罢须裁五色诏,佩声归向凤池头。"多么形象生动的"万国衣冠拜冕旒"场面,真切地刻画了大唐盛世、万国来朝的宏大气象。盛唐气象成为中国历史上的一面光辉旗帜,成为中国古代文明的标志之一。

一、文学创作崭露头角,获得全国性声誉

大唐以前,临海郡的本土人物虽有"偶尔露峥嵘"者,但绝大多数是客籍人士来此地为官或者隐居,于政治文化宗教诸领域立下过人业绩,从而见于青史。此等情形直到唐朝中期以后才有了变化,经过大唐崇文风气两百年

---

① 武氏虽改国号为周,然未改大唐制度,最后归政于唐,故并唐而言之,不做分别。

的吹拂,台州的本土人士已经从蛮荒时代走出来,如饥似渴地吸收中原文化的营养,培植文化的种子,其中具有天赋者开始在文学上崭露头角。其标志是本土文人的崛起,并有出色的创作成果,如项斯、罗虬等人的创作,标志着台州文学创作水平的提升已经到了相当的层次,可以进入全国比较发达之列,登上全国文学创作的舞台。尤其是项斯的创作,乍一登场,即有出色的表现,引起读者的喝彩,赢得了良好的声誉,诚可谓台州诗人及其诗歌创作的"春雷第一声",令台州本土文人的文学创作有了"零的突破"。

五代时期,台州属于钱镠治下的吴越国,在从唐末五代到宋太祖赵匡胤发动陈桥兵变建立大宋的长期动荡中保持了相对的太平,经济社会得到较为稳定的发展,传到吴越国王钱俶时顺应时势,"纳土归宋",避免战争给人民带来的苦难,可谓仁风广披,功德无量,为后来台州文化的进一步发展创造了良好的条件,也提供了丰厚的物质基础。

到北宋,台州文化发展的环境较之此前有了更大改善,文化教育事业有了长足的进步,考中进士的人数远超唐朝,还有一批文人登上国家政坛,在辅助皇帝治理天下的事业上有过出色的表现。文人数量较之前朝更多,其中以杨蟠、陈克最为知名。杨蟠(?—1106)字公济,章安人。庆历进士,做过密州、和州二州的推官。欧阳修称赞其诗作得好;苏轼知杭州时,杨蟠通判州事,与苏轼有很多唱酬之作。杨蟠平生作诗数千篇,后在寿州知州任上卒。宋白珽《西湖赋》称赞杨蟠为忠烈之士:"罗隐杨蟠之峻烈,岂工诗而已矣?"陈克(1081—?)字子高,自号赤城居士,临海人。《三朝北盟会编》:"陈克字子高,有诗名。"出身官宦之家,为陈贻序之子,陈贻范之侄。父亲与伯父均为进士,做过州县官员。陈贻范家富藏书,专门起了藏书楼——庆善楼庋藏图书,是台州历史上最早见于史籍记载的藏书家。陈克的生平材料不太完整,据陈克《天台集》书后宋临海李庚跋,他曾经做过"删定官",从小跟随其父陈贻序宦学四方,据其诗中所写内容多在建康(今南京),而且曾经参加科举考试,大概举进士不第,以吕祉荐入其幕府得官。宋李心传《建炎以来系年要录》卷一百十一载:陈克曾官右迪功郎安抚司准备差遣,兵部尚书兼都督府参谋军事吕祉往淮西抚谕诸军,辟都督府准备差遣陈克自随。资政殿学士叶梦得与陈克交厚,说:吕安老非驭将之才,子高诗人,非国士也。淮西诸军正好相互间议论纷纷,军心不齐,此次出行恐怕凶多吉少!吕祉、陈克皆留其家,以单骑从军,结果未出叶梦得所料。陈克自小就受到家庭环境的影响,饱读经史,吟哦诗书,加上天赋出众,很早就显露了文学才华,他的诗写得很好,据《宋史·艺文志》七《艺文》载,陈克的作品有《天台集》十卷,又《外集》四卷;他的词也很有大家气象,有《长短句》三卷、《赤城词》一卷。宋藏书家陈振孙评其诗词云:"诗多情致,词尤工。"又说:《赤城词》一卷"词格颇高丽,晏(殊)周(邦彦)之流亚也"。

到南宋时期,随着南宋王朝定都临安(今杭州),台州成为辅郡,是历史上距离国家政治中心最近的时期,也是接受政治辐射最多的时期。台州成为南宋王朝重要的后方基地与避难逃灾的良好场所,许多达官显宦、贵族富豪纷纷迁到台州居住,多位皇室成员担任过台州太守,当然还有更多的北方难民和普通中原文人逃难到台州落户。《嘉定赤城志》说"至有不生长是邦而居焉者,渡江后为尤盛,且多名人",真实地反映了这一历史变迁。如此种种,都促进了台州文化土壤的改良。因此在南宋存在的152年间,台州文人群体形成。台州人士进入政界位至宰辅者有五人,即《嘉定赤城志》所载的四人,加上在此书问世之后登上宰辅之位的贾似道。可谓台州历史上杰出人才进入国家政权最为集中的时期。加之出身台州临海谢氏的皇后(后来为皇太后)谢道清,出身天台贾氏的贾皇后(贾似道之女),一时蔚为大观。台州本土文人的创作呈现更加喜人的成绩,够标新立异,独领风骚,俨然文坛领袖、诗派班头、诗风准的。如南宋江湖诗派的代表人物戴复古等。下面分别做简要介绍。

(一)项斯的诗歌创作及其影响

项斯的事迹,元辛文房《唐才子传》卷五记载较详。项斯字子迁,江东人[①]。据近人徐光大先生考证,项斯为唐江南东道台州府乐安县人。其证据有二。

其一,《仙居县志》康熙、光绪两版的《金石志》及《台州府志·金石志》均载有《大宋台州永安县遇明禅寺碑铭并序》,碑在仙居县东二十里三学寺,碑文中载遇明寺附近"项斯之宅可寻,麻姑之峰可登也",项斯之宅指项斯坑,距三学寺五里,距县城十五里,此碑立于宋景德二年(1005),距项斯生活的时代不过150年,当有可靠的根据。

其二,民国二十五年(1936)版的《台州府志》有五处提到项斯,都肯定他是乐安人,宋人黄晋为项良才所作《乡贡进士项君墓志铭》曰:"台之项氏,所

---

① 或称项斯为江南人、台州人,都是地名大小不同的缘故,江南指唐朝江南道,江东是江南东道的简称。其乡贯实为浙江仙居,今仙居尚有项斯坑村,即为项斯故乡。

祖莫详。丹徒尉斯肇见有唐,斯,仙居人,会昌进士。"①项斯于唐武宗会昌四年(844)王起下第二人进士及第,官终润州丹徒尉,卒于任所。其诗现存凡九十八首,被编为一卷,见《全唐诗》卷五五四。其诗风清新明丽,状物写景,生动形象,语言洗练,构思巧妙,颇为时人所传诵。而尤以《江村夜归》五绝小品为典型,于短短的二十个字中,生动地刻画了江南水边人家夜渔归来的情景:"月落江路黑,前村人语稀。几家深树里,一火夜渔归。"这首诗向来被视为项斯的代表作,成为选唐诗者所不可忽略的作品。

　　项斯的经历现在我们已不太清楚,从他官终丹徒尉这一点而言,属于当时下层僚吏角色,长期不得志,未能飞黄腾达,官运亨通。《唐才子传》又载他曾经寄心林泉,向往隐逸达三十多年:"斯性疏旷,温饱非其本心。初筑草庐于朝阳峰前,交结静者,盘薄岩林,戴薜花冠,披鹤氅,就松阴枕白石、饮清泉,长哦细酌,凡如此三十余年。"那么似乎可以推知他的经历相当曲折,与当时一般文人走的路子差不多,是读书——科举(不顺)——隐逸——入仕(科举顺利或者得到举荐等)这样的模式。项斯的科举之路不是一帆风顺的,他流传下来的不到一百首的诗中,写到自己落第的作品就有《落第后寄江南亲友》《落第后归觐喜逢僧再阳》两首,前一首诗云:"古巷槐阴合,愁多昼掩扉。独存过江马,强拂看花衣。送客心先醉,寻僧夜不归。龙钟易惆怅,莫遣寄书稀。"可见心情与其他落第的文人一样十分忧郁。项斯结庐山林,有《忆朝阳峰前居》:"每忆闲眠处,朝阳最上峰。溪僧来自远,林路出无踪。"交结静者,有《送华阴隐者》《题太白山隐者》《赠道者》诸诗。"戴薜花冠,披鹤氅"等隐逸之士的生活在其诗歌中还可以找到用例,他的《山友赠薜花冠》诗说:"尘污出华发,惭君青薜冠。此身闲未得,终日戴应难。好就松阴挂,宜当枕石看。会须寻道士,簪去绕霜坛。"在他进入仕途之前,可能有过长期浪迹江湖的经历,因为他写过很多浪迹他乡的诗歌,如《闻蝉》:"动叶复惊神,声声断续匀。坐来同听者,俱是未归人。一棹三湘浪,单车二蜀尘。伤秋各有日,千可念因循。"仅从游踪所涉及的地方而言就有南部的安南(今越南,有《蛮家》②),苍梧(在今广西,有《苍梧云气》),宁州(在今云南,有《宁州春思》),龙州(在今广西,有《龙州与韩将军夜会》);东部的淮阴(今江苏淮

---

①　详见《台州师专学报》1987 年第 1 期第 67 页。

②　《蛮家》:"领得卖珠钱,还归铜柱边。看儿调小象,打鼓试新船。醉后眠神树,耕时语瘴烟。不逢寒便老,相问莫知年。"

阴,有《夜泊淮阴》),采石(今安徽当涂,有《经李白墓》);北部的黄河(有《黄河暮愁》);中部的巴中(有《巴中逢故人》《暮上瞿唐峡》),汉水流域(有《汉南遇友人》),荆州(有《荆州夜与友亲相遇》),江西九江(有《彭蠡湖春望》);西部的泾州(今甘肃泾川,有《泾州听张处士弹琴》);等等。项斯足迹所及这么多地区,诗人究竟是干什么去的?首先可以肯定的是为了谋生。盛唐诗人有一种赴边塞建功立业的雄心壮志与青春豪气,像高适、岑参、王翰等人即是其例,而到晚唐时期这种环境与形势已经不复存在,可是项斯还是到了这些边远地区,他的生活遭际是多么艰难。这些诗歌与他的诗中其他写到游历边远州郡和送人游历边远州郡的诗歌就殊途同归,自然映照起来了。如他的《边州客舍》诗云:"开门不成出,麦色遍前坡。自小诗名在,如今白发多。经年无越信,终日厌蕃歌。近寺居僧少,春来亦懒过。"而项斯盘桓最久,也是留诗最多的还是长安,除了前文已经举到的《送华阴隐者》《题太白山隐者》等诗以外,还有《咸阳别李处士》《春夜樊川竹亭陪诸同年宴》《长安书怀呈知己》《春日题李中丞樊川别墅》《和李中丞醉中期王征君月夜同游浐水旧居》《长安退将》等等,都是当时的交游生活写照。项斯的行踪基本上遍及今天浙江省的浙东与浙西,浙东的台州是其故乡,游踪自然少不了,有《遥装夜》《华顶道者》《归家山行》《寄石桥僧》等等,此外如《游烂柯山》是到衢州,浙西则有游杭州诗《杭州江亭留题登眺》。

在项斯的作品中还可发现项斯虽然生活在晚唐时期,大唐盛世不再,然而外国人特别是东洋的朝鲜半岛人与日本人在中国的特多,与中国文人之间的交往也比其他国家来华人员要密切。项斯诗作中即有《送客归新罗》《日本病僧》(一作《日东病僧》)两首,可以从一个侧面了解他与东洋士人交际的情况,推知为生活于长安或者洛阳等当时国际交往之地。在项斯一生中,帮助他立身扬名者首推杨敬之,下面是唐朝诗人遭际中流传极广的一则佳话:

> 斯字子迁,江东人。始未为闻人,因以卷谒杨敬之。杨苦爱之,赠诗云:'几度见诗诗尽好,及观标格过于诗。平生不解藏人善,到处逢人说项斯。'未几,诗达长安,明年擢上第。后终丹徒尉。[①]

---

① 见徐倬:《御定全唐诗录》卷八十二。

《全唐诗》作者小传载:"杨敬之字茂孝,元和初登进士第,擢累屯田户部二郎中。坐李宗闵党贬连州刺史。文宗向儒术,以敬之为国子祭酒。"可见杨敬之当时资历深,地位亦较高,而杨敬非常赏识项斯的为人与诗歌。从现存唐诗看,项斯与当时一些名诗人亦有唱和之作,可以考见其交游情况。在项斯诗歌创作道路上,影响较大者盖莫如著名诗人张籍。张籍在唐朝声名显赫,与王建齐名,并称于晚唐时期。前贤评价项斯的诗,往往称说像张籍,如《唐才子传》道:"开成之际,声价藉甚。特为张水部所知赏,故其诗格颇与水部相类,清妙奇绝。"自是另具只眼之论。清人编《全唐诗录》引张泊云:"元和中,张水部格律不涉旧体,惟朱庆余一人亲受其旨,而项斯亦为水部所赏。然则韩门诸人诗派分异,朱庆余、项斯以下为张籍之派;姚合、李洞、方干而下则贾岛之派也。"可谓所见略同。从现存诗中可知张籍对项斯很有好感,评价甚高。如张籍《赠项斯》[1]:

> 端坐吟诗忘忍饥,万人中觅似君稀。
> 门连野水风长到,驴放秋原夜不归。
> 日暖剩收新落叶,天寒更着旧生衣。
> 曲江亭上频频见,为爱鸬鹚雨里飞。

而项斯对于这位堪称自己师傅的前辈诗人也是心存敬畏,钦佩有加。如《留别张水部籍》:

> 省中重拜别,兼领寄人书。
> 已念此行远,不应相问疏。
> 子城西并宅,御水北同渠。
> 要取春前到,乘闲候起居。

来自闽中(今福建)的诗人欧阳衮与项斯交好,两人诗歌唱和,互相酬答。欧阳衮[2]有诗《和项斯游头陀寺上方》[3]:

---

① 彭定求,等:《全唐诗》,上海古籍出版社 1986 年版,第 962 页。
② 欧阳衮,字希甫,宝历元年(825)及第,官侍御史。
③ 彭定求,等:《全唐诗》,上海古籍出版社 1986 年版,第 1299 页。

> 步入桃源里，晴花更满枝。
>
> 峰回山意旷，林杳竹光迟。
>
> 远寺寻龙藏，名香发雁池。
>
> 间能将远语，况及上阳时。

项斯也有《送欧阳衮归闽中》诗留存于世：

> 秦城几年住，犹着故乡衣。
>
> 失意时相识，成名后独归。
>
> 海秋蛮树黑，岭夜瘴禽飞。
>
> 为学心难满，知君更掩扉。

可见项斯与欧阳衮的结识是在欧阳衮失意的时候，两人的交游自有一种惺惺相惜之情充溢于字里行间。

唐朝曾担任台州刺史的诗人郑薰①对项斯也以诗歌的形式做了评价："项斯逢水部，谁道不关情？"

（二）罗虬《比红儿诗》及其他

台州文学到唐朝，已经进入一个新的历史时期。如前述台州仙居籍诗人项斯的创作，在当时产生了较大的影响，把台州本土文人的创作推向一个新的高度。而另一位台州籍诗人罗虬，无论是在诗歌的艺术成就上还是在当时或后世的影响上均有值得介绍之处。罗虬与项斯一起构成了唐朝台州诗人的"双星"，为台州古代文学创作的高起步做出了难得的贡献。关于罗虬的生平，史料记载寥寥数语，且有些语焉不详。新编《台州地区志·人物》载："罗虬，临海县人。曾任台州刺史。唐中和元年（881）九月，杜雄造反，罗虬避乱陕西鄜州（今富县），从鄜州刺史李孝恭。"②《全唐诗·罗虬小传》云："罗虬，台州人。词藻富赡，与（罗）隐、（罗）邺齐名，世号'三罗'。累举不第，为鄜州从事。《比红儿诗》百首，编为一卷。"罗虬流传至今的诗歌主要就是

---

① 郑薰，字子溥，生卒年不详，擢进士第。历宣歙观察使。懿宗初，召还太常少卿，累吏部侍郎，进左丞，后以太子少师致仕。号所居为隐岩，莳松于庭，号七松处士。

② 台州地区地方志编纂委员会编：《台州地区志》，浙江人民出版社1995年版，第1200页。

这百首,其他作品还是有的。据《台州府志·艺文略·经籍考》载,罗虬尚有《花九锡》说部作品一卷,收于邑人陶宗仪《说郛》及《唐人说荟》中。就诗的数量而言,与项斯也在伯仲之间①。

罗虬在唐朝诗人中算得上一个奇人。他的奇特,在于他的百首《比红儿诗》。这百首诗全是为一个风尘女子而作,全是用一种诗体——七绝,又全是写她的容貌之美丽与为人之出众。罗虬在《比红儿诗》自序中说:"比红者为雕阴官妓杜红儿作也。美貌年少,机智能悟,不与群辈妓女等。余知红者,乃择古之美色灼然于史传三数十辈,优劣于章句间,遂题《比红诗》。"罗虬之所以为此女子写作百首七绝,是因为他于唐广明(唐僖宗年号,880—881)中,曾经在李孝恭手下任从事之职,驻在雕阴即陕北鄜州(鄜县,今作富县)。军营中有一善歌者杜红儿,"虬令之歌,赠以彩。孝恭以红儿为副戎所盼,不令受。虬怒,手刃红儿。既而追其冤,作《比红诗》。"《太平广记·妇人》四"罗虬"条载:"罗虬词藻富赡,与宗人隐、邺齐名咸通、乾符中,时号三罗。广明庚子乱后,去从鄜州李孝恭。籍中有红儿者善为音声,常为副戎属意,会副戎聘邻道,虬请红儿歌,而赠之缯彩。孝恭以副戎所盼,不令受之。虬怒,拂衣而起。诘旦,手刃红儿。既而思之,乃作绝句百编,号《比红儿诗》,大行于时。"这就是罗虬为手刃杜红儿忏悔而作诗说的蓝本。今天又有人认为罗虬为一个自己深爱着又被自己"手刃"而死的营妓忏悔作诗,似太残忍,于是创爱情说。以为此百首诗作都是因为太爱这个女子了,以至于用尽心血作诗描写其美丽的品貌。实际上古代文人与妓女之间的关系是无法用今天的尺度来衡量的,古代文人狎妓是非常普遍的现象,大文人小文人皆然;甚至还有杀戮或让女子殉葬等情况。如:《世说新语·汰侈门》:"石崇每要客燕集,常令美人行酒。客饮酒不尽者,使黄门交斩美人。王丞相与大将军尝共诣崇。丞相素不能饮,辄自勉强,至于沉醉。每至大将军,固不饮,以观其变。已斩三人,颜色如故,尚不肯饮。丞相让之,大将军曰:'自杀伊家人,何预卿事?'"又如旧题东晋王嘉所撰的《拾遗记·翔风》载:"石季伦②爱婢名翔风,魏末于胡中得之,年始十岁,使房内养之。至十五,无有比其容貌,特以姿态见美……石氏侍人美艳者数千人,翔风最以文辞擅爱。石崇尝语之曰:'吾百年之后,当指白日,以汝为殉。'答曰:'生爱死离,不如无爱。

----

① 项斯诗收于《全唐诗》中者共 98 首。
② 石崇(249—300),字季伦,西晋巨富。

妾得为殉,身其何朽!'"这些事例只是反映当时风俗,是社会上允许存在的。因此说罗虬杀了一个自己深爱着又难以得到的营妓,然后又写诗歌颂其美,也是正常现象。罗虬在这一组诗序中就明确地说"余知红者也",说他是杜红儿的知音;在他眼里,杜红儿聪明过人,与一般的妓女不同。这已经很明白地透露了他对杜红儿的钟情。他在诗里极写杜红儿的美貌,也流露了自己对杜红儿之死的难言隐痛。如:

> 越山重迭越溪斜,西子休怜解浣纱。
> 得似红儿今日貌,肯教将去与夫差。
>
> 拔得芙蓉出水新,魏家公子信才人。
> 若教瞥见红儿貌,不肯留情付洛神。
>
> 云间翡翠一双飞,水上鸳鸯不暂离。
> 写向人间百般态,与君题作比红诗。
>
> 花落尘中玉坠泥,香魂应上窈娘堤。
> 欲知此恨无穷处,长倩城乌夜夜啼。

最后一首诗可以看作罗虬的内心的独白,是他对杜红儿玉殒香消的悲鸣。

我们要把罗虬手刃杜红儿一事放在历史的大背景中去观照,无须为之解说,为罗清洗"罪名",或有意识地为古人讳,把杀人之事一笔勾销,反添上一段爱情的佳话,把一个"疤"说成一朵"花"。

罗虬的作品除了上述百首之外,还有保存于日本的逸诗《过友人故居》:

> 堤草袅空垂露眼,渚蒲穿浪凑烟芽。
> 晴楼谈罢山横黛,夜局棋酣烛坠花。

此外,罗虬还有散句若干。从上述材料来看,罗虬的文学才能是多方面的,他不仅是我们台州的诗人,还是小说家。

罗虬可以说是我们台州早期从军边塞的军旅作家。其比红儿诗百首当然创作于边塞,得益于其边塞军旅生涯的切身遭际;他的另一些作品,也是西北边陲生活的经历。如《和扶风老人诗》:"雪中放马朝寻迹,云外闻鸿夜射声。"这样的诗句自然非安居于书斋之中的文人能写得出来的。

不但如此,从他留传至今为数不多的作品来看,他还是一个喜欢下围棋之人。除了上面《过友人居》一诗写到文人弈棋生活"晴楼谈罢山横黛,夜局棋酣烛坠花"外,还有如"夜渡酒酣千顷月,画楼棋罢一窗山"(《郊卧》)这样富于诗情画意和闲适情调的诗酒琴棋场面。

(三)宋朝文学家杨蟠

杨蟠,约生活在宋天禧至崇宁年间(1017—1106),享年约80岁。宋仁宗庆历六年(1046)进士及第,曾任密州、和州推官。苏轼出知杭州,杨蟠以奉议郎通判杭州。两人一见如故,诗酒唱和,引为知己。绍圣二年(1095),任温州知府。在职有善政,甚得民心。性喜山水,诗多纪事、咏物唱和之作,描摹精细,清新自然,又质朴流畅,意蕴深长,在当时有较高的声誉。惜其诗文集多散佚,《宋史》本传载"平生为诗数千篇",有《章安集》二十卷,而今所存者仅后人辑佚一卷及《钱塘百咏》《西湖百咏》,不到原来的十分之一。

高邮时燕堂

吏隐盂城九十旬,丰年日日是佳辰。

赋成席上犹飞雪,歌动梁间已落尘。

此地谁为爱酒伴? 他时傥忆种花人。

五坛芍药齐教放,何处扬州更觅春。

练光亭

寒光万顷淡高秋,粉壁朱阑仁客愁。

晚日萧萧闻落叶,晴天历历数飞鸥。

烟横绝岛疏难掩,月在平波莹不流。

怀抱未忘知有处,且知风笛醉沧州。

莼菜诗

休说江东春水寒,到来且觅鉴湖船。

鹤生嫩项浮新紫,龙脱香鬐带旧涎。

玉割鲈鱼迎刃滑,香炊稻饭落匙圆。

归期不待秋风起,漉酒调羹似去年。

欧阳修《读杨蟠章安集》评论道："苏梅久作黄泉客，我亦今为白发翁。卧读杨蟠一千首，乞渠秋月与春风。"以欧阳修这样一位文学大家对杨蟠诗歌的喜爱，可以反映杨蟠诗歌的价值与艺术造诣。

（四）著名词人陈克

陈克出身于书香门第，其父陈贻序曾任湖南运判，文学造诣很高，得到苏东坡、曾巩等大家的赞誉。家富藏书，学有渊源，受到良好的文化教育。加之天资过人，早年就有脱俗的表现，诗文词句优美，风格近乎李商隐；晚年遭逢国难，金兵入侵，国土沦丧，陈克亲历大恸，爱国忧民，风格大变，多感时愤世之作，投笔请缨之志洋溢于字里行间。陈克后来参加了抗金战争，终因寡不敌众，兵败被擒。坚贞不屈，正气凛然，被叛军积薪烧死。临死前犹"骂不绝口，声如雷震……军民闻克死，号恸如丧所亲"。其词集名《赤城词》，诗集名《天台集》，示不忘家乡山水也。今存词五十六首、诗五十五首、文三卷。陈克富于爱国热情，报国之志，在其诗词中不时地流露这种情感。如他的《伯时四骑》诗：

> 弱毫寸纸有余地，如见天闲八尺龙。
> 坐想时危真至此，两军旗鼓噪西风。

就借宋朝大画家李公麟（字伯时）画马来发挥，令人想起杜甫《房兵曹骏马》"真堪托死生""万里可横行"的骏马。抒发时刻准备为国效力，奔赴沙场之决心。而其《从军》诗则表达了诗人要加入收复失地，要求金人"还我河山"大军行列，令人想起岳飞的"直捣黄龙，与诸君痛饮耳"的气概：

> 扬鞭指点万貔貅，打取庐龙十四州。
> 烦君为发禄山冢，看我快饮月氏头。

《题三品石》也是通过吟咏一块石头批判失节事敌的前人，表达自己坚决抗金，不蹈覆辙的立场，是既为自己，也为鼓励国人的志气之作。诗云：

> 临春结绮今何在？屹立亭亭终不改。
> 可怜江令负君恩，白头仍作北朝臣。

陈克不仅有正气凛然、爱国忧时的作品,也有热爱故乡、思念亲人的柔情。如其《舍弟来书索近诗》就是表达对故乡的思念之情的作品:

> 霜露终身思建业,云山何处是天台?
> 百年怀抱今如此,纵有诗成似七哀。

陈克诗歌形象生动,语言提炼精致,受到评论家的高度评价。宋人许颐《彦周诗话》称赞道:"陈克子高作《赠别》诗云:'泪眼生憎好天色,离肠偏触病心情。'虽韩渥、温庭筠未尝措意至此。"其《九日瑞香盛开有诗》云:"宣和殿里春风早,红锦薰笼二月诗。流落人间真善事,九秋霜露却相宜。"此诗流传以后,世人遂以"锦薰笼"为瑞香之雅称。他的《病起》诗"照水姿容非复我,上楼腰脚不如人","时称为佳句"①。其"汗简不知天上事,至尊新纳寿王妃"(《观宁王进史图》)是评论史事的诗,获评曰"世称其工"②,而他的"徘徊临北固,慷慨俯东流"一联,有"虽子美不是过矣"之誉③;等等。其诗作的水平与风格可见一斑。

陈克的词写得意蕴绵缦,富于韵致,当时就享有较高声誉。如《菩萨蛮》:

> 绿芜墙绕青苔院,中庭日淡芭蕉卷。蝴蝶上阶飞,风帘自在垂。
> 玉钩双语燕,宝秋杨花转。几处簸钱声,绿窗春梦轻。

其《临江仙·有感》云:

> 四海十年兵不解,胡尘直到江城。岁华消尽客心惊。疏髯浑似雪,哀涕欲生冰。
> 送老虀盐何处是?我缘应在吴兴。故人相望若为情。别愁深夜雨,孤影小窗灯。

---

① 见胡仔:《苕溪渔隐丛话》前集卷二十一。
② 见费衮:《梁溪漫志》卷七。
③ 见吴曾:《能改斋漫录》卷十一。

其《谒金门·春晓》云：

> 愁脉脉，目断江南江北。烟树重重芳信隔，小楼山几尺？
> 细草孤云斜日，一晌弄晴天色。帘外落花飞不得，东风无
> 气力。

陈克的词流传至今的虽然只有几十首，但其写景状物、抒情言志均有人所不到之处。清朝文史学家李慈铭就很欣赏陈克的词作，他在其《越缦堂诗书记》中说："在北宋诸家中可与永叔（欧阳修字永叔）、子野（张先字子野）抗衡一代。虽所传不多，吾浙称此事者，莫之或先矣。"把陈克的词提高到"吾浙之首"，可谓评得其所了。

（五）宋朝诗坛江湖派领袖戴复古

南宋时期浙东文学创作发展到一个相当活跃而繁荣的阶段，除了这里所讲的江湖派以外，如诗歌创作上声名鹊起的"永嘉四灵"就是一个有影响的地域文学流派，"江湖派"在文坛上的产生，是浙东文学创作不断觉醒的结果，也是浙东文化发达的一种自然流露。"江湖派"本来并无诗歌创作流派的含义，而是事后产生的一个名称。它本是钱塘（今杭州）书商陈起①裒集六十二家布衣诗人的作品，都是江湖上的"自由职业者"的诗人，故总名之曰《江湖小集》印行发售，后人便把这些诗人叫作"江湖派"诗人。它不是一个有组织的群体，在《江湖小集》出版之前，诗人创作完全是"山花野果开烂漫，花开花落两由之"的状态，各家人品、诗风不尽相同，自生自灭，顺其自然。但这些诗人大多没有出仕，浪迹江湖，以诗文干谒公卿，获取衣食之资；或议论朝政，形成清议舆论。达官贵人亦有曲意与之交往者，如宋谦父投诗权臣贾似道，一次就得钱几十万缗，建起了一座豪宅。戴复古没有这样，前人称他"有忠益而无诡求，有谦和而无诞傲"，颇受时人的称誉和尊重，就在这一群体中较有树立，高出一头。戴复古的创作，也是江湖派里最有成就的一

---

① 陈起，字宗之，号芸居，自称陈道人，钱塘人，擅长诗文，与当时江湖诗人相唱和，编刻《江湖集》行世。其子陈解元，名续芸，承继父业。陈氏刻书以唐宋人集为主。《江湖后集》中周端臣《挽芸居》云："字画堪追晋，诗刊欲遍唐。"传世有《周贺诗集》《王建诗集》《朱庆余诗集》《唐女郎鱼玄机诗》等。陈氏刻书卷末刊刻条记题"临安府棚北睦亲坊南陈宅书籍铺"或"临安府棚北大街陈解元书籍铺"，世称"书棚本"。

家。清代《四库全书总目提要》评曰："复古诗笔俊爽,极为作者所推。姚镛跋其诗,称其天然不费斧凿处,大似高三十五(适)辈,晚唐诸子当让一面。方回跋其诗,亦称其清健轻快,自成一家。虽皆不免称过其实,要其精思研刻,实能自辟町畦。"

戴复古(1167—1247)[①]字式之,自号石屏,黄岩南塘(今属温岭)人。所居有石屏山,因以为号焉,并以名其诗集。戴复古是南宋江湖派里的著名诗人,以江湖派多为布衣樵唱,诗歌数量也不大,而戴复古诗歌成就为高,遂被誉为"江湖派领袖"。其创作受到"永嘉四灵"提倡的晚唐诗风的影响,后来又掺杂了些江西诗派的风格。他在一首《望江南》"自嘲"的词中说道:"贾岛形模原自瘦,杜陵言语不妨村",贾岛是江湖派所谓"二妙"中的一妙;杜甫是江西诗派所谓"一祖三宗"的一祖,这就表现了戴复古想调停两人流派的主张。

织妇叹

春蚕成丝复成绢,养得夏天重剥茧。
绢未脱轴拟输官,丝未落车图赎典。
一春一夏为蚕忙,织妇布衣仍布裳。
有布得着犹自可,今年无麻愁杀我!

江村晚眺二首

数点归鸦过别村,隔滩渔笛远相闻。
菰蒲断岸潮痕湿,日落空江生白云。

江头落日照平沙,潮退渔舟阁岸斜。
白鸟一双临水立,见人惊起入芦花。

巾子山翠微阁

双峰直上与天参,僧共白云栖一庵。
今古诗人吟不尽,好山无数在江南。

---

① 戴氏生卒年采用吴茂云《新发现〈戴氏家乘〉中戴复古家世和生卒年》之说,见《台州学院学报》2013年第2期。

沁园春·自述

一曲狂歌,有百余言,说尽平生。费十年灯火,读书读史,四方奔走,求利求名。蹭蹬归来,闭门独坐,赢得穷吟诗句清。夫诗者,皆吾侬平日愁叹之声。

空余豪气峥嵘,安得良田二顷耕。向临邛涤器,可怜司马,成都卖卜,谁识君平?分则宜然,吾何敢怨,蝼蚁逍遥戴粒行。开怀抱,有青梅荐酒,绿树啼莺。

满江红·赤壁怀古

赤壁矶头,一番过、一番怀古。想当时周郎年少,气吞区宇。万骑临江貔虎噪,千艘赤炬鱼龙怒。卷长波、一鼓困曹瞒,今如许。

江上渡,江边路。形胜地,兴亡处。览遗踪、胜读四书言语。几度东风吹世换,千年往事随潮去。问道傍杨柳为谁春,摇金缕。

水调歌头·题李季允侍郎鄂州吞云楼

轮奂半天上,胜概压南楼。筹边独坐,岂欲登览怯双眸。浪说胸吞云梦,直把气吞残敌,西北望神州。百载好机会,人事恨悠悠。

骑黄鹤,赋鹦鹉,谩风流。岳王祠畔、杨柳烟锁古今愁。整顿乾坤手段,指授英雄方略,雅志若为酬!杯酒不在手,双鬓恐惊秋。

满庭芳·楚州上巳万柳池应监丞饮客

三月春光,群贤胜饯,山阴何似山阳?鹅池墨妙,曲水记流觞。自许风流丘壑,何人共、击楫长江!新亭上,山河有异,举目恨堂堂。

使君经世志,十年边上,两鬓风霜。问池边杨柳,因甚凄凉?万树重新种了,株株在桃李花旁。仍须待、剩栽兰芷,为国洗河湟。

久客还乡

短檐纱帽旧麻衣,铁杖扶衰步履迟。

老去分为无用物,客游谁道有归时。

丰年村落家家酒,秋日楼台处处诗。

生长此方真乐土,江淮百姓政流离。

瞿佑《归田诗话》载:"复古尝见夕阳照映山,得句云:'夕阳山外山',自以为奇,欲以'尘世梦中梦'对之,而不惬意。后行村中,春雨方霁,行潦纵横,得'春水渡傍渡'句以对,上下始称。然须实历此境,方见其妙。其苦心搜索,即此可见一端。"

二、经济得到进一步开发

唐朝迄南宋,随着江南经济开发的加速,人口的增长,江南经济在全国的比重不断提高。台州在这一个大潮流中,经济发展也水涨船高,大致在以下几方面较有起色。

(一)人口增长较快

台州本来发展农业的自然条件并不好,原先人口的数量也不多,但是位于浙东丘陵与滨海之地也保证了它不太容易受到外来势力的干扰,社会环境相对安定太平,所以反而有利于人口的繁衍。进入唐朝以后,台州人口增长如果与南北朝时相比,就更加明显。以南朝宋大明八年(464)为参照,当时临海郡有一万四千户,三万四千二百人。从唐朝初年到唐玄宗天宝年间,台州人口增长了十几倍:据《旧唐书·地理志》载,台州在唐初贞观时只有"户六千五百八十三,口三万五千三百八十三",到唐玄宗天宝元年(742)时人口大量增加,达到"户八万三千八百六十八,口四十八万九千一十五"。到吴越国时六七十年的太平,人民安居乐业,人口数量的增长是肯定的。到北宋大观三年(1109)台州有 24.35 万户,有 49 万丁(男性人口),人口总数则至少是丁数的一倍。南宋嘉定十五年(1222)台州有 26.6 万户,54.82 万丁,总人口在百万以上。人口数量的持续增长表明台州农业生产的发展也是与之相应的。

(二)农业生产有新发展

前文已经提到,三国时期的《临海水土异物志》记载丹丘穀夏冬再熟(两熟,相当于双季稻),到唐朝以后,鼓励农民开垦荒地,兴修水利,疏浚河渠,建筑海塘,促进了农业生产的发展。台州境内的农业生产主要范围是靠近东海的温(岭)黄(岩)平原,到南宋时期,台州成为国家的辅郡,其经济发展情况较之此前又有了新的更加重要的意义,从北方逃难来到台州落脚的大量人口①为台州输送了新的北方生产技术与生产经验,必定加强了土地的开垦和耕种的扩大。南宋淳熙年间,朱熹等人为减轻农民负担,为台州农业生产的稳产保收,奏免纳丁捐,兴修黄岩水利工程,请朝廷拨出内府钱一万贯修筑河闸,并举荐黄岩人林鼐主持水利建设事务,先后建成了回浦、鲍步、长浦、蛟龙、金清、陡门等河闸,还建成御崇桥、南涂桥等桥梁,为台州发展农业生产提高经济水平做出了重要贡献。此后到宋宁宗时临海、黄岩(含今温岭)开垦涂田达 3.5 万亩之多,粮食种植面积和粮食产量有了较大提高。柑橘、蚕桑、茶叶等经济作物也得到迅速发展。同时,陶瓷、纺织、造纸、铁器制作等项手工业生产在六朝的基础上或者有了新提高,或者有了新开拓。海外贸易如与日本、朝鲜半岛、东南亚诸国等有所发展。台州的特产金漆、干姜、乳柑、甲香、鲛鱼皮、飞生鸟等成为主要的贡品,唐朝台州土贡每年有甲香三十斤、鲛鱼皮一百张。宋朝(北宋)则据《元丰土贡录》《九域志》载每年有金漆三斤、甲香三十斤、鲛鱼皮一十张。南宋时土贡则大礼须贡银六百五十两,绢五百匹;瑞庆节须贡银一千两,绢五百匹。台覃、台绢、玉版纸这样的土产享有较高的知名度。

(三)盐铁等国家专营物品生产与台州公使库的建立

台州的金属矿藏等自然资源并不丰富,自古以来只有少量的开采。《嘉定赤城志》卷十六载"本州管下铅铁坑七处",卷三十六载"银出天台赤岩,铅出天台赤岩、郭婆坑等处,铜出仙居、天台等处,铁出临海兴国、仙居安仁、天台楢溪、宁海东溪"。

台州濒海,海盐生产成为台州较有优势的物品,《嘉定赤城志》卷七《公廨门》说:"台濒海,故有盐。"台州主要产盐区所产之盐的集散管理,唐宋两朝也有变迁,均为适应形势的需要而定。唐朝集中于新亭(今临海新亭头),尤其是安史之乱后,为了应付浩大的军国费用开支,朝廷将盐铁定为国家专营,收取税赋供应财政。台州、温州、越州这些濒海的州郡往往设置盐监管理食盐的营销,台州新亭监就是当时新设置的盐监,总揽全州海盐生产与销售。新亭的"亭"就是指收集和销售食盐的场所,盐民称为亭户,《宋史·食货志》载:"其鬻盐之地曰亭场,民曰亭户,或谓之灶户。"到宋朝台州设置有两个盐监,有三个大盐场:灵江以南为黄岩于浦盐场(在今温岭市高桥乡南监),灵江以北有临海杜渎盐场(在今临海桃渚北涧)和宁海长亭盐场。到南

---

① 这些新逃来的人口在户籍中称为"客户"。

宋末年,这两个盐监也被撤销了建置,《嘉定赤城志》称:"比岁……二盐监改隶他郡。"据《赤城志》的记载,南宋末黄岩于浦盐场改隶于温州,宁海长亭盐场盐额改隶于庆元府(宁波)。由此看来,宋末台州的盐业也有所衰落。食盐是国民生活不可或缺的必需品,也是国家历来专营的特殊商品,成为国家财政收入主要来源。台州的盐业为台州财政收入提供了源源不断的钱财,北宋咸平三年(1000)设立黄岩于浦监,简称黄岩监,年产 75 万斤以上。《宋史·食货志》载:"台州黄岩监(年鬻盐)一万五千余石[①],以给本州及越、处、衢、婺州。"临海杜渎监产盐量更大,正常产量每年上交盐二万一千余石到二万五千石,宋高宗绍兴年间官府增加数量,达到四万三千六百石,广大亭户苦不堪言,最终难以承受。《嘉定赤城志》载:"杜渎盐场在县东北一百二十里,熙宁五年建。"注:"按每岁旧纳正盐二万一千八百石,续增明州寄买六千二百石,总计盐二万八千石。其始置盐军八十人。崇宁元年以课额不足,胡提举申请汰盐军,减盐四千三百石,令亭户承认二万八千石,每一石五十斤,请钱八百文,省其耗盐八千四百石,不请官钱。总为三万六千四百石。每岁八月后即拆灶住煎,不妨农务。绍兴中因官吏希赏,申增二分,正盐五千六百石,耗盐一千六百石,通前额总计四万三千六百石。自后终岁煎炼,穷日鞭笞,终不足以登其数。是时管栅一十有八,亭户一百三十有六,灶五十有四。淳熙元年,刘提举奏陈额重,得旨将灶座减并作三十有五,终岁正耗盐减作二万五千石。每旬合买六百九十四石五斗,每六石为一袋零一石五斗,候支发增衍日复额。上司委官徧往监拆,仍呼亭户供认,内有力厚而递年登足者减一分,其无力者均减五分六厘九毫,总不过二万五千之数。自后遂为定额矣。"盐铁是关系国计民生的重要战略资源和国家税收的主要来源,台州的盐税是国家税收的重要组成部分。

台州的农业生产与人口有了较大发展,成为全国重要经济收入地区和稳定的后方。一旦台州出现动乱,就会危及国家的全局,不可等闲视之。这只要看唐朝爆发于台州的一次规模较大的袁晁起义,唐朝立即采取了极其猛烈的镇压措施,就会明白了。起义爆发以后,唐帝国不顾北方尚未完全平息的安史之乱有死灰复燃之虞,派遣得力大将李光弼率领"中央军",以雷霆万钧、泰山压顶之势扑灭之,仅用三四个月的时间就干净彻底地消灭了袁晁的势力,恢复了浙东的"稳定局面"。以至于出现了"农归沧海畔,围解赤城

---

① 每石约合 50 斤。

西"受到广泛拥护的结果。台州对于中央政府的重要性,于此可见一斑。更不用说两宋时期台州经济进一步发展之后,尤其是南宋时期的台州,其经济收入和社会稳定对于国家的重要意义了。

台州公使库建立,标志着经济发展走上了新台阶。北宋初期赵匡胤建立大宋政权时,台州处于吴越国的治理下,过着太平稳定的日子,农业生产稳步发展,蚕桑养殖与纺织、造纸等手工业生产也较前朝有了长足进步,经济状况良好,民殷州富。官府就将每年积余的钱财集聚起来以应付紧急的用途,根据朝廷的旨意建立了公使库。《台州地区志》称台州公使库是当时全国有记载的九个公使库之一。实际上《宋史》《续资治通鉴长编》等史书记载,从北宋时起各州、军都建有公使库,也不是有了公使库就表示官府税赋就有了积余,但是可以说明公使库是根据国家的命令设置的常设机构,具有"财政拨款"的数额,以供一定的需要和用途,《嘉定赤城志》记载,台州公使库直到南宋末仍然存在。也可说明台州公使库的建立与运作应当是台州当时社会安定、经济发展,社会财富积累达到较高水平的产物。它是台州当时经济水平的标志。以上台州经济发展的诸种事实,为台州文化建设、发展教育等社会公益事业,促进社会进步奠定了坚实的基础。

第二节 郑虔对台州文教的开辟与影响

在台州历史上涌现过许多杰出人物,为台州的文化事业做出了可贵的贡献,他们的业绩如同江河的波涛,前后推动,促进了台州社会由蛮荒走向文明,由低级迈向高级,由暗淡步入辉煌。这其中的代表人物,唐朝广文馆博士郑虔无疑如同"喧啾百鸟群,忽见孤凤凰","吾台界山海间,自唐以前为灵仙窟宅,文人稀见。迨郑著作虔贬台司户,于是文教兴焉。至宋元明,遂彬彬诗礼之壤,号小邹鲁矣。"①他在安史之乱后被贬谪到台州,担任台州司户参军,本是管理户籍的僚佐角色,教书育人不是他的本职工作,可是郑虔以知识分子的良心自觉地承担了"百年大计,树人为先"的重任,为台州文化教育事业迈上正道发挥了极其可贵的作用,是台州人民牢记不忘的一位。正是由于像郑虔这样的文人的尽心育人,传播文明的火种,台州的文化才由

---

① 见戚学标:《风雅遗闻》卷一。

星星之火逐渐旺盛。饮水思源,当我们回顾台州历史文化传承的艰难曲折经历时,倍加思念因落难而来到台州的广文先生郑虔。

一、郑虔生平及其贬谪台州

郑虔字若齐①,唐郑州荥阳(今河南荥阳)人。其生卒年向无确数,新旧《唐书》亦语焉不详,如《新唐书》只是含糊地说:郑虔被贬台州司户参军事,后数年卒。2007年初,河南新安千唐志斋博物馆收集到郑虔及其夫人王氏的墓志(以下简称《墓志》。见插图),据报道,该墓志题为《大唐故著作郎贬台州司户荥阳郑府君并夫人琅琊王氏墓志铭(并序)》,墓志长、宽各45厘米,志文为楷书,共28行,每行约28字。志文将郑虔的世系、官职、品行、子嗣、卒年、丧葬及其夫人王氏的生平等,都介绍得很清楚,弥补了史书方志关于郑虔记载的不足、纠正了史书对郑虔记载的错误之处,为研究郑虔生平经历提供了十分重要的史料。据《墓志》载,郑虔"字趋庭,荥阳人也",从小就"精心文艺,克己礼乐"。称郑虔科举过程为"弱冠举秀才,进士高第",古代男子二十岁举行冠礼,即成丁礼,弱冠是指二十岁。那么郑虔是二十岁考中秀才,中进士必于二十岁以后。又记载他"工于草隶,善于丹青,明于阴阳,邃于算术,百家诸子,如指掌焉",与传世记载郑虔博学多才相符。郑虔到达台州"经一考,遘疾于台州官舍,终于官舍,享年六十有九,时乾元二年九月廿日也"。郑虔在台州的时间是一年多点,即卒于任上。那么郑虔的生年可据以考定为武则天天授二年(691),其生卒年可定(691—759)。台州三门县郑虔后裔民国年间编纂的《石马郑氏宗谱》将郑虔作为始祖,其《世祖本传》载郑虔"生于唐长寿元年壬辰(692)九月九日",与《墓志》最为接近。荥阳郑氏是个历史悠久而声望隆盛的名门望族,自六朝以来一直是中原地位显赫的世家,显宦蝉联,奕世高贵,世家子孙,素重文化礼仪的教育培养,以为成人后入仕干禄做好铺垫。郑虔虽出自荥阳郑氏,从他学习书法时因为无力购买纸张而只得到长安慈恩寺里收集柿叶来练习的境况来看,显然属于清贫的家庭。但是郑虔禀赋很高,才华出众,博闻强记,转益多师,成为一位学识渊博、才艺高超的文人。他因自己作画,题诗于画上,献给唐玄宗,甚得玄宗

---

① 又作弱齐。郑虔的字,传世文献从正史到地方志均为弱齐或若齐,无论台州的还是浙江的,以至于河南的地方志,无一例外。

的赏识,御笔亲署曰"郑虔三绝"①,遂名声远扬,传为美谈。实际上郑虔还精通天文、地理、军事、医药、音律等等,勤于著述,新旧《唐书》中记载郑虔编纂过《天宝军防录》《胡本草》《会粹》等书,但未传下来。唐玄宗为国储才,特设广文馆,以郑虔为博士。安史之乱中郑虔被叛军所获,强授伪水部郎中之职,唐军收复长安后审判曾任伪职的前朝廷官员,郑虔被贬谪台州司户参军事。而《墓志》载郑虔在"狂寇凭陵,二京失守"时,因"奔窜不暇,遂陷身戎虏。初胁授兵部郎中,次国子司业",而未见正史记载的"水部郎中"。抵台州后其言行举止与俗相左,以至于出现了"郑广文笑一郡人,一郡人笑郑广文"的场面。郑虔深感台州风俗古朴,信息闭塞,教育落后,因而以知识分子的责任感承担了本不属于他职责的教书育人之事,"收民间子弟教之"。由于台州以前官学②未立,民众受教育的程度极低,因而缺少文化基础,郑虔在尽心教诲的同时,也产生了恨铁不成钢的心情,有一次气得要离开台州回长安去了。他的生徒追到城北的留贤,苦苦恳留先生,郑虔说:"你们要我留下来,那我出个对子考考你们,如果对得好,我就留下,否则我就……"其生徒就请先生出对。先生于是出了上联:"石压笋斜出。"此联于普通事物现象中寄寓着深刻的人生哲理,表现了决不屈服于压力,决不向困难低头,倔强向上的精神与品格。生徒林元籍思考之后,以"谷阴花后开"对之。此联亦于寻常的字面中寄寓着丰富的内涵,寓指台州虽文教落后,而今有先生教育启蒙,就像山谷中的野花一样享受阳光虽迟,但肯定会开出美丽的花朵,散发醉人的芬芳,这也同样包含了不甘沉沦落后,誓将奋发有为的意志。先生惊喜之中感叹"何教化之神速若此",感到十分满意,就留了下来。于是郡人后来就将此处的村庄命名为"留贤"。由于郑虔的苦心教育,文化礼仪的种子在台州萌芽,并逐步向台州各县城乡蔓延扩展,从此台州的教育事业迈上了正道,为日后的文化教育结出丰硕的成果打下了坚实的基础。北宋时郡人、礼部侍郎陈公辅称赞郑虔"化被台邦,教以正学,启以民彝,家家社乐,人人诗书",为台州文化教育事业立下了不朽的功勋,被后人尊为"吾台斯文之祖"(明方孝孺语)。郑虔去世后,台州官民就在其故居立祠纪念,宋朝时犹称为"户曹祠",陈耆卿《嘉定赤城志》:"郑户曹祠在州东一里户曹巷,祀唐郑虔。巷盖其所居也。俗讹为兴福将军。"这个讹传故事是一个教人孝敬老人

---

① 指郑虔的诗歌、书法、绘画均臻于极高的水平。

② 官学是官方建立的教育设施,也是管理机关。

的案例:"旧传有一日这条巷中有对其母不孝者,母亲哭诉于庙。这个不孝之子忽然见神叱骂他:'你不孝当诛,但我志在兴福,不想降祸。如果你仍旧如此,就决不轻饶。'到第二年,这个不孝之子依然故态。有一夜下雷雨,就被雷打死了。这就是兴福之名的来由。"台州官民将郑虔居住的这条街叫作"户曹巷",陈耆卿《嘉定赤城志》:"户曹巷在州东一里,以唐郑虔为户曹日居此,故名。"又有"弱齐巷"(郑虔字弱齐),元朝讹为"捏儿巷"。明正统十二年(1447)在原址重建郑广文祠。清朝亦多次修缮郑广文祠,20 世纪 80 年代又于祠旁修复扩建为郑广文纪念馆,以志功德。海内名家多有题词吟咏,树碑立传,以垂永远,为台州文教事业之光辉范式。郑虔之墓在临海大田白石金鸡山,《嘉定赤城志》载:"唐司户参军郑虔墓,《临海县志》:在金鸡山。"年年血食,香火不断,台州人民对于郑虔的教泽念念不忘,誉之为"台州文教之祖"。"今吾郡人俎豆司户,犹潮人之于昌黎(指韩愈)也。"(《风雅遗闻》卷一)郑虔若地下有知,亦当含笑九泉了。

自郑广文先生在台州郡城开设学校招收生徒开启台州文教以来,台州文教事业不断发展,民俗日淳,士风渐进,从一个僻处东海之滨的流放贬谪官员的地方变成一个知文、尚文、重文的地方,从一个未设官学的地方变成一个逐步建立州学、县学等教育系统的地方,据地方志记载,北宋庆历元年(1041)台州知事李防建立台州州学,《嘉定赤城志》卷四载:康定二年(是年改元庆历元年)李防即州孔庙建学。庆元五年(1199)郡守叶籈奉旨兴办武学。李防还亲自撰写了《丹丘州学记》①,倡重视学校教育培养人才的重要作用:"学之时义大矣哉!人不学不知道,道者非他道也,安国家治人民之道也。"州学"自仲春十有一日起功,至仲夏十有一日毕力。高门穹崇,峻宇萧洒。靡逾百日,众心乐成"。又"建小楼,以贮群籍",相当于后代的学校图书馆。更重要的是李防注重寻找堪为州学培养人才的老师,"仍命宿儒,特为主者。诗书礼乐,不得不兴矣;忠信孝弟,不得不增矣。愚者可以智,贱者可以贵,贫者可以富,善者可以显。盖学有所归,俗有所化,自然时习而日益矣"。台州所属各县亦先后兴建县学,其中宁海、临海早于州学:祥符五年(1012)宁海县令苏季成建县学;景祐四年(1037)临海县令范师道建立临海县学;皇祐中(1049—1053)天台县令石牧之建县学;皇祐初(1049)仙居县令陈襄建学;治平三年(1066)黄岩县令许懋建县学。最迟迄宋英宗时期台

---

① 见林表民:《赤城集》卷五。

州五县均已经建立县学，与州学一起构成了官学的体系。加上民间的私塾和一些早期的书院（如著名的上蔡书院），为台州文教的兴盛提供了必要的条件。从此台州通过科举考试跻身仕途的文士越来越多，为台州文化的繁荣打下了坚实的基础。

随着州学县学的建立，台州的文化教育面貌发生了重大的变化，以"学而优则仕"作为古代书生读书治学的最主要道路的科举而言，唐宋两朝就成为极其鲜明的对照：唐朝台州进士及第者只有两人，宋朝台州士人进士及第者达到空前隆盛之程度；而台州人才辈出，出任朝廷要职者亦络绎相继，文臣武将，忠君爱国，勤于职守，勇于赴难，彪炳于青史者代不乏人。仅南宋后期的宋宁宗、理宗在位的70年间（1195—1264），共有五位台州籍人士出任丞相：临海谢深甫、钱象祖，黄岩杜范，宁海叶梦鼎，天台贾似道。《宋史》列传的台州籍人士即达21人。据《台州府志》等史志材料统计，台州自有科举制度建立以来，共有进士1091人，其中文进士907人，武进士184人；共考中状元六人，三名文状元、三名武状元，分别为：宋宝庆二年（1226）临海王会龙，元至治元年（1321）临海泰不化，明嘉靖二十三年（1544）临海秦鸣雷；宋嘉泰二年（1202）临海叶崇，宋嘉定十三年（1220）仙居陈正大，清同治七年（1868）天台陈桂芬；共中榜眼三人：宋咸淳七年（1271）临海杜文甫，明宣德二年（1427）天台杜宁，清光绪二十一年（1895）黄岩喻长霖；共中探花三人：宋开禧元年（1205）天台裴淳，明洪武二十一年（1388）宁海卢原质，明嘉靖二十三年（1544）临海张鈇（武探花）。以朝代分，则宋朝中进士者最多，达到578人。尤其是南宋152年间，举行科举考试50次，台州中进士550名，每科平均达11人，而咸淳元年（1265）台州一榜中进士者51人，达到台州科举考试的顶峰，也创下了空前绝后的科举纪录。这样的成绩即使与浙东经济政治和文化教育中心的绍兴府（宋高宗赵构曾驻跸于越州，乃循例改越州为绍兴府）相比也不逊色，绍兴在两宋中进士618人。而文化教育新崛起的台州竟然能够取得这样的成绩，的确可以增强自信心了。据《台州墓志集录》所载宋《陈容墓志铭》曰："有宋嘉泰元年（1201），台之举进士者逾七千。"南宋嘉泰元年台州这一次郡试，参加者进士考试人数，按当时的人口计算，几乎每30个男丁就有一个参加科举考试，足以推知当时台州社会经济文化生活盛况了。台州以一个濒海之地，之所以文质彬彬，济济多士，有自来矣。宋陈耆卿在《嘉定赤城志》中说："故吾州虽号落远，而文教无不之焉……儒先长者剧荒燧闇，以为多士之倡，流风所暨，莫不根柢行义，枝叶艺能。在朝则致君，在州县则阜俗。"自唐广文先生兴办教育以来,以教育化民,"俗尚诗书,人敦孝弟,而人文渐蒸起矣",每当言及台州教育,追根溯源,其启蒙者郑广文先生的开山之功总令人为之肃然动容,感慨良多。

二、郑虔三绝对台州绘画艺术的推动

前人对绘画艺术的社会功能有深刻的见解,给以崇高的评价。如唐朝张彦远说:"夫画者成教化,助人伦,穷神变,测幽微,与六籍同功,四时并运。"就把绘画与六经相提并论。

除了在台州启蒙教育方面颇有建树,不能不提的还有郑虔对台州艺术教育特别是绘画艺术的润泽。据台州地方志等有关史料记载,台州历史上涌现了艺术造诣深湛、成就卓著,即使放在全国艺术史中也自树一家的为数可观的绘画艺术家,颇似江水万里,若回溯其渊源,其源头乃是唐朝大名鼎鼎的诗书画"三绝"的文人郑虔。

台州绘画历史从郑虔贬谪到台州为开端。中唐以前,台州绘画艺术及其人物虽有偶见于史乘,如天台山道教宗师司马承祯,《历代名画记》载承祯于唐玄宗开元十五年从天台山被征召至京,玄宗敕造王屋山阳台观以居之,承祯"尝画于屋壁","词采众艺,皆类于隐居①焉"。但是他对台州绘画艺术的影响和教育传承并无记载。又如安史之乱以后担任浙江东西两道节度使的韩滉也是很有名的画家,但是没有在台州留下什么弟子的记载。郑虔本身是一位学识十分渊博的学者,又是心有慧泉、多才多艺的艺术家,唐玄宗李隆基在郑虔的画上亲题"郑虔三绝",令这位一生多灾多难的艺术家名扬千秋。唐朝正史、野史以及杂史笔记多有记载郑虔在绘画上的遗闻逸事,如《新唐书·文苑传·郑虔》载:"虔善图山水,好书,常苦无纸。于是慈恩寺贮柿叶数屋,遂往,日取叶肄书,岁久殆遍。尝自写其诗并画以献,帝大署其尾曰'郑虔三绝'。"又载,唐军收复两京后郑虔"与张通、王维并囚宣阳里。三人者皆善画,崔圆使绘斋壁。虔等方悸死,即极思,祈解于圆"。此事正史记载过于简练,宋郭若虚《图画闻见志》"崔圆"条载之稍为完整,可见梗概:"唐安禄山之陷两京也,王维、郑虔、张通皆处贼庭。洎克复之后。朝廷未决其罪,俱因于杨国忠之旧第。崔圆相素好画,因召于私第,令画数壁。当时

---

① 陶弘景(456—536),字通明,号华阳隐居,世称陶隐居。南朝著名的医药家、炼丹家、文学家。

皆以圆勖贵莫二,望其救解,故运思精深,颇极能事。"唐张彦远《历代名画记》卷九载郑虔:"好琴酒篇咏,工山水。"唐朱景玄《唐朝名画录》收录画家一百二十四人,分画家为"神妙能逸"四品,除了"逸品"外,每品复分为上中下三等,将郑虔之画列入"能品上",载"郑虔号广文,能画鱼水、山石,时称奇妙,人所降叹"。与"陈谭、毕宏、刘商、王定、韦銮"同列,在唐朝画家中称得上"著名画家"了(见文前彩页"郑虔《溪山行旅图》")。宋《宣和画谱》卷五认为就人物画而言,从三国以来人物画家称得上名手的只有三十三人:"其卓然可传者,则吴之曹弗兴……唐之郑虔、周昉……本朝之李公麟。"新近出土的郑虔《墓志》也是称郑虔"工于草隶,善于丹青",可以说郑虔在唐朝绘画领域里的成就是相当出众的。以至于后世文人常把他与唐朝另一位画家王维并提,作为丹青妙手的代称。如宋陆游《弋阳县江上书触目》诗云:"县前奇哉一江水,日暮风吹碧鳞起。客恨征帆忽如洗,不用金篦刮眸子。丹枫岸边雪色芦,下有老翁方捕鱼。欲求妙手貌画图,王维郑虔今世无。"

台州画家王墨[①]为郑虔的弟子,他的画被朱景玄《唐朝名画录》列入"逸品"三家之首,书中对王墨作画有具体的记载:"王墨者不知何许人,亦不知其名。善泼墨画山水,时人故谓之王墨。多游江湖间,常画山水、松石、杂树,性多疏野。好酒,凡欲画图幛,先饮醺酣,之后即以墨泼。或笑或吟,脚蹙手抹,或挥或扫,或淡或浓,随其形状,为山为石,为云为水,应手随意,倏若造化。图出云霞,染成风雨,宛若神巧。俯观不见其墨污之迹,皆谓奇异也。"元朝夏文彦《图绘宝鉴》则以为王墨这种逸出常规、疯疯癫癫的作画方式"盖能脱去笔墨畦町,自成一种意度"。据张彦远《历代名画记》,王默"早年授笔法于台州郑广文虔","风颠酒狂。画松石山水,虽乏高奇,流俗亦好。醉后以头髻取墨,抵于绢画"。这里的"早年授笔法于台州郑广文虔"是"受笔法"的古今字写法,因为郑虔是前辈,而王墨是后辈。所以《太平广记》卷二百十四《杂编》即作"王默早年受笔法于台州郑虔"。此类文字是古代传抄中产生的异文,易生歧义,即王墨与项容的关系也是如此。《唐朝名画录》称王洽,"有王墨善泼墨山水,故谓之王墨,恐即此王洽也"。《历代名画记》还记载了唐朝安史之乱后来台州的另一位著名文人画家顾况与王墨的逸事:"平生大有奇事,顾著作知新亭监时,默请为海中都巡。问其意,云要见海中山水耳。为职半年解去,尔后落笔有奇趣。顾生乃其弟子耳。"顾况是至德

---

① 或作王默,又称王洽。

二年于苏州进士及第,后来到达浙东任盐监,足迹遍及越州、台州和温州,其时间是在台州爆发袁晁起义以后。张彦远《历代名画记》载:"顾况字逋翁,吴兴人①。不修捡操,颇好诗咏,善画山水。初为韩晋公②江南判官。"这"初为韩晋公江南判官",就是指他担任浙东盐监的一段经历。据考证,顾况在浙东担任盐监是在大历八年(773)以后到唐德宗贞元三年(787)离温赴长安为止。顾况要求任盐监的这个"新亭",正是在台州临海的新亭,顾况还作有《临海所居》诗。顾在温州任盐监,有《仙游记》《莽墟赋》《永嘉》等诗文。王墨要做顾况手下的"海中都巡",还是年富力强的表现,而此时郑虔早已魂归道山了。所以说郑虔授笔法于王墨,文理通顺,合乎情理,顾况乃是郑虔的再传弟子。王墨的泼墨山水画是一个创造,开中国画之新路,为后来的"米氏云山"画法的形成"导夫先路"。明张丑《清河书画舫》云:"王洽泼墨成图,扫尽俗工刻画陋习,足称米高鼻祖。"明朝大画家董其昌在《画旨》中说:"云山不始于米元章,盖自唐时王洽泼墨,便已有其意。"可谓知音之论。

　　而另一位郑虔的弟子是项容,《历代名画记》也颠倒了关系,称"王默师项容"。据张彦远记载"天台项容处士",元陶宗仪《画史会要》卷一:"项容处士,天台人。"则项容为台州人(当时尚无天台县)。他的师承关系,《图绘宝鉴》卷二载:项容"当时以处士名称之,善画山水,师事王墨。"元陶宗仪《画史会要》卷一也作项容"山水师王默"。所以邑人徐三见先生认为项容是郑虔的再传弟子。项容的画在《唐朝名画录》中在"能品下",列于其师王墨之前,张彦远评论项容的山水画"顽涩";朱景玄认为项容等人"皆图山水,曲尽其能"。《图绘宝鉴》则说:项容"作松风泉石图,笔法枯硬而少温润。故昔之评画,讥其顽涩。然挺特巉绝,亦自是一家人"。五代时期的大画家对项容的绘画评价很高,宋韩拙《山水纯全集》引五代著名画家荆浩说:"(吴)道子山水有笔而无墨,项容山水有墨而无笔。"这里面的"有笔""无墨"是称赞吴道子的山水画用笔特别好,而"有墨""无笔"则是形容项容的山水画用墨特别好。所以清《御定佩文斋书画谱》卷十三引五代荆浩《笔法记》(一名《画山水录》)称赞道:"项容山人树石顽涩,棱角无踪。用墨独得玄门,用笔全无其骨。然于放逸,不失真元气象,元大创巧媚。"

　　项容以后,唐朝台州画坛还有项洙、项信,亦善于丹青,工于山水。项洙

---

①　顾况系唐苏州海盐人,即今浙江省海盐县人。

②　指韩滉,因韩滉受封晋国公。

是唐文宗时人,他的事迹见于晚唐时期隐居越州镜湖的诗人方干作品中,方干有《项洙处士画水墨钓台》诗云:"画石画松无两般,犹嫌瀑布画声难。虽云智慧生灵府,要且工夫在笔端。泼处便连阴洞黑,添来先向朽枝干。我家曾寄双台下,往往开图尽日看。"项信也是与项洙同时代的画家,方干《观项信水墨》诗云:"险峭虽从笔下成,精能皆自意中生。倚云孤桧知无朽,挂壁高泉似有声。转扇惊波连岸动,回灯落日向山明。小年师祖过今祖,异域应传项信名。"项洙和项信在历史上都没有留下其他的文字记载,以至于我们现在已难以了解他们的生平。晚清台州学者黄瑞以为项洙和项信可能是项容的族人。

郑虔不仅绘画技艺高超,其书法亦是唐朝名家,惜其遗迹不多见耳。唐韦续《墨薮》卷一称郑虔的真行书法为优,"如风送云收,霞催月上"。几十年来出土的地下文物为我们了解郑虔书法艺术提供了珍贵材料,河南出土了郑虔书写的墓志铭两方,正书小楷,字迹端正,楷法严谨。由于历史的久远与适逢乱世,郑虔传世的书法作品极少,近年临海郑广文纪念馆经过多方努力,打听到敦煌出土遗书中有郑虔手迹,流落俄罗斯,便托有关专家搜罗遗逸,终于在有关人士的热心帮助下搜集到郑虔手书《大人赋》(见文前彩页"郑虔《大人赋》(局部)"),并予以印刷出版。通过这一幸存天壤间的作品,我们得以窥见郑虔书法艺术之一斑。只是我们在台州的史料中尚未发现郑虔带动台州书法家的专门记载,而古代画家通常都兼善书法,也可以说他的画家弟子就是传承了他的书法衣钵之人了。

三、两宋台州教育名人巡览

经过广文先生筚路蓝缕以启山林的艰苦努力,到宋朝,台州的教育状况已经有了很大的变化,整个教育规模、教育业绩已经相当可观,成为历史上台州人才培养的兴旺时期。这除了源于前朝广文先生的星星之火相传因素外,与宋朝重视发展文化教育的政策导向有密切的关系。如宋章望之《(重修台州)州学记》说:"宋一中国而文教修,学者大盛,未免乎无师。顷岁诏许郡县建学馆,养英才。"意为宋朝统一中国就重视文化教育事业,由于学生激增,就难免出现了师资的短缺。近年皇帝下诏准许各郡县建设学馆培养人才(以适应教育事业发展的需要)。这里的"顷岁"指的是宋仁宗皇祐初年。洪迈《福州教授壁记》也说:"自庆历诏书,郡国大抵悉有学而立官。"台州的州学县学已经有了良好的开端,复加几个大文人大学者的来临,给台州文化教育事业带来了空前的机遇，如朱熹、陆九渊、叶适、洪适等都曾来台州担任行政或教职，兴办教育，招收生徒，指导学术研究或者带动台州学子深造，发展了台州的文教事业。县学之中特别值得提出的是仙居县知事陈襄，他对仙居县教育的发展有促进之功。宋《方舆胜览》卷八："陈襄号古灵，知仙居县。《和郑闳中》诗十一首，皆以'我爱仙居好'发端。"与此同时，随着台州本土人士的成长，台州文人对台州教育的普及与提高发挥了骨干队伍的作用，在更大的范围、更广的领域和更基础的教育机构中以自己的议论行动、道德文章教育了学生，为台州教育的全面兴起，做出了不可或缺的贡献。同样值得铭记，值得表彰。

（一）客籍名人对台州教育事业的促进

宋朝以前台州文化的主要人物多为客籍人士，他们大多数是来此地为官，有些便在此隐居终老，如前文所述之孙绰、郑虔。从宋朝起台州本土文人开始逐渐成为台州文化的主角，这一转换的内在动力即台州教育事业的进步。推动这种进步的人物还是要从客籍人士说起。

1. 陈襄

北宋皇祐初陈襄在任仙居县令时兴办县学，对仙居教育的促进作用十分明显。陈襄还写了《劝学文》，劝导县民读书就学："咨汝邑父老：夫人之为善，莫善于读书为学。学然后知礼义孝悌之教。故一子为学，则父母有养；一弟为学，则兄姊有爱；一家为学，则宗族和睦；一乡为学，则闾里康宁；一邑为学，则风俗美厚。虽有恶人，将变而为善矣。"他的学生较为著名的有吕逢时。吕逢时字原道，从小受经传于县令陈襄，可以说仙居人知道进学读书是从吕逢时开始的。吕逢时成绩出众，考入太学，与著名文人郑獬为友。驸马都尉钱景臻很佩服他，拜他为师，想上奏皇帝赏给他官做，逢时推辞不要。后来归隐于白岩山。台州乡贤罗适举荐他为孝廉，他也不要这个名誉。

2. 朱熹

朱熹（1130—1200）字元晦，一字仲晦，世尊称为晦翁，其先为徽州婺源（今江西婺源）人，又自称新安[①]人，生于福建尤溪。初居崇安（今武夷山市），晚迁建阳之考亭。世遂以"考亭"称之。绍兴十八年（1148）进士，初授左迪功郎泉州同安县主簿，曾任宣教郎直秘阁提举浙东常平茶盐公事等职，复建

---

① 　今安徽新安，与婺源本俱属徽州，中华人民共和国成立后将婺源划入江西。

白鹿洞书院,主讲教席,明伊洛之学①。卒赠太师,谥文公,故世称朱文公。朱熹一生与台州结下不解之缘,曾经两次主管台州崇道观②,一次提举浙东。朱熹对台州教育的推动主要是在宋淳熙八年(1181)提举浙东时期,他巡行到台州后,看到百姓连年遭灾,而官府未按实情减免赋税,便上《奏台州免纳丁绢状》,向朝廷建议减轻百姓负担。《奏巡历至台州奉行事件状》向朝廷汇报在台州巡行救灾详细情况。淳熙九年在台州还按劾知台州唐仲友不公不法事件,成为南宋历史上有名的"朱唐交恶"事件。九年七月,朱熹巡行到台州境,民众纷纷控诉唐仲友不法者。朱熹急趋台州郡城,而控诉者越来越多。因尽得唐促限催税、违法扰民、贪污淫虐、蓄养亡命、偷盗官钱、伪造官会③等项事实,依次上奏按劾。这就有了朱熹连上按劾唐仲友的六道奏状,宰相王淮见遮掩不住,只得罢了唐仲友的新职,"台州久旱,雨遂大霈,是岁谷重熟"(稻谷收成了两次)。朱熹在台州期间不仅访察民情,清理吏治,还着力提倡学问(主要是程朱理学),崇尚教育,台州的重视教育风气有进一步的改善,至于"家有诗书",人人向学归化,成为"道义之乡"。还发现人才,指导治学。朱熹在台州教育培养人才,不仅与台州的学者交游,切磋学问,讨论问题,而共同提高,最终"进于道",如临海石𡒄;而且带出了一批及门高弟,如临海林恪(字叔恭);黄岩赵师渊、杜华、杜知仁、林鼐④、林𬇹、赵师夏⑤、赵师端⑥、杜贯道、池从周⑦;仙居有郭磊卿(字子奇)、吴梅卿;天台潘时举(字子善)、赵师琪(字共父)以及后来任台州太守的分宁、黄酱等人。其中林恪、

---

① 宋朝程颐程颢兄弟是洛阳人,伊水洛水俱为流经洛阳的水道,故后人遂称二程理学为伊洛之学。《宋史·道学传》载:"迄宋南渡,新安朱熹得程氏正传,其学加亲切焉。大抵以格物致知为先,明善诚身为要。凡诗书六艺之文与夫孔孟之遗言,颠错于秦火,支离于汉儒,幽沈于魏晋六朝者,至是皆焕然而大明,秩然而各得其所。"

② 第一次是在宋乾道九年(1173)五月。宋孝宗对朱熹相当赏识,下诏曰:"朱某安贫守道,廉退可嘉。特与改合入官,主管台州崇道观,任便居住。"第二次是在淳熙十年(1183)正月,差主管台州崇道观。台州崇道观即天台山道教圣地桐柏观。

③ 官会指官方印刷发行的纸钞,相当于后来的纸币。

④ 林鼐字伯和,黄岩人,乾道八年(1172)登进士第,终承议郎,通判筠州。事迹见水心先生叶适所作墓志铭。

⑤ 师夏字志道,师渊之弟,绍熙元年(1190)宗室特科进士。历大理司直,知南康军抚州,朝散郎知西外宗正事。

⑥ 师端字知道,淳熙十一年(1184)宗室特科进士。历大理寺主簿,知徽州,司农寺丞,度支郎,淮东转运判官,终知婺州。

⑦ 池从周字子文,黄岩人。嘉定七年特科进士。

潘时举和黄镥还是《朱子语类》的回忆人。

　　石𡐋字子重，祖籍新昌，生长临海。绍兴十五年（1145）登进士第，授桂阳簿，调尤溪尉，历将作监，太常寺主簿，终朝散郎知南康军。丞相史浩荐于朝，召对，言甚剀切，皇帝嘉纳之。天性高迈，究心理学，与朱子讲明经传宗旨，所著《中庸集解》，朱子曾经采用为《集注》。一时学者多师事之。石𡐋与朱熹是亦师亦友的关系，与朱熹学术有共同点。诸弟子中又以赵师渊成就为高。赵师渊字几道，乾道八年以宗室为特科进士，历通判温州，将作监，太常寺主簿，司农太常丞，终朝奉郎。朱熹与他编纂《资治通鉴纲目》，成为最负盛名的传世之作。《资治通鉴纲目》一书的编纂时间据严振非先生考证在淳熙十年（1183）后，朱熹提举台州崇道观时期，《资治通鉴纲目》以凡例与提要为纲，以分注为目。书序由朱熹所作，凡例一卷系朱熹与赵师渊商定，其分注五十九卷均由赵氏承担。《四库全书总目提要》："《资治通鉴纲目》五十九卷，宋朱子撰。因司马光《资治通鉴》、胡安国《通鉴举要补遗》而折衷之。大书为纲，分注为目，其义例详于自序。又有凡例一卷，以阐明褒贬进退之旨。然分注之目实属天台赵师渊成之。其间商榷论定，见于手书，不一而足。详慎精密，可谓至矣。"此书问世后即受到学界的高度评价，深受后人的重视与研究，仅《四库全书总目提要》所提及研究之作就有宋遂昌尹起莘《资治通鉴纲目发明》、永新刘友益《资治通鉴纲目书法》、元祁门汪克宽《资治通鉴纲目考异》、望江王幼学《资治通鉴纲目集览》、上虞徐昭文《资治通鉴纲目考证》、建安冯智舒有《资治通鉴纲目质实》，明武进陈济为纠正王幼学之失又作有《资治通鉴纲目集览正误》，等等。足可想见此书为文士重视之程度。后来台州城里和黄岩城里均建有朱文公祠，以纪念这位思想家、大学者。

　　淳熙九年八月朱熹在处理了唐仲友事件之后由台州入处州缙云县，途经仙居，为方氏桐江书院题"鼎山堂"匾。《赤城新志》载："仙居县西有桐江书院，宋方斫本唐方干之裔，朱熹因行部过此，为书鼎山堂匾。"从巡行浙东所了解的情况看来，朱熹对江东文士的求学风气不太满意，据朱熹《年谱》记载：朱熹从浙东回来后，见到文士不太注重格物致知，反躬自省，经常告诫学者重点阅读《孟子》中的《道性善》《求放心》两章，"务收敛凝定以致克已求仁之功，而深斥其所学之误，以为舍六经、《论》、《孟》而尊史迁，舍穷理尽性而谈世变，舍治心修身而喜事功，大为学者心术之害"。朱熹在浙东毕事以后，就对自己的理想与现实之间的矛盾有了清醒的认识，知道自己的"道"难以推行，就退隐奉祠（就是做提举道观的职务），以"独善其身"，而此时他的学问名声已经广泛地为世人所知,海内"尊信益众",奉为宗祖。史载朱子之学"大抵穷理以致其知,反躬以践其实,而以居敬为主。尝谓圣贤道统之传,散在方册;圣贤之旨不明,而道始晦。于是竭其精力以研穷圣贤之经训"。朱熹才高学博,勤于著述,《诗集传》《楚辞集注》《四书集注》《周易本义》《太极图说》《西铭解义》《通鉴纲目》《韩文考异》为其主要学术著作,后人还辑录其论学言论成《朱子语类》,昔日吾师杭州大学(今浙江大学)中文系郭在贻先生尝称朱熹是中国历史上最为博学的人之一,由今观之,其学问渊博自不待言,而秉性中正,行不逾矩,实在是继承儒家学统,加以弘扬光大之雄杰。宋以后视为学承孔孟,德耀天地,尊称为"朱子",也是名实相副的。朱熹在台州不仅解民危困,清理官场,还端正学风,沾溉士林,既远且深。民国喻长霖等《台州府志》称誉道:"至考亭使节南来,台士闻风兴起,著籍者众,俊乂如林。宋景濂①所谓晦翁传道江南,而台特盛,世称小邹鲁者是也!"(见文前彩页"朱熹题字'源头活水'")

　　凑巧的是台州郡守黄榦在继承朱学思想,并在地方治理上有所实践,值得提上一笔。黄榦字子耕,分宁(今属江西)人。黄榦是北宋大诗人黄庭坚的侄孙、朱熹的学生,《宋史》本传载黄榦曾从朱熹学,朱熹对他寄予深切的期望,而黄榦亦以振兴儒道为己任。在学习道学上反复论辩,必无所疑然后止。后来要求外放台州太守,提倡文教,先劝后禁,郡称平治。

3. 叶适

　　南宋浙东学派异军突起,人物丛蔚,峥嵘而立,思想活跃,星光灿烂,在中国学术史、中国思想史上辉映千秋。近人何炳松在其名著《浙东学派溯源》中明确指出:"初辟浙东史学之蚕丛者,实以程颐为先导……传其学者多为浙东人。故程氏虽非浙人,而浙学实渊源于程氏。"浙东学派声名卓著者有金华之吕祖谦、陈亮,明州(后改庆元路,今宁波)有王应麟、胡三省②,而永嘉理学家薛季瑄、陈傅良、戴溪等于浙东学派中独树一帜,称永嘉学派,永嘉学派以叶适为旗帜。叶适(1150—1223)字正则,永嘉(今温州)人。淳熙五年(1178)进士及第,召为太学正,迁博士。后迁国子司业,知泉州,历权工部侍郎,改吏部,知建康府(今江苏南京),累进宝文阁学士。为文藻思英发。嘉定十六年卒,年七十四。谥忠定,学者称水心先生。叶适早年曾寓居台州

---

① 宋濂,字景濂,明朝文学家。
② 胡三省实为台州宁海人,以长期生活于庆元而为何氏归于宁波。

黄岩(今黄岩、路桥、温岭),传授弟子为生,成名后,四方学生络绎从之,而台州陈耆卿称最云。清万斯同《儒林宗派》卷十一载叶氏学派门人,陈耆卿赫然居于首位。同列于叶氏门墙者还有临海王象祖(字德父)。

4. 陈耆卿

陈耆卿(1180—1236)字寿老,号筼窗,台州临海人。登嘉定七年(1214)进士,嘉定十年为青田县主簿,嘉定十三年任庆元府(今宁波)府学教授,耆卿尝为沂王府(宋孝宗孙吴兴郡王柄追封沂王)记室,宝庆二年(1226)任秘书省正字,转校书郎,绍定元年(1228)除秘书卿,三年(1230)为著作郎,端平元年(1234)兼国史馆编修,俄迁将作少监,官至国子监司业。为官耿介刚直,敢于犯颜直谏,受到权贵的排挤而致仕。陈耆卿少时即才华出众,有乡曲之誉,因敬佩水心先生之学,遂负笈永嘉,投叶适门下。叶适十分赏识陈氏之文章,遂悉心传授,陈耆卿亦虚心请益,尽得其秘,以至于人有永嘉之学移至台州之叹。《台州府志》本传载耆卿"博学能文,远参洙泗,近探伊洛,周旋贾、马、韩、柳、欧、苏、曾之间,疆场甚宽,步武甚的"云云。著有《筼窗初集》二十卷,《续集》三十八卷,《论语纪蒙》二十八卷,《孟子纪蒙》十四卷,尤以嘉定十六年(1223)编纂台州州志《赤城志》四十卷为著名,堪称台州最早保存最完整的地方志,学有师承,文笔洗练,载事咸中体裁,被誉为"一代名志"。

5. 王象祖

王象祖(1164—1239),字德父,又作德甫(父甫字通)临海人,居大田,故人称大田先生。据《台州府志》载,其人"负异质,学于叶水心而与陈筼窗为友。朴厚严重,学邃行高"。当时的台州太守与临海县令想见他都不太可能,有古代隐士的不事王侯高尚其事之遗风,受到南宋知名文人真德秀(谥文忠)很高的评价。王象祖作文"简严沈邃,本于《春秋》,非有所见不下笔,耆卿亦畏之,吴子良而下蔑如也",王象祖已卧病在床时,还写了数千言的信提醒规劝在朝做丞相的老朋友李宗勉,而无一语及于私情。嘉熙三年卒,年七十六,吴子良为作墓志铭。

除此之外,台州从师叶适学有成就者还有陈耆卿的表弟吴子良和黄岩车若水。

6. 吴子良

吴子良(1197—1256)字明辅,号荆溪,临海城关人,年十六从表兄陈耆卿学,二十四后师从水心先生叶适,被陈耆卿称为"文墨颖异,超越流辈",叶适则见其笺翰与篇什，称赞为"意特新，语特工，韵趣特高远"，自感见到吴子良诗文"慰甚，幸甚"，可谓赞不绝口。宝庆二年（1226）登进士第，历任国子学录、司农寺丞、两浙转运判官，终湖南运使、太府少卿。著有《荆溪集》，已佚。又有《林下偶谈》，为诗文评论之作。荆溪之学主张不应有门户之见，须沿流讨源，博取求是。陈耆卿之后，吴子良为台州文坛旗手，热情奖掖后进，为三台文人王居安《方岩集》、王象祖《大田集》、戴复古《石屏集》、舒岳祥《阆风集》作序，一力扶持揄扬。

7. 车若水

车若水（约1209—1275）字清臣，号玉峰，黄岩讴韶人，与同郡周敬孙、杨珏、陈天瑞、黄超然、朱致中、薛松年俱师事金华王柏，讲明性理。若水博学工古文，自号玉峰山民。所著有《脚气集》二卷、《宇宙略纪》和《玉峰冗稿》。为杨文仲所荐于朝的名士。

8. 陆九渊

陆九渊（1139—1193）字子静，抚州金溪人。登乾道八年（1172）进士第。诏主管台州崇道观。每开讲席，户外屦满，耆老扶杖观听。自号象山翁，学者称象山先生。或劝九渊著书，曰："六经注我，我注六经。"又曰："学苟知道，六经皆我注脚。"初，九渊尝与朱熹会鹅湖，论辩所学，多不合①。及熹守南康，九渊访之，熹与至白鹿洞。九渊为讲君子小人喻义利一章，听者至有泣下。熹以为切中学者隐微深痼之病。至于无极而太极之辨，则贻书往来，论难不置焉。

据清万斯同《儒林宗派》卷十一载，台州黄岩赵师雍②、赵师蕆③昆仲均名列陆氏门墙，为陆氏门人。

9. 王柏

王柏是浙东学派中的重要流派金华学派的臺柱人物，《宋史》本传载：王柏（1197—1274）字会之，婺州金华人，其祖父从朱熹、张栻、吕祖谦游，其父亦及朱熹、吕祖谦之门。王柏三十岁后方知家学渊源，而后益进于朱、吕之学，赵景纬任台州太守，礼聘为丽泽、上蔡两书院师，乡之耆德皆执弟子礼。

---

① 时在淳熙二年（1175）。朱熹偕东莱吕公至鹅湖，复斋陆子寿象山陆子静来会。
② 师雍字然道，淳熙十四年（1187）宗室特科进士。历通判嘉兴府，主管官告院，宗正寺主簿，今以朝散大夫知通州。
③ 师蕆字咏道，师雍之弟。

10. 洪适

洪适[1](1117—1184)字景伯,鄱阳人。曾任两浙提举茶盐司,资政殿学士,官至丞相。以乾道元年(1165)十二月拜通奉大夫尚书右仆射兼枢密使,淳熙十一年(1184)二月薨于家,谥文惠,编有《唐登科记》十五卷、《大宋登科记》三十二卷,《隶释》一十七卷、《隶续》二十一卷,文集曰《盘洲集》八十卷。绍兴十六年(1146)通判台州。在台州时建清闷堂,《赤城志》载:"在添差通判厅,通判洪适建于分绣阁之下。"其弟洪迈有《寄题清闷堂》诗。又建分绣阁,《方舆胜览》载:"在添卒厅,通判洪适建。"洪适自己作有《分绣阁记》。

11. 周仁荣

周仁荣(生卒年不详)字本心,台州临海人。其父周敬孙,宋太学生。起初,金华王柏以朱熹之学主讲台州上蔡书院,敬孙与同郡杨珏、陈天瑞、车若水、黄超然、朱致中、薛松年师事之,接受性理之旨。仁荣承其家学,又师事杨珏、陈天瑞治《易》《礼》《春秋》,而工为文章。用荐者署处州(今丽水市)美化书院山长。美化在处州万山中,人鲜知学。仁荣举行乡饮酒礼,士俗为之一变。后辟为江浙行省掾史,省臣皆尊称为"先生",不以属吏对待他。泰定初,召拜国子博士,迁翰林修撰,升集贤待制,奉旨代皇帝祭祀天下名山大川。

(二)本土名人对教育事业的浸润与带动

由唐入宋台州文化教育状况大有改变,两宋时期,除了客籍人士不断输送文化,开启民智,为台州文教事业指引方向外,台州教育事业的长足发展还有赖于本土人士的崛起与承担文教责任,出现了一批学问渊博、德行高超、文章风范,足为士则的文人。他们以自己的言传身教,带领民间子弟刻苦学习,知难而进,抱着"石压笋斜出,谷阴花后开"的决心,辛勤培育人才,提携后进,润物无声,终于在阴谷之地,开放了美丽的鲜花。这些本土的足称师范者,以陈贻范、徐中行、罗适等人事迹为显著,邑人蒋至名虽未如陈徐罗诸人,而实开启台州本土文教和学术之先河。

1. 蒋至

蒋至字造之,临海人。素有德行,施惠乡里,居家设帐授徒,从学者其众,成为学子景慕之师范。其母张氏年已八十,仍为他抄录经典相助。这都是台州历史上于州学县学建立之前担负教书育人之责的先行人物。大中祥

---

① 适音括,非今简化字之适。

符六年(1013)诏举德行遗逸,郡守章得象及部使者把蒋至名字上报,诏索所著《经解》而上送京师,授其职为"将仕郎,本州助教"。又赐其母帛。咸平初主持州学。庆历大水,台州城墙崩溃,不避洪水而逝。

2. 陈贻范

陈贻范字伯模,临海双楼(今隶白水洋镇)人。治平四年(1067)登进士第,历宗正丞,终朝奉郎、处州通判。陈贻范为学游胡瑗之门,又师事陈襄,学问有渊源,与徐中行、罗适为台学源流之首。据清万斯同《儒林宗派》所立学派,陈贻范与徐中行、罗适均为安定胡瑗的胡氏学派门人,宋思想家程颐、学者范体纯以及与徐中行齐名的山阳徐积也都是胡氏门人。陈贻范还热心发展教育事业,捐献学田数十亩。陈贻范家富藏书,为台州第一人,是台州第一位藏书家,著有《颍川庆善楼家藏书目》二卷。

3. 徐中行

徐中行(? —1123)字德臣,临海人,事迹见《宋史·隐逸传》,然生年无考。徐中行从开始知晓学问时就听到安定①胡瑗讲明道学,胡的弟子转相传授,徐准备到胡瑗的弟子那里学习。至京师(今河南开封),就首先拜访范纯仁,范十分赏识徐中行,就把他推荐给司马光。司马光也很器重徐中行,称赞道:"此子神清气和,可与进道。"(这位年轻人神情清朗淡泊,可以在道学上深造)这些名家的鼓励赞许让徐中行更加坚定了追随胡瑗学习道学的信念,恰巧这时刘彝到京师,带来了胡瑗教给他的经书,徐中行借到书后精心苦读,饮食粗淡,夏天不打扇、冬天不生火炉取暖、夜不安枕者逾年,才回家乡。回家后搭了一间小室,竟日危坐。父死,跣足庐墓,躬耕养母。晚年教授学生。崇宁(1102—1107)中,郡守李谔以八行②荐。李谔还亲率僚吏安车③造庐敦请,当时章惇、蔡京当权,翻云覆雨,上下其手,忠良善类难以在朝中立足,徐中行终未允诺就征,而是避居于黄岩,会集亲友,把自己以前写作的文章尽数烧毁。幅巾藜杖,往来委羽山中。陈瓘被贬谪到台州,闻名纳交,谓徐中行学行德业可与山阳徐积齐名,呼为"八行先生"。宣和五年(1123)卒。

4. 徐庭筠

徐庭筠(1095—1179)字季节,是徐中行的小儿子,从小就有志向,性至

---

① 郡名,治今甘肃天水

② 八行者,孝、友、睦、姻、任、恤、忠、和也。凡有此八行者,即免试补太学上舍。

③ 安车是古代给予年高德劭者隆重礼遇的车子。

孝,父丧后,不忍娶者十余年。秦桧当权时,科举考试题目盛行谀颂大宋"中兴",徐庭筠慨叹道:"今日岂歌颂时耶?"就上疏其未足为中兴者五条。知情者都为他捏一把汗。徐庭筠说道:"我不想虚妄乱语,而敢欺骗国君吗?"黄岩县尉郑伯熊在调动工作时向徐庭筠请教。徐庭筠说:"富贵易得,名节难守。愿安时处顺,主张世道。"郑伯熊记牢他的赠言,终为名臣。皇帝下诏:举人曾经五次参加进士考试者授予主管道观的职务。徐庭筠正好符合条件,亲戚朋友都劝他前往应诏。徐庭筠辞谢道:"我曾经起草过给皇帝的密函,以为主管岳庙道观这类祠禄官职无益国家。既然心非之,岂可自己去担任这种务吗?"徐庭筠治学以诚敬为主,生活上严格遵守规矩,夜必就榻而后脱巾,且必巾而后起身。居无惰容,喜无戏言。不事缘饰,不苟臧否。喜欢扬人之善,对清贫的生活十分平静,即使租屋以居,也没有戚戚之容。其《咏竹》诗云:"未出土时先有节,便凌云去也无心。"名为写竹,实为自我心志的写照。南宋著名诗人尤袤来台州任太守,闻其名,专门派人送书信表示尊礼之敬。郡县请他主讲郡学县学,后辈以师尊之。卒年八十有五。乡人崇敬之,以其父子都栖隐遁世,称为"二徐先生"。观徐庭筠一生虽未入仕,然学有宗旨,幼承家学,粹然儒宗,清人万斯同《儒林宗派》在卷十二《宋诸儒博考》中将他与范仲淹、欧阳修、刘敞、刘攽、陈襄、苏轼、苏辙、司马光、王十朋、胡三省等同列。卒后与其父葬于临海城东白岩山麓(今红光白岩村)。淳熙间浙东常平茶盐使者朱熹行部到台州,仰慕风采,特地前往瞻拜于墓下,并为"二徐"题诗,有"道学传千古,东瓯说二徐"之句,且大书以表之曰"有宋高士二徐先生之墓"。"二徐先生"家学渊源有自,恪守清贫,乐于教书育人,其子孙亦世守家风,诗书不绝。

5. 罗适

罗适(1029—1101)字正之,宁海(今属三门县)人。治平进士,历知江都、开封县等五县,迁开封府推官,官至京西北路提点刑狱,终朝散大夫,勋至上护军,服五品致仕归。建中靖国元年卒,年七十有三。为政简肃,慷慨建白,务恤民隐,尝与苏轼论水利,凡兴复者五十有五。于治水兴利特别突出,所到之处,实心任事,都有好名声,当秩满去,民众为他建造生祠。著有《赤城先生文集》十卷。罗适为学从安定胡瑗(字翼之),与徐中行一起列于胡氏门人。台州之学人如举前辈大雅,以适为称首,有《易说》《赤城集》行于世。太守尤袤为立祠于州学中,又入祀于乡贤祠。

6. 左纬

左纬字经臣,黄岩人。以善于作诗闻名,号委羽居士。与许少伊为忘年友,刘元礼、周恭叔以兄事之。及其卒,陈侍郎公辅以诗哭之,有"有德传乡里,无金遗子孙"之句。

7. 林鬲

林鬲字叔和,黄岩人。与兄鼒及赵师渊、杜烨兄弟皆从朱文公游,以学行知名,早冠乡书当用累举恩不就。邑人尊之称为草庐先生。当时永嘉学派代表人物水心先生叶适为他作铭。

以上仅是选取数人,作为台州文教事业发展重要阶段所涌现出来的精英之一斑。

台州文化教育事业的兴盛发达还与两宋台州社会经济迅速发展,官府通过赋税收入的提高已经有余力来考虑教育问题,兴办学校,培养英才。地方官员是否能够选送优秀人才,关系到地方治理的政绩,关系到官员铨叙①。所以发展教育培养人才不仅是办几所学校的小事,而且是关系到官员"执政能力",能否顺利升迁的"形象工程"和"政绩工程",只要不是办不到,地方官员自然会重视这个"工程"的。台州的官学系统是在北宋真宗到宋英宗期间(大体在 11 世纪前半叶)建立的,至少可以说明台州官府此前建立官学实在没有经济实力来支持保障。而民间财富积累也已经达到相当的程度,平民子弟对于教育的需要已经成为可能的现实,然后教育机构的设置、教育市场的发育和人才选拔的途径才能成为可行的可持续发展的基础。

同时台州文化教育事业的兴盛发达还与两宋(主要是南宋时期)由中原逃难而来的大批达官贵人居住台州有关,如宋仁宗女儿秦鲁国大长公主及其驸马钱景臻避居临海,诏于台州赐第,其宅第在临海城内美德坊,其裔孙入仕为官者甚多。如钱忱之子钱端礼官至吏部、户部尚书,端明殿学士,参知政事;钱端礼之孙钱象祖做过左丞相、太子太傅。又如在台州城内兴办书院的上蔡(今河南上蔡)人谢良佐,据《赤城新志》载:上蔡书院,在元妙观右,宋上蔡先生谢良佐遭党禁,未解而卒。台守黄㽦祀于州学后,建书院于东湖上。这些过着上等人生活的避难者进则能够入仕为官,退则能够享受悠闲适意的隐士生活,与普通民众的生活形成了鲜明的对照。这种差距便造成了社会下层民众对上层社会生活的渴望,促进台州民众对文化教育的向往,

---

① 吏部对官员业绩的考评。

改善了民间有关教育的风气,转变发展教育的观念,为官方和民间兴办教育提供了较好的社会基础与尊师重教的良好风气。

第三节　唐诗之路形成与兴盛概览

唐诗之路是中国文化史上的奇观、奇迹和奇事。唐诗之路在浙东,唐诗之路与浙东山水紧密相依,不可分离。唐诗之路因浙东山水而找到了开辟山水诗歌创作的良好题材,开拓诗歌表达的新境界;浙东山水因唐诗之路而得到宣传播扬的载体,进一步提高了知名度和美誉度,并因唐诗的传播而在中国山水文学史上闪烁着更加灿烂的光辉。两者相得益彰,交相辉映,为中国山水文学的发展提供了极其新鲜生动而数量可观的珍贵作品,成为中国文学艺术宝库中极有价值的瑰宝。

前贤谚语曰"唐诗晋字汉文章",说的是代表一个时代文化成就的典型。又说"唐诗宋词元曲",近代学者王国维称一代有一代之文学,唐之诗宋之词元之曲都具有无可替代之性质。可见无论往前古推还是往近古导,谈论古典诗歌首屈一指的非唐诗莫属,谈论代表唐朝文化成就的亦非唐诗莫属。唐朝文化的成就是多方面的,历经千百年时间之浪的淘洗,泥沙尽去,真正闪光的名副其实的还是唐诗,唐诗不愧是代表大唐气象,展现大唐时代精神的文化结晶。正如陈叔宝诗所写的:"日月光天德,山河壮帝居。"山河固然可以"壮帝居",而代表一个时代文化成就,体现其精神风貌的文学作品,亦是时代文化不可或缺的"皇冠上的明珠",更能够为民族争光、为国家添彩,让国威远扬,让声教遐播,中华雄起而四夷宾服,朝贡络绎,九译来王,岂止"壮帝居"而已? 唐朝是我国诗歌发展史上的黄金时代,唐诗也是国人喜欢(不只是国人,外国人也喜欢)的文学品种。唐诗研究也一直是中国文学研究中经久不衰的课题,是文人学士喜闻乐见的选题。在唐诗研究中"唐诗之路"是一个具有新鲜感而且具有中国山水文学意义的研究领域,这十几年前提出而得到唐诗学界赞同的一个热门话题,指从北方中原到浙东寻访山水与佛道宗教而来的旅游热线,其主要路线是:从北而来的文人墨客渡过钱塘江(浙江)后从萧山的渔浦潭(今萧山渔浦公园一带)、西陵(今萧山西兴镇)沿浙东运河到达越州(今绍兴)(插图浙东运河西兴码头),复沿水路从曹娥江上溯到剡溪,游览剡中(剡县,今嵊州和新昌)到达剡溪发源地与佛教天台宗祖庭天台山迄华顶为止的一段诗歌之路、文学之路和求仙拜佛之路。

一、唐诗之路形成的原因

据有关研究人员统计,在《全唐诗》所收 2200 多名诗人中,到过剡中(今浙江嵊州市、新昌)天台一带的诗人就达 400 多人,占了将近六分之一强。而到过台州天台的唐朝诗人绝对数要少于越州剡中,但是就台州天台与整个浙东各州相比较而言也是为数十分可观,为仅次于越州的文人墨客喜爱之地。早在南宋晚期台州学者林师蒇及其子林表民选辑了三国东吴到宋前文人吟咏天台(台州)之作编为诗集《天台集》,其中收录唐朝到五代诗歌 312 首(含赋一篇),诗人 138 家,而这些诗人诗作还不是吟咏天台山的全部。据我从清人编纂《全唐诗》、今人陈尚君《全唐诗补编》所收唐诗统计,以今存唐朝诗人实际而言,唐朝诗人到过天台山(台州)和写到过天台山的约两百余家,作品则远不止三百多首。至于宋朝以来吟咏天台山的那就更是更仆难数了,由于这已经逸出了唐诗之路的范围,此处就点到为止,不予赘述。这不但是中国文学史上罕见的奇迹,也是世界文学史上空前的奇观。其中著名的诗人有骆宾王、王勃、李邕、宋之问、沈佺期、贺知章、张子容、孙逖、崔国辅、孟浩然、綦毋潜、李白、杜甫、李嘉祐、刘长卿、寒山、顾况、张祜、李绅、元稹、白居易、曹唐、方干、项斯、任蕃、贾岛、李郢、罗隐、贯休、齐己、皎然等等。我们誉之为奇观奇迹,是因为浙东唐诗之路所经之地在唐朝全国而言,它的面积极小,位置偏僻,远在东海之滨的东南丘陵地带,交通不便且有危险,外地的游人通常不愿意至此旅游。可是偏偏这样偏远而且危险的浙东山水之乡,竟然成为文人雅士、达官显宦以及方外人士的向往胜地,其中必有不可等闲视之的原因。简单地说,浙东的越州台州这一带地方自然地理位置与自然条件(发展经济的条件)都不太好,它既不是政治中心,远离全国政治中心的西东两京长安洛阳;也不是经济中心,浙东发展自然农耕经济的条件远不如浙西,可耕地少,多为山地,发展农业的条件差;也不是交通中心,更不是文化中心,可是为何还有如此众多的文人愿意到此地流连忘返,乐不思蜀呢?以笔者孤陋寡闻学识浅薄的见解,推测这条名声在外的诗歌之路、文学之路与求仙拜佛之路形成并兴盛的原因大致有以下几点。

(一)浙东山水的召唤

浙东山水的特色是山不在高有仙则名,水不在深有龙则灵,既有接近人间与社会沟通的"近世"(涉世)一面,又有不同于人世间与社会不相混同超凡出俗的"远世"(出世)一面。因此对于文人墨客来说浙东山水既有山水形胜的自然美景作为基础,又有佛道宗教的巨大影响及其宗教领袖与当时政治的紧密联系,是沟通"俗世"与政治的一座非常可行的桥梁。

(二)宗教文化的吸引

浙东宗教到唐朝主要是道教与佛教两大宗教。这两大宗教都在南朝时期得到发展,开宗立派,而在隋唐时期其影响力达到高峰。这种影响力对文人墨客来说可以分为两方面:一是务实,想通过天台山宗教领袖人物的关系获得实际利益。道教为唐朝国教,其政治地位与政治影响高于儒佛,故唐朝士人来天台山,每与道士关系密切,交游甚多,就是这种背景下的行为选择。唐太宗下《令道士在僧前诏》:"至如佛教之兴……终风靡于朝廷。遂使诸华之教,翻居一乘之后。……况朕之本,系出于柱史。……自今以后,斋供行立。至于称谓,其道士女冠,可在僧尼之前。"天台山有道教宗师司马承祯、吴筠、杜光庭等,皆为才华横溢,学道有声,致身帝师。这就为那些科举考试屡试屡败者和没有参加科举考试资格者寻求进身途径,开了一扇小小的方便之门。二是务虚,欲从方外人士修炼方外之功获得长生久视之生命力。道教以修炼丹药为关键,以服食丹药实现羽化登仙的目标,即获得长生久视,身列仙班了。在佛教中国化的过程中,佛教也大量地吸收儒教与道教的内涵,像道教追求长生久视对于健身养生的独特途径与方法,为己所用,也重视治病健身与养生的作用。所以唐诗之路诗人不仅与道士交游,也与和尚来往,学习修心养生,自然有其缘由在。

(三)曲线入仕的动力

唐朝诗人不远千里万里,历尽艰辛来此地的直接动力都是窥见这两大宗教的宗派领袖人物与政治的紧密联系,想走"曲线入仕"的道路。如李白、孟浩然等人即有此远大"规划"。天台山的一批杰出道士都曾经以其高超的道教造诣获得朝廷的重视,如王远知、叶法善、司马承祯、吴筠、杜光庭等,其影响自然如窗口吹喇叭——名(鸣)声在外,加之这些人物可以对朝廷决策施加一定的影响,由他们推荐的人士可以超越科举的"瓶颈",法外入仕。特别是以司马承祯为代表的天台山道教杰出人物深受唐朝皇室的尊重,就成为许多文人追慕的目标,攀附的对象,也自然成为招徕其他隐逸人士的旗帜。即以"诗仙"李白而言,他之所以来浙东天台山,正是因为他出蜀到江陵与司马承祯一见如故的"夙缘":"余昔于江陵见天台司马子微,谓余有仙风道骨，可与神游八极之表。"(李白《大鹏赋》序)他在浙东天台山时所作的《天台晓望》一诗明确地表达了当时那种追求羽化登仙的心愿：

> 天台邻四明，华顶高百越。
>
> 门标赤城霞，楼栖沧岛月。
>
> 凭高一登览，直下见溟渤。
>
> 云垂大鹏翻，波动巨鳌没。
>
> 风潮争汹涌，神怪何翕忽。
>
> 观奇迹无倪，好道心不歇。
>
> 攀条摘朱实，服药炼金骨。
>
> 安得生羽毛，千春卧蓬阙。

李白在天台山与道教人士来往特别密切。他不仅与司马承祯有"前缘"，而且与当时隐居于浙东的另一位道教名人吴筠关系紧密，虽然未入道籍，未受道箓，而与吴筠等人情好日密，有逾于老道者。后来吴筠被唐玄宗征召到长安，就是携带李白一起入京，并且被破格擢用为"翰林待诏"。《旧唐书·隐逸传》载吴筠"东游天台。筠尤善著述，在剡与越中文士为诗酒之会，所著歌篇传于京师。玄宗闻其名，遣使征之。既至，与语甚悦，令待诏翰林"。当时一介书生毫无从政经历和资历的李白平步青云直升供奉翰林，除了吴筠推荐的因素以外，当然其中还有贺知章等人的"合力"推荐"有以致之"。《新唐书·李白传》载："天宝初，南入会稽，与吴筠善。筠被召，故白亦至长安。往见贺知章，知章见其文，叹曰：'子谪仙人也！'言于玄宗，召见金銮殿，论当世事，奏颂一篇。帝赐食，亲为调羹，有诏供奉翰林。"李白到天台山来"寻道"获得丰硕的成果，成为后来许多书生纷至沓来天台山的重要标牌，他们都想步李白之后尘，继李白之踵武，希望也能像李白一样"仰天大笑出门去，我辈岂是蓬蒿人"，"超常规跳跃式"发展，一步登天，实现人生的价值。这是李白的入仕道路为后来者构建了一种"李白模式"，令无数欲走李白类似途径的诗人不禁为之"悠然心会，妙处难与君说"，跃跃欲试，而产生了重走天台道，鲤鱼跳龙门，能否走得通？就要看其努力，更要看其造化了。

孟浩然(689—740)字浩然，唐山南道襄州襄阳(今湖北襄阳)人。早年崇尚佛道，慕汉庞德公之为人，与张子容一起隐居于家乡鹿门山，埋头读书，但是仕途上很不得意。他是被李白称为"风流天下闻"的"孟夫子"，具有"红颜弃轩冕,白首卧松云"的高尚情操,似乎与李白那种飘逸潇洒可以同调。但是实际上孟浩然也是要食人间烟火的,他在入仕上没有希望和行动吗?不是。孟浩然于唐玄宗开元五年(717)游洞庭湖,作《岳阳楼》诗献著名文人当朝大臣张说;到开元十四年(726)前漫游于襄阳、扬州、宣城等地,结识了也是浪迹江湖寻找入仕机会的"诗仙"李白;开元十五年(727)冬天赴京都长安,应翌年的进士考试,科举考试落第,遂滞留京洛,饱尝风尘,"残羹与冷炙,到处潜悲辛";开元十七年(729)秋,从东都洛阳经汴水到京杭大运河漫游吴越山水,于杭州樟亭观钱塘江潮,泛舟镜湖,探寻禹穴,游若耶,上云门寺,礼拜剡县石城寺(今新昌大佛寺),登天台山,宿桐柏观,然后南游永嘉(今温州),探望好朋友张子容。张子容此时任温州乐城(今乐清)尉,翌年返回襄阳。开元二十二年再度赴长安求仕未果,从此灰了科举入仕之念。开元二十五年(737)尚书右丞相张九龄被贬为荆州大都督府长史(荆州治所正在襄阳),辟孟浩然为幕僚,署为从事。孟浩然一生未尝中举,美国人斯蒂芬·欧文说得很有趣:"孟浩然似乎从未达到严格的正规文体所要求的程度。他在这种正规文体方面的修养极差,而他在进士考试和寻求援引方面的失败,说明了在个人诗歌才能和对于纯熟技巧的功利赏识之间,有着很大的差异。"[1]但他在仕途上的想法与多方努力还是不容置疑的。譬如他在长安于太学赋诗获得众多诗人的推崇,王维邀请他入室密谈,碰到唐玄宗临幸,但不善于应对而失去了机会。他杰出的诗才让他在家乡结识了享有盛名的山南道采访使荆州刺史韩朝宗[2],韩朝宗带孟浩然到了长安,想举荐他到朝廷"为国效力",可是到了约定的时间,孟浩然还在酒店里与朋友酣饮,说:"业已饮,遑恤他!"(我们已经喝得高兴了,哪里顾得上别的)弄得韩朝宗很不高兴,求封疆大吏推荐的行动就此失败了。至于张九龄到荆州担任长史,辟孟浩然为从事,孟也成为入幕之宾,实在是落泊文人走投无路后无奈的"鸡肋"之职。由此也不难揭开披在孟浩然头上的"风流天下闻"的隐士面纱,只是科举之路难通时的痛苦选择。正因为此路不通,所以想到了"曲径通幽处,禅房花木深"的"曲线入仕"道路。他在荆州时就与李白等人过从甚密,相互

---

① 斯蒂芬·欧文:《盛唐诗》,贾晋华译,黑龙江人民出版社1992年版,第77—78页。

② 即李白也十分想投托的"韩荆州"。李白《上韩荆州书》:"白闻天下谈士相聚而言曰:'生不用封万户侯,但愿一识韩荆州。'何令人之景慕一至于此耶?"像韩朝宗这样的人当时"以君侯为文章之司命,人物之权衡,一经品题,便作佳士",可见由名人推荐人才在当时还是有很大作用的。

推崇，为后来远赴剡中天台寻求"曲线途径"做了铺垫。

舟中晓望

挂席东南望，青山水国遥。

舳舻争利涉，来往任风潮。

问我今何适？天台访石桥。

坐看霞色晓，疑是赤城标。

寻天台山

吾友太乙子，餐霞卧赤城。

欲寻华顶去，不惮恶溪名。

歇马凭云宿，扬帆截海行。

高高翠微里，遥见石梁横。

且乐杯中酒，谁论世上名。

只是孟浩然虽在天台山费心交游修炼，与其友太乙子等来往，但最终无果而返。

（四）晋宋文士的引领

唐朝诗人对于晋宋名士的出处行藏，尤其是其崇尚自然，不与朝廷合作之风度十分欣赏，不少诗人成为追踪晋宋遗风的效仿者。晋宋高人名士对浙东山水情有独钟，往往爱其山水之美与爱其宗教之深奥，不愿移家别住，只愿住在浙东（主要又以会稽郡为清流士人雅集之地）。如谢安隐居上虞东山，高尚不仕，然一出山而安天下；王羲之誓于父母墓前，挂印而去，归隐金庭，遍游东中诸山；西晋张翰因思念家乡江东的鲈鱼脍和莼羹，看到秋风起来，就挂印而去，弃如敝屣；东晋王子猷在山阴，大雪夜乘小船访戴安道，造门不前便返。人问其故，王曰："吾本乘兴而行，兴尽而返，何必见戴？"刘宋时谢灵运居官而率性游山，创为山水诗，成为中国山水诗开山鼻祖，等等。这些名人或者清峻通脱，或者高尚放达，或者率性求真，概而言之，都是为了超越礼法，顺其天性。所以赵宋孔延之在《会稽掇英总集》卷四《剡中》中说："道经云：'两火一刀，可以逃。'言多名山可以避灾也。故汉晋以来多隐逸之士，沃洲天姥皆其处也。"此类晋宋人物言行风尚对于熟读《昭明文选》和《世说新语》的唐朝诗人来说，都是如数家珍，从小钦羡。像李白就是追踪晋宋风流的典型代表。以他的诗歌为证。"此行不为鲈鱼脍，自爱名山入剡中。"

（《秋下荆门》）李白又说："此中多逸兴，早晚向天台。"（《送友人寻越中山水》）然后登上天台山，高歌"天台邻四明，华顶高百越。凭高一登览，直下见溟渤"（《天台晓望》）。杜甫也是摸着历史的线索，一路追踪而来，他在《壮游》中做了十分清晰的叙述与评价：

> 东下姑苏台，已具浮海航。
> 到今有遗恨，不得穷扶桑。
> 王谢风流远，阖庐丘墓荒。
> 剑池石壁仄，长洲荷芰香。
> 嵯峨阊门北，清庙映回塘。
> 每趋吴太伯，抚事泪浪浪。
> 枕戈忆勾践，渡浙想秦皇。
> 蒸鱼闻匕首，除道哂要章。
> 越女天下白，鉴湖五月凉。
> 剡溪蕴秀异，欲罢不能忘。
> 归帆拂天姥，中岁贡旧乡。

另一位盛唐诗人孟浩然是逗留剡中天台良久不回的追踪者，他写剡中天台诗的数量是唐朝诗人中十分突出的，而且好诗多，名句多。如"缅寻沧洲趣，近爱赤城好。""愿言解缨绂，从此去烦恼。"（《宿天台桐柏观》）孟浩然对天台山的向往真是特别的热烈："欲寻华顶去，不惮恶溪名。"（《寻天台山作》）他在天台山上享受到摆脱世俗尘网的愉快：

"上逼青天高，俯临沧海大。鸡鸣见日升，每与仙人会。来去赤城中，逍遥白云外。"（《越中逢天台太乙子》）"挂席东南望，青山水国遥。舳舻争利涉，来往任风潮。问我今何适？天台访石桥。坐看霞色晓，疑是赤城标。"（《舟中晓望》）他的这种心思，集中体现在其《题云门山寄越府包户曹徐起居》一诗："我行适诸越，梦寐怀所欢。久负独往愿，今来恣游盘。台岭践磴石，耶溪溯林湍。舍舟入香界，登阁憩旃檀。晴山秦望近，春水镜湖宽。"其他诗人诗作多不胜举。

晚唐诗人罗隐在《赵能卿话剡之胜景》一诗中说："会稽诗客赵能卿，往岁相逢话石城。正恨故人无上寿，喜闻郎宰有高情。山朝佐命层层耸，水接飞流步步清。两火一刀瞿乱后，会须乘兴月中行。"可见在唐人看来，就如风水先生指点"迷津"一般,要奉为圭臬,作为行动指南。所以李白《梦游天姥吟留别》中说:"我欲因之梦吴越,一夜飞度镜湖月。湖月照我影,送我至剡溪。谢公宿处今尚在,渌水荡漾清猿啼。脚着谢公屐,身登青云梯。半壁见海日,空中闻天鸡。……"他的"且放白鹿青崖间,须行即骑访名山。安能摧眉折腰事权贵,使我不得开心颜",不就有晋宋那些文人藐视礼法,追求人生贵在适意的影子吗?孟浩然在荆州刺史韩朝宗提携他到长安,推荐面试时,孟浩然与友人吃酒正在兴头上,孟说:"业已饮,遑恤他?"就没有去,韩朝宗很不高兴,此事就无果而终。这不也可见晋宋文士通脱任性的影子吗?

(五)遇仙传说的魅力

浙东这块地方,之所以成为隐士向往的"乐土",前述其山水风光与众不同,固然是招引外来隐士的原因之一,然而不仅于此。浙东丘陵地貌,山重水复,回环映带,风光十分旖旎,宜于文士探索,但交通却极不方便,信息交流亦很缓慢稀少,民众来往艰难,甚至多有跋涉风险。正因为如此,这块地方就容易产生传说,实际上也是产生了许多有名的传说,如刘晨阮肇天台山遇仙、袁相根硕赤城遇仙等"遇仙"传说,王质入山砍樵遇仙弈棋的"烂柯"传说等。尤其是刘阮遇仙传说是风靡南朝以降文学史中的最为文人瞩目的典故。这些传说中的仙女实际上是浙东山水之乡女子的化身,对于中原及其他地方文人自然有耳目一新的审美激情,所以创作了数量很多的赞颂"越女"的诗歌。如李白《越女词》:"镜湖水如月,耶溪女如雪。""玉面耶溪女……两足白如霜。"《采莲曲》:"若耶溪边采莲女,笑隔荷花共人语。日照新妆水底明,风飘香袖空中举。岸上谁家游冶郎,三三五五映垂杨。紫骝嘶入落花去,见此踟蹰空断肠。"杜甫《壮游》:"越女天下白,鉴湖五月凉。剡溪蕴秀异,欲罢不能忘。"张籍《酬朱庆余》:"越女新妆出镜心,自知明艳更沉吟。齐纨未是人间贵,一曲菱歌敌万金。"

涌现于浙东诗路的天台山遇仙传说令人着迷,对于激发诗人创作的灵感而言,自然具有极大的吸引力,唐朝才子无不闻而欣然欲往。并且唐人还以此打趣,告诫其他诗人到了浙东诗路也不要在山路溪边乱跑,以免被仙女逮去。施肩吾就是一个著例:

晚春送王秀才游剡川

越山花老剡藤新,才子风光不厌春。
第一莫寻溪上路,可怜仙女爱迷人。

至于唐人以刘阮遇仙为典故写入诗歌者就更多了,如元稹的《刘阮妻》二首:

> 仙洞千年一度开,等闲偷入又偷回。
> 桃花飞尽秋风起,何处消沈去不来。
>
> 芙蓉脂肉绿云鬟,罨画楼台青黛山。
> 千树桃花万年药,不知何事忆人间?

又如白居易的《酬刘和州戏赠》:

> 钱唐山水接苏台,两地褰帷愧不才。
> 政事素无争学得?风情旧有且将来。
> 双蛾解佩啼相送,五马鸣珂笑却回。
> 不似刘郎无景行,长抛春恨在天台。

以刘阮遇仙为题材集中创作为组诗者,是晚唐诗人曹唐①。他将刘阮遇仙的传说,以唐诗的典范形式格律诗写了五首七律,分别是《刘晨阮肇游天台》《刘阮洞中遇仙子》《仙子送刘阮出洞》《仙子洞中有怀刘阮》《刘阮再到天台不复见仙子》。以下举其首尾两首:

刘晨阮肇游天台

树入天台石路新,云和草静迥无尘。
烟霞不省生前事,水木空疑梦后身。
往往鸡鸣岩下月,时时犬吠洞中春。
不知此地归何处,须就桃源问主人。

刘阮再到天台不复见仙子

再到天台访玉真,青苔白石已成尘。

---

① 曹唐(797?—866?),字尧宾,广西桂林人,隐居天台山多年。

> 笙歌冥寞闲深洞,云鹤萧条绝旧邻。
>
> 草树总非前度色,烟霞不似昔年春。
>
> 桃花流水依然在,不见当时劝酒人。

《天台山方外志》称曹唐这一组诗"脍炙人口",也是不过誉的。浙东诗路本身就充满了山水神秀的审美类型,加上遇仙传说的曲折离奇,显得更加扑朔迷离,如真又幻,其作用于文人心里,无疑摄人魂魄,引人入胜,让人想一探究竟。

(六)隐逸传统的熏染

唐朝诗人喜欢来浙东,还与浙东唐诗之路有悠久的隐逸文化传统存在密切的关系。姑且不说先秦时期范蠡辅佐越王勾践卧薪尝胆、报仇雪耻,而后功成身退,归隐江湖;东汉以降,就有严子陵归隐于富春江;梅福归隐于此;东晋南朝则有以王谢为代表的隐居名士高卧东山,隐居剡中,浙东诗路沿线名山多有隐士高栖之迹,如支遁①。其人其事前文已述,此处不复一一胪列。兹举唐朝归隐于此最有代表性的人物——寒山子为例以证之。寒山子是因隐居于天台山寒山而得名的(见文前彩页"寒山子隐居像"),属于唐朝两大白话诗人之一(另一人为王梵志),生平事迹难以详考。他的诗流传至今的还有三百余首,其影响在唐朝以后日益扩大,20世纪以来还广泛传播到世界各国,特别是在欧美曾经掀起寒山子崇拜的热潮,美国的崇拜者甚至把寒山子评论为"中国最伟大的诗人"。他的诗大体上明白如话,无须注解,诗中又融入许多人生哲理和佛教的教义,通俗易懂,便于流传。

如:

> 寒山深,称我心。
>
> 纯白石,勿黄金。
>
> 泉声响,抚伯琴。
>
> 有子期,辨此音。

---

① 支遁(? —366),字道林,河内林虑人(在今河南),本姓关氏。支遁隐逸于剡中东山,与谢安所隐相同,后入沃洲小岭建精舍,晚移石城山栖光寺,太和元年(366)终于剡之石城山。

> 有人笑我诗,我诗合典雅。
>
> 不烦郑氏笺,岂用毛公解。
>
> 不恨会人稀,只为知音寡。
>
> 若遣趁宫商,余病莫能罢。
>
> 忽遇明眼人,即自流天下。

又如:

> 余家本住在天台,云路烟深绝客来。
>
> 千仞岩峦深可逃,万重溪涧石楼台。
>
> 桦巾木屐沿流步,布裘藜杖绕山回。
>
> 自觉浮生幻化事,逍遥快乐实善哉。

寒山的诗以往学者们较多注意到的是其自然因素,较少注意到其隐逸传统对隐士的规范和影响。很明显,这两者实际上是互相关联,互相依存,不可偏废的。浙东的山水正是在其优美自然风光的基础上,赢得了文人的好评和赞颂,又张扬了浙东山水的自然品质,融合了人文的价值观念和评价标准,使之脱离单纯的山水属性,具备文化内涵,并且在历史的发展中不断地吸收新的人文因素,这样双向互动,互相促进,才成为名播遐迩的"山水之乡",隐逸逃名之渊薮。

唐诗之路的影响,大致上可以分为两个方面来看:

一是唐诗之路极大地丰富了我国山水田园诗的创作。唐诗之路的唐诗大多属于山水诗,它与唐朝其他山水文学体裁一起,互相映衬,成为我国山水文学创作上的一个新的高峰(前一个高峰在晋宋到南朝时期)。仅《唐诗之路唐诗选》一书就有诗人 177 人,作品 620 首;竺岳兵《唐诗之路·唐诗总集》则收诗 1505 首。

二是唐诗之路为宗教与文学结缘做出重要贡献。唐诗之路的形成深受浙东佛道宗教的感染、浸淫,唐朝诗人中宣扬佛教天台宗成为一种常态,一种合乎时代潮流的时尚,又通过他们的作品进一步宣扬了其教义,引发社会的普通阶层对佛教天台宗的信仰和崇拜,为宣传天台宗、弘扬浙东佛道宗教提供了良好的不可替代的条件,促使文学同浙东宗教结缘做出了重要的贡献。

　　三是唐诗之路促进了台州的文化教育。唐诗之路为古代高雅的文学体裁——诗歌走向世俗走向社会甚至走向国外提供了广泛的群众基础。大量的文人墨客络绎来游浙东天台,其中有些是至此任职的官吏,如骆宾王、李嘉祐、郑虔、元稹、郑薰等。他们吟哦风月,逍遥山水,显得潇洒超脱,丰采斐然,令社会下层心生羡慕,自然会激发其学习模仿的动机,对于促进文化教育的普及与提高,起到了“随风潜入夜,润物细无声”的效果。同时,有些官吏也采取了发展文化教育的有力措施,带动地方文教事业的发展。所以唐诗之路的形成对于浙东地区士习民风之改良,崇文好学精神之培养的影响,都是不可低估的。唐诗之路的作家作品不仅通过文学,而且通过宗教的渠道传播到全国各地,甚至传播到海外,把浙东的山水推介到更大的范围。

　　四是唐诗之路让浙东山水成为文学艺术创作的常见题材。唐诗之路在充满宗教氛围的浙东形成,并取得辉煌的成就,让浙东的山水风光进入文学审美的观照视野,为进一步宣传浙东山水,使浙东山水风光成为文学写作(尤其是诗歌创作)、书画创作中常见的题材,贡献甚巨。

　　五是唐诗之路因山水而吸引宗教,因宗教而吸引文人墨客,又因文人而反作用于浙东山水,进一步提高其知名度。其中又以佛教天台宗对来游此地的文人影响最为巨大而且显著。这些来游此地的文人墨客在其纪游诗文中大都写到自己的游历经过,都是宣传天台山也是宣传台州的极好材料,是弘扬天台山文化的极好材料。所以可以毫不夸张地说:浙东唐诗之路在浙东的发展,极大地促进了佛教的普及和宣传;使之在文人士大夫阶层与平民阶层得到更大范围的传播。这就有力地促进了佛教天台宗在社会基础阶层中地位的提高。

　　六是浙东唐诗之路的形成、兴盛让台州比较稚嫩的地方文化得到更多接触中原先进文化的机会,吸收营养。一个很好的事实是:中唐以前台州还没有本土诗人,晚唐时期台州涌现了以项斯为代表的诗人,而且一登上诗坛,便显得不同寻常,获得了很高的评价,赢得了很高的声誉。加上罗虬的创作及其在北方国防前线的逸事,对他的诗歌的传播也起到了助益。成为台州籍人士,进入大唐诗人之林,即有出色表现,对以后台州文化发展与提高产生了深远的影响。

　　七是唐诗之路促进了经济发展和交流。浙东历史上是北方中原先进生产技术的输入区,在唐朝这种局面有所改善,但仍然处于学习北方的态势。如农业生产技术、造纸技术、纺织技术、酿造技术等等。李肇《唐国史补》中就记载了唐朝浙东妇女纺织技术不良,后来地方官员命令浙东军人娶北方女子为妻,推动了浙东纺织技术的跃升。

八是唐诗之路弘扬天台山文化。浙东山水之乡,山水之美已经在前唐时期即广泛地传诵于文人学士的口头,牢记在心头。到大唐时期,随着国力的增强,文化的繁荣,经济的兴盛,交通的开拓,天台山文化就进一步令国内外的文士神往,天台山的风物在诗人的眼中变成诗歌创作的优良原料,天台山的风景在诗人的眼中变成梦幻般的图画,天台山的优美遇仙传说成为触发诗人创作灵感的源泉。大唐中央派往周边属国的使节与官员,属国的留学生、留学僧、遣唐使、民间交通商人等等无不是传递唐诗的邮递员与宣传员。以至于后来外国人来到大唐,指名要某某诗人的诗集,携归国内,作为范本。如此等等,可谓传播天台山文化的理想渠道。

第四节　佛教天台宗在国内外的广泛传播

以天台山为代表的台州佛道两教力量不断壮大,宗教领袖相继涌现,并不断得到统治集团的赏识和重视,教义不断充实丰富,两教流派开始自立门户,其影响日益扩大,天台宗风遂遍传于朝野。佛教天台宗的影响尤其广大,不仅传播于浙东,而且风靡更广泛的区域,从唐朝开始天台宗的教义走向海外,传入东瀛,使天台山的宗教文化获得了国际性的声誉。把台州天台山的影响带到了国外。

一、佛教天台宗的发展和传播

佛教传入中国以后为了适应环境,不断吸收中国固有的文化营养,形成了第一个具有中国特色的流派——天台宗。天台宗登上中国思想信仰的舞台,随即由佛教信徒与世俗居士讲说转告而不断扩散,以至于风靡海内外。范文澜《中国通史简编》第三编第二册第七章《唐五代的文化概况》说:慧文依龙树即空即假即中的说法,创立所谓心观(一心三观),天台宗的萌芽由此开始。智𫖮是慧思的弟子,是天台宗的创始人。陈朝时,投慧思门下,代慧思讲经,成为慧思的法嗣。他原来的社会地位很高,当了和尚,陈朝大臣很多是他的学徒,再没有人敢谋害他。在僧徒中他的声望愈来愈高,居住天台山,陈宣帝割始丰县租税给智𫖮作养徒的费用。隋灭陈,隋文帝下诏问候,晋王杨广迎智顗为师。智顗尊杨广为总持,杨广尊智顗为智者。政治上的声势,使他成为富贵和尚。他造寺三十六所,曾说,我造的寺,栖霞、灵岩、天台、玉泉,乃天下四绝也。天台宗以调和各派为宗旨,所谓一心三观,圆融三谛,就是调和的一种说法。天台宗提倡止观,说是入涅槃之要门,止即是定,观即是慧,定慧双修,可以见佛性,入涅槃。修止的方法是把心系在鼻端或脐间等处,使粗乱的心静止下来。如果心不能静,则用观的方法。观有两种:一种是对治观,如用不净观治淫欲,慈心观治瞋恚等。二是正观,观诸法无相,并是因缘所生,因缘无性,即是实相,先了所观之境一切皆空,能观之心自然不起。归根说来,是要人静坐息心,无思无虑,入半睡眠状态(入定),但又不是完全熟睡,心中仍有观慧,即仍在做梦。① 任继愈主编《中国哲学史》:"隋唐各宗正式建立和发展,时间有先后。天台宗最早,成立于陈隋之际。"② 又说:隋唐时期,国际著名的佛教学者都是中国人,国际佛学者也往往来中国学习,并把在中国学到的佛教宗派哲学介绍到他们的国家。西域及印度有些散佚的佛经,找不到原本,也有从中国的汉译佛经转译回去的。隋唐的邻国,如朝鲜、日本各国也开始有了天台、华严、法相、禅宗等宗派。③ 又说:天台宗渊源于北齐、南陈,创于隋,盛于唐。中唐以后趋于衰落。天台宗的开创人智顗是一个政治活动能力很强的宗教领袖。他在南朝的陈朝与皇帝为首的达官贵人来往极为密切。隋灭陈后不久,智顗即成为隋王朝的积极支持者。隋炀帝还没有当皇帝时,智顗即和他深相结纳。隋帝国统治时期较短,到了唐朝,天台宗广泛流行,并传播于海外④。天台宗的影响在唐朝达到鼎盛,可以说对当时的政治、思想、哲学、宗教各界都产生了巨大的推动作用,其流风余韵延及后代千百岁月。如唐朝诗歌文章固不必说,即使其后到明朝小说,也可见出此种痕迹,如《水浒全传》第九十回"五台山宋江参禅 双林镇燕青遇故":"宋江等一行百余人,直到方丈,来参智真长老。那长老慌忙降阶而接,邀至上堂。各施礼罢,宋江看那和尚时,六旬之上,眉发尽白,骨格清奇,俨然有天台方广出山之相。"

智顗创立天台宗,正式提出止观并重,并作为这一宗派的最高修养原则。

---

① 范文澜:《中国通史简编》,人民出版社1965年版,第592—595页。
② 任继愈:《中国哲学史》第三册,人民出版社1979年版,第34页。
③ 任继愈:《中国哲学史》第三册,人民出版社1979年版,第37页。
④ 任继愈:《中国哲学史》第三册,人民出版社1979年版,第37—38页。

他说："泥洹之法，入乃多途。论其急要，不出止观二法。所以然者，止乃伏结之初门，观是断惑之正要；止则爱养心识之善资，观则策发神解之妙术；止是视野定之胜因，观是智能之由借。"(《修习止观坐禅法要》)"若人成就定（止）、慧（观）二法，当知此之二法，如车之双轮，鸟之双翼，若偏修习，即堕邪倒。"(《修习止观坐禅法要》)天台宗所谓止，即佛教宗教训练的坐禅；所谓观，即佛教唯心主义宗教世界观的建立，即般若。

天台宗对海外佛教的辐射。佛教天台宗的创立，天台山成为本宗的根本道场，就形成了对外影响辐射的源头。这种辐射的强弱与其宗派在国家政治、社会生活中地位的高低是成正比的，与其宗派的代表人物在宗教界、政治界影响力的大小成正比的，与其宗派在宗教理论上的开拓创新进度成正比的。天台宗的领袖智颢正好是属于在佛教理论上具有较大创新，将源自天竺的佛教教义做了许多改进，吸收了儒家学说和道家学说中的合理成分，融合成具有较新颖内核的佛教宗派，比较适合中国的士大夫阶层和普通信众阶层，因而受到广泛的欢迎，传播也较迅速。由于智颢在佛教界具有领袖群雄、开辟风气的地位与作用，加上他深知政治力量（集中表现为皇权）对于发展宗教的决定性作用，就十分注意处理与政治人物特别是皇室、大臣和地方官员的关系，他广收弟子，其中就有数量可观的上述人员充斥于这支佛教信徒的队伍里，这就大大加强了佛教与政治势力的紧密联系。陈隋两朝的皇帝都十分重视拉拢智颢为朝廷所用，给予他很高的礼遇；智颢圆寂后，隋炀帝杨广为实现智颢的遗愿，拨出专款修建了天台山国清寺，作为佛教天台宗的根据地，改善了天台宗的修炼条件与传教的环境。到唐朝安史之乱前，佛教天台宗在全国的影响仍然是佛教东传以来最为红火，首屈一指的，唐朝皇帝多次邀请天台宗掌门人入宫传教，为天台宗的传播做出了切实的贡献。

二、佛教天台宗的东传

天台宗创始人智颢平生说法传教均主张述而不作，不立文字（不用文字记录下来，说过即完）。他的讲经著作二十九部一百五十一卷，都是由其忠实的弟子灌顶记录而成的。灌顶（561—631）俗姓吴，临海章安人，天台佛徒尊其为灌顶大师或章安尊者，为天台宗五祖。佛史称灌顶"以一遍记之才，笔为论疏，垂之将来，殆兴庆喜结集，同功而比德也。微章安，恐智者之道将绝闻于今日矣"。天台宗的传播除了在国内佛教界风靡一时外，还引起国际上的广泛关注和学习的兴趣，这就是对东洋两个国家的影响，产生了天台宗东传的文化输出。

(一)天台宗传入日本

天台山及天台宗的输出,并对日本产生影响开始于盛唐时期鉴真和尚东渡成功以后。鉴真本人是灌顶弟子弘景的弟子,是天台宗的徒孙。东渡日本当时属于私人行为,前几次没有成功并非因为航海技术不发达,而是因为唐朝沿海地方官员①的拦阻与管制。他东渡时经由台州,卓锡临海开元寺(龙兴寺、天宁寺),带走了天台宗教义经文和其他有关佛教物品。据日本学者研究,鉴真东渡时带到日本的天台宗经典有智𫖮的《圆顿止观》《摩诃止观》《法华玄义》《法华文句疏》②,还有《四教义》《次第禅门》《行法华忏法》《小止观》《六妙门》等经书。同时鉴真的弟子思托本为临海开元寺(即龙兴寺)僧人,始终扈随鉴真,直到东渡成功,在日本讲经说法,还根据鉴真东渡的亲身经历写成《大唐传戒师僧名记大和上鉴真传》。鉴真圆寂以后,思托又亲手制作了鉴真干漆夹苎像,这种制作工艺原来是台州古代传统工艺,被思托传入日本。思托制作的鉴真像已经成为日本国宝。

日本留学僧入唐求法,其中日僧最澄到台州学习大台宗教义,把天台宗经典带回日本,在日本比睿山延历寺创建了天台宗,成为日本天台宗的创始人。最澄于延历二十二年也就是大唐贞元二十年(804)四月奉诏随遣唐使入唐求法。先到唐都长安,翌年九月自长安动身赴台州,因病滞留明州(今宁波),到九月十五日自明州出发,二十六日到达台州州治临海,谒见台州刺史陆淳,进献黄金十五两,并纸、笔、刀、火铁、兰木、水晶珠等物。(见文前彩页"日僧最澄来台求法通关文牒")陆淳当即返还黄金,希望最澄用这些黄金购买纸墨,抄写《摩诃止观》等天台宗经典,以便日后归国弘法传教。最澄来到台州学习天台宗教义,不是日本没有天台宗经典,他在日本比睿山延历寺时就已经熟读了天台宗经典,之所以还要来到天台宗的发源地留学,是因为日本可供学习参考的天台教义经籍多有脱误,有些细节不够详明,无法完全知晓《法华经》的深奥含义;又日本的天台高僧多非直接师承中国天台宗大师,不是正统的天台宗师,难以令僧徒信服。由陆淳的请托,最澄来临海的第二天就随在临海龙兴寺(见文前彩页"台州龙兴寺(唐开元寺)")讲经的道邃法师向其入唐求法的目的地天台山进发,陆淳亦陪同前往。在天台山最

---

① 相当于现代的海关、边防军和地方官员。

② 以上是天台宗的最重要的经典,号称"天台三大部"。

澄先后师从多位名僧,博学正宗的天台宗教义。向禅林寺僧修然学牛头禅,向佛陇寺座主行满学习天台宗其他教义,给予最澄以深刻之影响。行满送给最澄天台宗经籍 82 卷之多,包括《法华疏》《涅槃疏》等,还手书:"昔闻智者大师谓弟子语:'吾灭后二百岁,我法将于东国兴隆。'圣语不朽,今日得遇此人也,吾愿将所披阅之法门悉付日本阇梨,当携此至东国传灯。"以示勉慰。从天台山回临海后,被安排在台州州治临海龙兴寺学习佛法,从十一月初到翌年三月,前后四个多月由天台宗行满座主和天台宗十祖道邃法师为最澄教授天台宗经义,道邃是天台宗中兴祖师荆溪大师湛然的弟子。《宋高僧传》载最澄来台求法事迹:"贞元二十一年,日本国最澄远来求法,听说受诲,昼夜不息,钞尽一宗论疏,以归国传教。将行,诣郡庭,白太守:'愿求一言为证。'太守陆淳嘉其诚,即署曰:'最澄阇梨,身虽异域,性实同源。'"明州刺史郑富则也对最澄入唐求法给予高度评价:"最澄阿阇梨性禀生知之才,来吾礼义之邦,万里求法,视险如夷,不惮艰劳,是以神力保护。南登天台岭,西泛镜湖水,穷智者之法门,探灌顶之神秘,真可谓法门之龙象,自青莲池涌出。"最澄后来著有《依凭天台集》。

贞元二十一年(805)最澄结束了在大唐的求法活动,五月十八日随回国大使从明州返回日本,六月五日到达对马,七月一日晋谒天皇。这次最澄入唐求法共携带回国经典 127 部 347 卷,其中有道邃赠送的《维摩经私记》一卷、《大般涅槃经私记》十卷、《止观记中异议》一卷、《天台沙门乾济集》三卷,还有《台州录》《台州求法略目录》《天台随部目录》《天台疏点经目录》《法华部》《止观部》《禅门部》《维摩部》《涅槃部》《杂疏部》和《别家部》等等。(见文前彩页"日本天台宗赠呈台州龙兴寺道邃和尚传教大师像")从此天台宗的经典与教义再次被系统地传入日本,最澄在比睿山延历寺弘扬了天台宗,建立了日本天台宗的大本营,成为日本天台宗的祖师。今临海龙兴寺中特地为最澄来台求法受戒辟一小楼,作为纪念室;又为之立一《日本国传教大师最澄受戒灵迹》石碑(见文前彩页"日僧最澄台州受戒碑"),以昭史迹而垂久远。

(二)天台宗传入朝鲜半岛。

中国与日本的交流毕竟隔着大海,客观上不如山水相连的朝鲜半岛更容易来往与沟通。从上古时代开始就有中国王子被封于朝鲜的记载,如商纣王为周武王所灭,其兄箕子被周武王封于朝鲜。《史记·宋微子世家》载:"于是武王乃封箕子于朝鲜而不臣也。其后箕子朝周,过故殷墟,感宫室毁坏,生禾黍,箕子伤之。"就中国上古史而言朝鲜是中国的属国,来往方便,所以中原文化对于朝鲜的影响堪称血脉相连。到后来这种关系一直十分紧密,三国时中原大动乱,军阀混战,兵燹频仍,辽东人甚至中原人避难于朝鲜者也比比皆是。其中的士族多是有闲阶级的文化人,如三国名士管宁。他们的言行对于民众具有导向的作用,同样对于向慕中华的朝鲜半岛民众也具有引领的功效。

佛教由中国传入朝鲜的时间较早,大约在三国时即有些佛教信仰上的交流。如慧皎《高僧传》所载长期隐居于剡中和天台的著名僧人支遁(支道林)与高丽僧人有书信来往。南朝以降,浙东天台佛教丛林蔚起,天台宗的影响波及朝鲜。出于学习观摩和信仰的需要,朝鲜向中国派遣了留学僧,来中土取经,为天台宗传向朝鲜搭起了桥梁。陈朝有新罗国留学僧玄光来华求法,得以谒见高僧慧思,慧思后来被尊为天台宗三祖,慧思授以《法华安乐行门》,后从江南寻师,学成回国。此为早期朝鲜僧侣与天台宗僧人接触因缘。隋开皇十六年(596),高句丽僧人波若来华求法,游方到达天台,参谒智者大师,由智顗指点开导,上天台华顶修炼十六年,后在天台山坐化。高句丽虽非朝鲜之地①,与高丽仅一字之差,容易将两者混为一谈,但其地方在今中国东北境内,处于中原文化与朝鲜中间地带,多少也反映了当时朝鲜半岛对中华文化的向往输入的一些消息。

到唐朝国力强大,威震四夷,朝鲜经隋朝起的"东征"大军反复攻打,已深知中华力量之深沉雄厚,故向中华派遣使节、留学生和留学僧成为十分时髦的事情。从唐朝诗人所作的诗来看,朝鲜留学生在中国为数甚多,中国官员与文人与之交流也很普遍,并且成为风尚,如唐明皇、孙逖、刘禹锡、皇甫曾、皇甫冉、钱起、权德舆、孟郊、张籍、张蠙、殷尧藩等等,都作有与朝鲜文人交往的诗文;台州乐安(今仙居)人项斯也与新罗游学中华者有交往,作有《送客归新罗》诗:

> 君家沧海外,一别见何因?
> 风土虽知教,程途自致贫。

---

① 两千年前在中国东北及朝鲜半岛建立的高句丽王国,与日后出现的高丽和朝鲜族不能混同。高句丽及在公元8—9世纪出现的渤海国,皆属中国唐朝直接管辖的郡。高丽国曾统治朝鲜半岛的北半部以及中国东北的大部,高丽王朝从前37年存续至668年。之后,渤海国继承了高丽国,于698年立国,直至926年被契丹人所灭。

浸天波色晚,横笛乌行春。

明发千樯下,应无更远人。

　　另从张蠙、雍陶等人的诗来看,唐朝科举考试的风气之盛,影响到了东洋诸国,新罗等国,其青年士子不远万里,来到长安参加科举考试,实在是令人叹为观止的历史奇迹。显见其国士人把赴中国留学,考取功名,然后衣锦还乡当作极其荣耀的事情。张蠙[①]《送友人及第归新罗》诗云:

家林沧海东,未晓日先红。

作贡诸蕃别,登科几国同。

远声鱼呷浪,层气蜃迎风。

乡俗稀攀桂,争来问月宫。

雍陶《送友人罢举归东海》[②]诗云:

沧沧天堑外,何岛是新罗?

舶主辞蕃远,棋僧入汉多。

海风吹白鹄,沙日晒红螺。

此去知提笔,须求利剑磨。

唐范摅《云溪友议》卷二"登州贾者马行余"条载:

　　登州贾者马行余,转海拟取昆山路,适桐庐。时遇西风,吹到新罗国。其国君闻行余自中国至,接以宾礼。乃曰:"吾虽夷狄之邦,岁有习儒者,举于天阙,登第荣归,吾必禄之且厚。乃知孔子之道,被于夷夏乎!"

　　而佛教东传则又是文化交流中的重要内容,不仅限于某一类人,在当时

---

　　① 张蠙,字象文,清河人。登乾宁二年进士第,为校书郎,栎阳尉,犀浦令。入蜀拜膳部员外,终金堂令。

　　② 孙望:《全唐诗补逸》卷七,载《全唐诗补编》,中华书局1992年版,第176页。

佛教盛行于中华的社会氛围中,上自皇帝,下至平民,莫不趋之若鹜,恐后而争先。这种风气同样感染了东洋诸国,如盛唐诗人孙逖《送新罗法师还国》诗就清楚地表明,唐朝朝鲜半岛与中国佛教来往是十分平常也是十分频繁的:

> 异域今无外,高僧代所稀。
>
> 苦心归寂灭,宴从得精微。
>
> 持钵何年至,传灯是日归。
>
> 上卿挥别藻,中禁下禅衣。
>
> 海阔杯还度,云遥锡更飞。
>
> 此行迷处所,何以慰虔祈。

中唐诗人刘禹锡作有《送源中丞充新罗册立使侍中之孙》诗,诗云:"想见扶桑受恩处,一时西拜尽倾心。"唐朝文化对新罗的吸引力历然自明。

天台山佛教人士与朝鲜半岛的来往是在中唐时期,但当时尚未将天台宗传播到朝鲜。天台山大慈寺僧法照《送无著禅师归新罗国》诗云:

> 万里归乡路,随缘不算程。
>
> 寻山百衲敝,过海一杯轻。
>
> 夜宿依云色,晨斋就水声。
>
> 何年持贝叶,却到汉家城?

据《全唐诗》作者小传载,法照是唐朝大历贞元间僧人。这是中唐时期中国僧人与新罗僧人的交往,也是天台山佛教与朝鲜的交往,其意义自不待言。

晚唐释贯休《送人归新罗》诗云:

> 昨夜西风起,送君归故乡。
>
> 积愁穷地角,见日上扶桑。
>
> 海气生初霁,潮痕匝乱荒。
>
> 从兹头各白,魂梦一相望。

贯休是与天台山有密切关系的著名僧人,其《送僧游天台》说:"已有天台约,深秋必共登。"贯休在《寒月送玄道士入天台》诗中说得更加明白:"送君丁宁有深旨,好寻佛窟游银地。雪眉衲僧皆正气,伊昔贞白先生同此意。若得神圣之药,即莫忘远相寄。"这些天台宗僧人以及与天台山存在密切关系僧人在同朝鲜半岛留学僧的交流中自然会传播佛教天台宗的信息,为天台宗系统地传播到朝鲜半岛做好铺垫。

把天台宗传入朝鲜的关键人物是义天。义天(1009—1101)本名王煦,是高丽王朝文宗第四子。义天幼年出家,宋元丰八年(1085)率弟子介寿来华求法,得到宋哲宗的接见。义天来华,先到钱塘,后游天台,礼拜智者大师塔,习天台教义。元祐元年(1086)携教典经书千余卷回国。义天之来华求法,不但带回了《华严经章疏》(现中国已散失),而且带回了唐朝著名白话诗人寒山子的诗集。现在传世的《四部丛刊》本《寒山子诗》即据高丽本影印。这样的朝鲜留学僧在中朝文化交流上产生了重要的作用。

义天归国以后为发展佛教做出了两件大事:一是大力弘扬天台宗教义,于高丽肃宗二年(1096)创立了高丽天台宗。他的天台宗学说在朝鲜成为哲学史上重要的哲学潮流。天台宗也成为朝鲜佛教中重要的流派,在朝鲜半岛的佛教传播中占据了重要的位置,迄今香火旺盛,信徒甚众。每年还要派遣天台宗人来到天台山国清寺瞻仰拜祭祖庭,修建纪念亭纪念碑等,以志天台宗东传朝鲜半岛的源流。二是在中国编集汉传佛经总集《大藏经》之后,为了编集高丽续《藏经》,入宋求法时即有意识地搜集佛经,特别是朝鲜僧人元晓、义湘等人的佛经"律""论"4740卷,归国后便仔细编辑校勘,注释付梓,成为独具特色的一部朝鲜佛经总集,被称为《义天续藏经》。

日本与朝鲜半岛在向慕大唐,学习中华文化上具有一定的相似性和定向性。从接受中华文化影响的途径,学习态度上来说,日朝各有千秋。日本岛国与大陆隔绝,自危心理突出,形成了自卑加自傲的十分矛盾而复杂的民族性格,排外情绪强烈,被世界人类学家称为"岛夷心态"。加上社会制度长期落后于中国大陆,对于中华文化的仰视心理亦相应突出。日本从东汉开始即接受大汉天子的封号,今尚存的"汉委奴国王金印"就是历史的明证。随着航海技术的发展,倭国派遣到中华的使节不断地带回许多文籍与丝绸织品、瓷器等等,让倭人更加虔诚地向中华学习。就佛教这种宗教传播的大势而言是从天竺(今印度)经中亚细亚传入中国,复经中国向东传到朝鲜半岛和日本列岛,其传播主流是东传。朝鲜半岛与中国大陆接壤,与中华文化的接触渠道较之日本要多得多了，其学习中华文化的态度与决心也与日本相似。这种学习引进佛教天台宗的经过日朝相比，日本占先，朝鲜居后。引进以后天台宗在东洋两国的发展也是日本天台宗势力强大，普及程度要高于朝鲜，朝鲜半岛天台宗的传播不如日本有势力。但日朝两国天台宗信徒每年都要朝拜天台山国清寺祖庭，以表达不忘祖庭教泽之义，则亦相似。

三、天台宗的中兴及衰落

佛教天台宗自南朝晚期形成，到唐朝安史之乱前影响达于鼎盛，此后便渐渐"失响"了。到中唐时期天台宗湛然登上舞台，为天台宗的"中兴"树立了一面旗帜。

湛然（711—782）俗姓戚，世居晋陵之荆溪，属常州人，天台宗称之为荆溪大师。出身于业儒之家，从小就聪明过人，有出俗之志，年二十余受业于天台山左溪朗公，起初以处士身份传道，到天宝初年（742）正式出家为僧。曾到越州从昙一律师，又到吴郡（治今苏州）开元寺修持。不久朗公捐代（去世），湛然"絜密藏独运于东南"，悟天台宗"道之难行"之因："今之人或荡于空，或胶于有，自病病他，道用不振。将欲取正，舍予谁归？"于是天台宗止观之说复得盛行。天宝末大历初诏书连征，湛然皆"辞疾不就"。唐德宗建中三年（782）三月五日圆寂于天台山佛陇道场。传其道者有苏州开元寺僧元浩，朝廷文臣有翰林学士梁肃。梁肃赞扬湛然道："圣人不兴，其间必有命世者出焉。自智者以法传灌顶，顶再世至于左溪，明道若昧，待公而发。乘此宝乘，焕然中兴。"至宋开宝年间，吴越国王钱镠追封其为"圆通尊者"。

湛然继承天台宗衣钵并在佛教理论上有所开拓，最有"原创性"的思想是提出了"无情有性"学说。"无情有性"说是普泛的具备佛性说，即不仅人具有佛性，连没有生命的东西如草木砖石都有佛性。这就意味着有生命的人，都可以进入天国的"乐土"了。显然湛然这一学说的提出对于吸引更多的"善男信女"相信佛教，向往成佛的"天堂"，祈求来世的福报是具有很大磁力的。湛然"无情有性"说在理论上贯通了原来存在的"真如缘起"论和"佛性"的矛盾，克服了佛性不具普遍性的缺点，使它可以囊括宇宙，通贯天人。在佛教教义上突破了原有的藩篱，向前迈出了一大步。佛性是佛教的中心问题，这个问题的实质是人能否进入天国？能否成佛？成佛是在当下还是在遥远的将来？人有佛性，这是毋庸置疑的，但是佛教对于是否每个人都能成佛，向来持保留的态度，在天竺（印度）佛教中是肯定有一部分人不能成佛

的,像一阐提人①就不能成佛。所以湛然提出"无情有性"说就是强调人人都
有佛性,都能成佛。这就给予芸芸众生以成佛的普遍希望,这一关系到信众
的"切身利益"的大事,成为天台宗佛教理论新成果,确实给一度沉寂的天台
宗注入了"强心剂",让天台宗扩大了信众的社会基础,增强了芸芸众生与信
众成佛的信心。天台宗因此而一度"中兴",但是好景不长,历史的车轮终究
没有因为"无情有性"说的提出而停留在天台宗兴盛的站点上,天台宗也没
有因湛然新说的问世而"永葆青春",而是因佛教新兴宗派如禅宗的崛起日
益收敛它的光芒,趋向衰落。

　　天台宗的盛衰是历史的必然,有盛便有衰,是世界万理之常。概略来
看,天台宗的衰落不仅有社会发展大势所趋的因素,也有天台宗本身的内在
因素。大唐帝国从安史之乱后整个局势产生了巨大的变化,原先处于弱势
的庶族地主阶级已经获得了与士族相似的社会地位、经济利益、政治权利等
等,此前他们利用湛然学说为之争取更多权利的需要已经消解于无形之中,
反而觉得这一学说有碍于他们巩固既有利益的可能,所以统治阶级不敢再
加以提倡宣扬。从湛然学说成佛理论与途径上看,它是运用天竺佛教因明
"五支作法"的推理形式,步步推进的:"无情有性"是"宗"(即论题),"万法随
缘"是"因"(即理由),"水波之喻"是"同喻"(即正例),对"迷名"者的驳斥是
"异喻"(即反例),"真如遍变"是"合"(即应用),"一尘一心即一切生佛之性"
是"结"(即结论)。这样精致而复杂的理论对于不太平稳社会中的芸芸众生
而言未免迂远,不切实际,反而成为成佛的障碍。自然敌不过既不要烦琐的
经典,又不要迂腐的说教,"直指人心"即可"立地成佛"的禅宗更加贴近民
众,更具成佛的吸引力了。所以《四库全书总目提要》在《法苑珠林》一书的
提要中概括佛教传入中土的变迁时说:"盖佛法初兴,惟明因果;暨达摩东
迈,始启禅宗。譬以六经之传,则因果如汉儒之训诂,虽专门授受,株守师
承,而名物典故悉求依据,其学较实而难诬。禅宗如宋儒之义理,虽覃思冥
会,妙悟多方,而拟议揣摩,可以臆测,其说凭虚而易骋。故心印之教既行,
天下咸避难趋易,辩才无碍,语录日增,而腹笥三藏之学,在释家亦几乎绝响
矣。"避难趋易是世人自然的选择,一种教义只有顺应世人的需要,才会有强
大的生命力。所谓"物竞天择,适者生存",对于文化品种而言也是适用的道
理。范文澜先生也说过:如果一种学问很烦琐,就表明这种学问已经无新的

---

　　① "一阐提"出自《楞严经》,"一阐提人"指善根丧尽的人。

境界可以开拓了，那么它的衰落就是不可避免的。天台宗在唐朝以后就再也没有兴盛过，虽然经宋元明清到现代也有佛教杰出人士为天台宗思想做出新的贡献，但是始终不能重现往日的辉煌，也足以说明天台宗佛教已经没有新的境界可以开辟了。

第五节　道教南宗的形成及其影响

台州道教的发展源远流长，前文已经述及。到唐宋时期，台州道教达到历史上鼎盛的阶段。这个阶段有两个代表人物不可不提：一是唐朝司马承祯，另一是宋朝张伯端，他们为台州道教的发展做出了不可磨灭、不可替代的贡献。其他人物如道教的著名道士王远知、叶法善、田虚应、吴筠、贺知章、冯惟良、应夷节、叶藏质、刘处静、陈寡言、徐灵府、杜光庭、左元泽、闾丘方远、厉归真等，在浙东开辟道场，勘探山水，寻觅仙药，提炼神丹，招收弟子，宣传道教，声誉卓著，俨然巍峨大宗，影响及于朝廷，足以与佛教分庭抗礼。

唐朝把道教奉为国教，把老子奉为皇室的始祖，如唐太宗《令道士在僧前诏》说："况朕之本系，出于柱史。"因为老子曾经做过周朝的柱下史，相当于周朝中央图书馆的领导，这就将自己的血统溯源到了道家的宗师那里，显得高贵多了。于是将儒道释"三教"的地位以下诏的形式做了规定："其道士女冠，可在僧尼之前。"道教居于佛教之前，也就是规定道教的地位高于佛教。这种以皇权规定宗教的社会地位，极大地影响了道教在社会上的号召力，以至于出现儒教、佛教信徒为了与皇家保持高度一致不惜改换门庭，弃暗投明，改信道教的人物与事件。其中典型事例为浙东著名诗人贺知章。唐玄宗曾敕命崇玄馆道士编纂《开元道藏》3744卷，这是将道书汇编成藏的开端，只是这部道藏未能流传下来。仅从这些事情就可以推知唐朝皇室对于道教的态度，"上有所好，下必甚焉"，社会上自然崇道之风愈括愈烈，崇道、佞道之事的出现也就是符合事理的结果了。

一、唐朝道教宗师司马承祯及其他道教代表人物

台州道教活动的主要场所集中于天台山，上述著名道士传道修炼的地点也多在天台山，所以台州道教的中心仍然在天台山。台州道教的"中心道观"——桐柏观（又称桐柏宫）即建于天台桐柏山中。此观是唐睿宗景云二

年(711)特意为司马承祯建造的。"洎乎我唐,有司马练师居焉。景云中,天子布命于下,新作桐柏观。盖以光昭我玄元之丕烈,保绥我国家之永祉者也。"①玄宗朝进一步重视道教,天宝初年唐玄宗为桐柏观立碑,命礼部郎中崔尚撰《天台山新桐柏观之颂并序》,由著名书法家韩择木书写,唐玄宗御书碑额。由此更提高了桐柏观在中国道教界的地位,于台州道教中心宫观的地位自不待言。到宋朝为一些大臣设置宫观闲职,被除为提举台州崇道观者如朱熹、陆游、陆九渊等都是享有盛名的思想家、诗人,所谓提举台州崇道观就是提举天台山桐柏观,只是可以在台州州治临海"遥领"此职即可,不必到桐柏山中"上班"。

(一)司马承祯

一代宗师司马承祯在天台山修炼道术,开拓传教的道场,很受大唐中央"高层领导"的关注与重视。据《大唐新语》载司马承祯:"隐于天台山,自号白云子,有服饵之术。则天、中宗朝频征不起。睿宗雅尚道教,稍加尊异,承祯方赴召。无何,苦辞归,乃赐宝琴、花帔以遣之。"司马承祯(647—735)字子微,本贯洛州温(今河南温县)人,是南朝道士陶弘景的三传弟子②。盛唐之际多次被诏入朝布道,尤其受到唐玄宗重视。唐玄宗想留司马承祯在长安,承祯不肯,要回天台山,玄宗苦留不住,只得放他返回浙东,并作《王屋山送道士司马承祯还天台》诗以遣之。最后一次司马承祯被召入长安,唐玄宗就命令于嵩山筑阳台观,供司马承祯居住,而且叫御妹玉真公主拜司马承祯为师。可见司马承祯当时的声望的确非同一般。司马承祯著有《天隐子》《坐忘论》等,这些是今天研究司马承祯思想的重要材料。在道教发展史中,司马承祯属于不太重视炼丹、服食、法术变化的神仙方术,而偏重于道教的宗教理论研究的一位道士。司马承祯主张修炼在于修心,修心在于主静。他说:"心者一身之主,百神之师,静则生慧,动则成昏。"教人去动守静,具体办法是:"学道之初,要须安坐,收心离境,往无所有,不着一物,自入虚无,心乃合道。"(《坐忘论》收心)这种思想与佛教的止观、禅定的宗教修养方法有

---

① 本句出自崔尚的《天台山新桐柏观之颂并序》,本文被收入《唐文粹》卷第二十一。崔尚是久视元年进士,大中大夫行尚书祠部郎中。这句话的大意是:到了唐朝,有司马承祯道士居于此观。景云年间皇帝下令重修桐柏观。以弘扬玄元皇帝老子的伟大业绩,保佑大唐政权永固万年。

② 陶弘景传王远知,王远知传潘师正,潘师正传司马承祯,是谓三传。

些类似。司马承祯到天台山修道,看来有其坚定的信念和高远的目标追求为精神支柱。据唐人史料记载他与卢藏用这样的假隐真仕者相比,似不能说没有高下之别:唐睿宗景云二年(711),上(指睿宗)召天台山道士司马承祯,问以治国之术。司马承祯以"顺物自然,而心无所私,则天下理"回答,唐睿宗感叹不已。事后司马承祯坚决要求回还天台山,唐睿宗只得应允。而当时任尚书左丞的"前道士和前隐士"卢藏用指着长安南边的终南山对司马承祯说:"此中大有佳处,何必天台?"司马承祯说:"以我看来,这是沽名钓誉进入仕途的捷径而已。"卢藏用听了,默然无言以对。① 天台山知名隐士为数甚多,就总体而言,清静无为,不愿混迹于官场者众,欺世盗名,假托隐逸实则寄心于仕途者少。而司马承祯是这个群体中杰出的代表,他与卢藏用的这番对话后来被锤炼为一个成语"终南捷径"。清者自清,浊者自浊,经过历史的检验,终于泾渭分明,司马承祯与卢藏用也分别成了真隐与伪隐的象征。

司马承祯与王远知、吴筠以及越州孔述睿一起被列入《旧唐书·隐逸传》中。

(二)王远知

王远知(? —680年前)字德广,台州人,有的史料记载为"本系琅琊(今山东琅琊)"人。宋祝穆《方舆胜览》卷引《异人记》称之为"台州道士"。宋邑人陈耆卿《嘉定赤城志》称之为"郡道士"。《明一统志》卷四十七、《清一统志》卷二百三十称之为"台州人"。则其人之里贯"琅琊"云者,盖自其祖籍而言。王远知精于《易经》,著作有《易总》十五卷。王远知少年聪敏,博览群书,早入茅山师从陶弘景,传其道法,名动京师。陈朝皇帝闻其名,召入京师讲道,"甚见嗟赏";隋朝代陈,杨广为晋王、扬州总管时,遣使召至扬州,王远知使道法惧之。后杨广继位登极,"炀帝幸涿郡,遣员外郎崔凤举就邀之。远知见于临朔宫,炀帝亲执弟子之礼。"在当时享有很高的声望,是一位能够领导道教重要力量的老道士,不仅精于道术,而且精于心术,很有预知未来的"特异功能"。据《旧唐书》本传载,他在隋末李渊尚未发迹时就对李渊"密语天命",后来李渊果然建立大唐王朝,证实了王远知的"未卜先知"的"远见卓识"。他为人处世又"深谋远虑",很懂得利用政治力量为振兴道教服务。在大唐初期唐太宗李世民尚未登基时,其身份还只是秦王、天策上将。当李

---

① 卢藏用曾经隐居终南山,武则天时被征为左拾遗。

世民平定了隋朝残余势力王世充的反抗,回京后有一次与心腹房玄龄"微服私访"到王远知的道观来谒见,王远知便迎面遥测,以未卜先知的口气说:"今天来客中必有一位圣人,莫非就是秦王阁下?"李世民见"微服"已经失去"隐身"的功能,就只好"以实告"。王远知这就告诉李世民:"秦王阁下异日必为太平天子,希望善自珍重爱惜。"从此与当时的政治"明星"挂钩,建立了一种特殊的关系。后来李世民发动玄武门事变,杀了太子李建成、皇子李元吉,唐高祖李渊立李世民为太子,不久又让位于太子,李世民获得胜利。"太宗登极,将加重位,固请归山",王远知颇有"功成身退"与世无争的姿态,博得皇帝的好感。为道教势力支持政治"明星"走上政治舞台,也为道教得到最高统治者的照顾添加了重彩浓墨的篇章。唐太宗之所以钦定道儒释三教的地位固然有继承前朝既定方针的因素,也有王远知等道教势力支持他登基的现实因素,王远知为进一步提高道教在政治当局心目中的地位立下了特殊的功勋。可以说王远知是台州道士中继徐则之后又一位能够与最高统治者建立紧密关系的人物。王远知卒年一百二十六岁。是以知其生于陈武帝永定三年。调露二年(680)追赠远知太中大夫,谥曰升真先生。则天临朝,追赠金紫光禄大夫,天授二年改谥曰升玄先生。

(三)贺知章

贺知章(659—744)字季真,自号四明狂客,越州永兴(今属杭州萧山区)人,年轻时即以文辞知名,证圣初举进士,曾任正银青光禄大夫兼正授秘书监、太子侍读、太子宾客等职,世称"贺监",生性旷达,谈吐诙谐,其姑表兄工部尚书陆象先说:"贺兄言论倜傥,真可谓风流之士。""一日不见贺兄,则鄙吝生矣。"复喜饮酒,为"酒中八仙"之一。善诗文,工书法,善草隶书,"好事者供其笺翰,每纸不过数十字,共传宝之。"[①]传世手迹有草书《孝经》等,清人曾纪泽题跋有"一编醉帖留沧海,万里回光照剡川。长史萧疏虔礼密,权量铢寸定谁贤"之语。贺知章本为儒生,其晋身仕途亦靠儒业为基,却于天宝三载(744)称自己因病恍惚,乃上疏请皇帝允许度为道士,求还乡里,舍本宅为道观。得唐玄宗恩准,并称赞贺能够"鉴止足之分,抗归老之疏,解组辞荣,志期入道。朕以其夙有微尚,年在迟暮,用循挂冠之事,俾遂赤松之游。正月五日,将归会稽,遂饯东路,乃命六卿、庶尹大夫,供帐青门,宠行迈也。岂惟崇德尚齿,抑亦励俗劝人。无令二疏独光汉册。乃赋诗赠行。"为贺举

---

　　①　见刘煦《旧唐书·文苑传·贺知章传》。

行了盛大的"国宴"饯行,并赐剡川一曲。归越后以故宅为千秋观,后改天长观,亦名道士庄。据贺的生平来看,他到晚年"行将就木"方请度为道士,可能有社会大环境的"系统压力"的因素。范文澜先生《中国通史简编》第三编《唐五代的文化概况》中指出:"开元天宝时期,道教极盛,佛教相对地衰退,这从佛教徒贺知章弃佛当道士可以看出当时的气候。"[①]可谓简明扼要地点出了贺知章挂组辞荣、脱儒入道的"内因"。贺知章是盛唐时期著名的诗人,在盛唐属于德高望重的"朝廷冠冕",其言行举止,标志政治动态,关系士风走向。他的一生,始以儒学显,继以诙谐名,卒以道士终。其故宅在会稽县东南五云门外三里。

(四)吴筠

吴筠(? —778)字贞节,唐华州华阴(今陕西华阴)人。《旧唐书》本传则以为"鲁中儒士"。年轻时通贯五经六艺,富于文采,举进士不第,因入嵩山从潘师正学道,传上清经法。开元(713—741)中,南游金陵,访道茅山。天宝初(742)又游天台,观沧海,吴筠在剡与越中文士为诗酒之会,所作文辞传诵于京师。闻其名,便派人把他召到长安,召见于大同殿,与他交谈非常中意,就任命吴筠为"翰林待诏",留在身边随时可以咨询顾问。唐玄宗向他请教道法,吴筠认为道法之精粹,没有比得上《老子》五千言的。玄宗又向他请教神仙修炼长生不老之事,吴筠认为这是"野人(指道士、隐士)之事",是需要长年累月孜孜以求,方才有可能实现,不是皇帝应该修炼的事情。天宝年间,李林甫、杨国忠当权秉政,社会上出现了前所未有的矛盾。吴筠觉得天下将乱,坚决要求回到嵩山修炼道术,未得允许。等到安禄山即将叛乱之际,再次要求返回茅山,才得到玄宗的批准。不久安史之乱爆发,中原大乱,江淮盗贼蜂起,难以安居修道,于是又东游会稽,经常往来于天台剡中,与诗人李白、孔巢父诗篇酬和,逍遥泉石,吸引了很多避难隐逸的人。代宗大历十三年(778),卒于越中。弟子邵冀元等私谥为"宗玄先生"。有文集二十卷。《旧唐书》称"其《玄纲》三篇,《神仙可学论》等,为达识之士所称"。吴筠所作诗留传于世者尚有《游仙二十四首》《览古十四首》《步虚词十首》《高士咏》五十首等共118首;文则如前所列,前贤以为兼有李白与杜甫两者之长。《旧唐书·隐逸传》载:"词理宏通,文彩焕发,每制一篇,人皆传写。虽李白之放荡,杜甫之壮丽,能兼之者,其唯筠乎!"

---

① 范文澜:《中国通史简编》,人民出版社1965年版,第655页。

(五)徐灵府

徐灵府(759—842)号默希子,唐钱塘天目山(今浙江临安)人,以前史料多称其为钱塘人,乃是举其郡名,宋潜说友《咸淳临安志》载徐氏为"钱塘天目山人",则是称其乡里。据此则知徐灵府里贯实为今杭州临安人。早通儒学,大概是科举考试落第,仕途无望,然后出家修道,起先在南岳衡山,后来隐居天台山二十余年,直到唐会昌初年唐武宗即位,下令地方长官屡加征召,徐氏自以乐于天台修炼,逍遥自在,作诗明志,诗云:"学道全真在此生,迷津待死更求生。今生不了无生理,纵得生知何处生?"屡辞皇命,遂"绝粒久之,凝寂而化"。徐氏之来天台,据其自述是从南岳衡山过来。他在天台修炼之所,主要地点为云盖峰,即所谓"方瀛",徐氏自述"自衡岳移居台岭,定室方瀛",宋陈耆卿《赤城志》卷三十五《人物门》四云:"徐灵府……居天台云盖峰,目为方瀛,以修炼自乐。"与其自述符合。徐灵府命名为"方瀛",即视为神话传说中海上三仙山方丈、蓬莱、瀛洲也。可见徐氏之喜爱天台山,良有以也。其隐居天台山时间之始末,《临安志》称徐灵府是在唐宪宗元和年间,隐居十余年。而《浙江通志》卷一百九十八《仙释》则称徐灵府"由天目趋天台,憩云盖二十余年。俄结庐层石,属睇松竹,外环池岛,名以方瀛,修炼其间。作言志诗,辞武宗之征,绝粒久之,凝寂而化。"徐氏《言志》诗云:"野性歌三乐,皇恩出九重。来传紫宸命,遣下白云峰。多媿书传鹤,深惭纸画龙。将何佐明主,甘老在岩松。"若以唐元和十年徐灵府入天台山修道,而以武宗即位初绝粒寂化,则为时至少二十六年。《浙江通志·仙释》称徐灵府隐居天台山二十余年,与上述诸书及其自述所载最为接近。

(六)杜光庭

杜光庭(850—933)字宾至[①],号东瀛子,处州缙云(今浙江丽水缙云县)人。《蜀梼杌》载杜光庭为京兆杜陵人,寓居处州。以其隐居天台山学道,故《明一统志》遂谓为"天台人"。以其归隐于蜀青城山,故《清一统志》遂谓为"青城人"。唐懿宗时杜光庭应进士第,与郑云叟赋万言不中,久困风尘。遂脱儒入道,至天台山为道士,著道书多种。唐僖宗从蜀避乱回长安时,想物色饱学之士主持道观,就命令长安名道士潘尊师推荐选拔。杜光庭以道士

---

① 　杜光庭字或称宾圣,或作圣宾,《十国春秋》作字宾至。此名字相应,于义为安。故从之。

潘尊师之荐,为僖宗所赏识,《五代史补》卷一载潘尊师称赞杜光庭道:"'杜光庭其人性简而气清,量宽而识远。且困于风尘,思欲脱屣名利久矣。以臣愚思之,非光庭不可。'僖宗召而问之,一见大悦。遂令披戴,仍赐紫衣,号曰广成先生。即日驰驿遣之。"任麟德殿文章应制。在唐末大动乱中,初从唐僖宗入蜀,后来遂留蜀,前蜀王建任为金紫光禄大夫、左谏议大夫,封蔡国公,赐号广成先生传真天师。史载杜光庭在蜀时"蜀主重之,颇与议政事"。晚年隐居青城山白云溪,自号东瀛子。终于上都太清宫内供奉。杜光庭能诗善文,又长于叙事,委曲有致,所作传奇《虬髯客传》为唐朝最杰出的传奇之一,是唐朝文学史上的名篇。有文集百卷,名《广成集》。杜光庭是晚唐时期道教名人,本留心儒业,博学有声,欲为大唐复兴为职志,而以道士闻名,终为割据一方的军阀王建出谋划策,反而变成了毁坏大唐一统江山的高级顾问。

(七)志书所载的其余道教人才

从唐朝浙东道教涌现的著名道士看天台山道教兴盛状况,也可以推知其时代风气与士风潮流。除了上述几位道士中的知名人物外,天台山的洞天福地吸引与培养的道流人才辈出,仅见诸全国地理总志与地方志中者,就不下数十人。以下简要地列其名氏,以供窥豹。

1. 谢自然

谢自然,华阳人,是司马承祯的弟子。年纪很轻时就加入了道士的行列,以慕南岳魏夫人之操行,一日浮海寻蓬莱,途中遇见一位道士对他说:"蓬莱隔弱水二十万里。天台山司马子微身居赤城,名在丹台,此良师也。"于是回头到天台山司马承祯处求受道法。后白日仙去。

2. 田虚应

田虚应字良逸,齐(今山东)人。他修炼了道教"大洞法",每逢水旱请祷这样的大事,凡求助于田虚应的,只见他穿着破旧衣裳,戴着高帽祈请,顷刻之间天气即有反应。唐宪宗元和年间入天台山修炼,皇帝屡次下诏征召都不愿出山。

3. 应夷

应夷节字适中,汝南(今属河南)人。他的母亲梦见流星飞入他家的户牖而生了他。入道后游天台山,与叶藏质、刘处静为隐居林泉的朋友。唐武宗会昌中(841—846)于桐柏观建坛以居,凡五十年。他对其弟子说:"玉京金阙这样的道教圣地,泉曲酆都这样的魔鬼世界,都是人心所创造的。你们自己努力修行(以达到以心造境这样的境界)。"

4. 马惟良

马惟良字云翼,相(今河南安阳)人。先到南岳衡山修道,元和中(806—820)入天台山修道,越州刺史兼浙东观察使元稹闻其风,曾经向他请教方外之事。

5. 叶藏

叶藏质字涵象,括苍(今浙江丽水)人。咸通初(860)创建道斋于天台山玉霄峰,号称"石门山居"。在道教上精于符箓①,并向朝廷申报以玉霄峰"石门山居"为道观,唐懿宗批准了他的要求,以其所居为玉霄宫。

6. 闾丘方远

闾丘方远字大方,舒州②人。起初学出世术,受箓于天台山玉霄道士叶藏质。经常对人说"葛稚川(葛洪字稚川)、陶贞白(陶弘景谥贞白先生),吾之师友也"。注释道教经典《太平经》为三十篇。唐昭宗时屡诏不起。天复六年(906),沐浴端坐而逝。

7. 厉归贞

厉归贞是本地天台人。喜欢喝酒,精通绘事,尤擅水墨画,是五代时期台州最有名的画家。五代汉乾祐三年(950)于中条山飞升。告诉别人说:"我是台州唐兴县人。"

8. 左元泽

左元泽,永嘉(今温州)人。居玉霄峰三年,绝粒不语。常制《真一颂》云:"大道杳冥,不可致诘。含太虚为广舍,总万宇为一贞。以道守真,真亦非一。信之以自然,任之以万物。胎根既断,三界迥出。九祖得度,三官息笔。实赖无功之功,其功妙而难匹。"

9. 陈寡言

陈寡言字太初,越(今绍兴)人。隐居于天台山玉霄峰,号曰"华琳"。以诗咏自娱,其《山居》诗云:"醉卧茅檐不闭关,觉来开眼见青山。松花落处宿缘在,麋鹿群从林际还。"临终前,还是用诗其弟子告别。

10. 王仙姑

王仙姑小名子松,黄岩人,家岱石村。王仙姑成仙有偶然性,传说她走

---

① 符箓是道教一大派系,源于早期道教,以画符念咒为人治病,驱邪禳灾为修炼主要内容。

② 隋同安郡,唐武德四年改为舒州,治今安徽怀宁。

到石柜山,遇见仙人,就修成道业,于咸通七年(866)羽化升天。后来乡人就把其地名叫作王仙姑村。

从道教在浙东发展的过程来看,如此悠久的历史,密集的道场,杰出的道士,不约而同地聚会于浙东这一个向来偏僻的地方,无论如何,总可以说明此地的自然环境、客观地理条件必然较别处更加适合道教发展。就如荀子在其《劝学篇》中所说的:"君子居必择乡,游必就士,所以防邪僻而近中正也。物类之起,必有所始;荣辱之来,必象其德。"又说:"施薪若一,火就燥也;平地若一,水就湿也。草木畴生,禽兽群焉。物各从其类也。"浙东对于道教的吸引,道教在浙东的良好发展,无不以有力的事实昭示着两者桴鼓相应般双向选择的结果。

二、张伯端创立道教南宗

唐朝给予道教以特殊的"倾斜政策",提高道教的政治地位,使道教取得了前所未有的发展,影响遍及朝野。促使大批文人(如儒生、释氏)为了"与中央保持一致"而脱离原有阵营,加入道教行列,在这种社会大势的促成下,方才呈现道教人才济济,群星灿烂,令后世难以为继的局面。宋朝虽不像唐朝那样把老子李聃认作始祖,但也十分重视道教,皇帝佞道也不稀罕,像那位艺术天赋极高的皇帝宋徽宗赵佶就自称为"道君皇帝"。所以道教到宋朝继续发展,只是其发展的方向与唐朝相比有所不同。宋朝以前道教以炼丹合药为主流,道士一生潜心攻关的主要就是如何炼制出更多更好的丹药;但是由于唐朝道士的仙丹献给朝廷后让好几位皇帝"成仙",特别是"著名"的道士柳泌被任命为台州刺史到天台山采药炼丹,经历一年无法兑现自己的诺言,只好全家逃匿山中,闹出了大笑话。结果导致道教信誉扫地,形象大坏,给道教发展造成了严重挫折。道教的发展道路面临严峻考验。这也导致了道教一次重大的发展转折,由重视炼"外丹"(即前文所说炼矿物质的"仙丹")转向修炼"内丹"。在这一转变潮流中,台州道教史上涌现了一位开宗立派的人物——张伯端。

张伯端(983—1082),字平叔,后改名用诚,号紫阳,台州临海郡人①。宋邑人陈耆卿《嘉定赤城志》卷三十五《人物门》之四载:"郡人,字平叔。尝入成都,遇真人刘海蟾,得金丹术,归,以所得萃成秘诀八十一首,号《悟真篇》,

---

① 张氏故居在今临海城内紫阳街。

已而仙去。"①又称张紫阳尝与僧神游扬州,观琼花,紫阳手中拈出,僧无有也。② 这些史料记载均有夸张神化的成分,令人难以置信。实际上张伯端本是台州城里人,自幼颖异,读书过目不忘,在北宋那个宗教非常兴盛的时代里对"儒道释"三教都有涉猎,博览群书,举凡刑法书算、医卜战阵、天文地理、吉凶死生之术,均有兴趣研读,可见张伯端从小打下了广阔而扎实的学问基础。他本是一名儒生,走书生"学而优则仕"的道路,参加进士考试,偏偏命运不济,屡试不售,于是为了养家糊口,就做了一名舞刀弄笔的"府吏",相当于今天政府的一名"公务员"。有一次其家送饭来府中,同事将他常吃的鱼"戏匿之梁间",张伯端疑其婢女偷吃,归家后旋加鞭挞,其婢女愤而自缢。忽一日有虫从屋梁上掉下,查验之为鱼腐烂生虫,乃知其婢女死之冤,感叹道:官府积叠盈箱的案牍中类似"窃鱼"这样的事情不知有多少啊! 就作诗云:"刀笔随身四十年,是非非是万千千。一家温饱千家怨,半世功名百世愆。紫绶金章今已矣,芒鞋竹杖任悠然。有人问我蓬莱路,云在青山月在天。"赋诗毕,纵火将所署文卷悉数焚烧。因此被判发配岭南,于宋英宗治平(1064—1067)年间适逢余杭陆诜(字介夫)知桂州(今广西桂林),因得以"引置帐下,典机要"。熙宁己酉(1069)陆诜改镇蜀,张伯端便随陆诜入成都,任四川节度制置使安抚司参议,在天回寺遇到"异人"刘海蟾传授以金丹火候之秘。张伯端学得养生秘要,于是"优入圣域"。《悟真篇》序:"熙宁己酉岁因随龙图陆公入成都,以夙志不回,初诚愈恪,遂感真人,授金丹药物火候之诀。"之后因陆诜死,张伯端就从成都还归故里,以所得金丹术"萃成秘诀八十一首,号《悟真篇》"。后遵陆诜之嘱往荆南(今湖北江陵)拜访转运使马默(字处厚),得到马的资助,在汉阴山中(在今陕西紫阳县紫阳洞)修炼。复出外求道传道,辗转于秦陇之地,因得罪凤州(治今陕西凤县)太守被捕,在解押途中遭逢石泰,石泰为之请托说项,得以释放。由于石泰拯救他于危难之中,张伯端十分珍视这份邂逅之缘,张伯端回想其师预嘱"异日有与汝解缳脱锁者,当宜授之",遂尽传其道术于石泰,泰传于薛道光,光传于陈楠,楠传于白玉蟾。张伯端到白玉蟾五代,正是道教史上所谓南宗之五位祖师。后来又"事扶风马默于河东",将《悟真篇》传授与马。最后回到临海,元丰五年(1082),跌坐而化,年九十九。除《悟真篇》外,遗著有《长生要义》一卷、《玉

---

① 嵇含等:《四库全书》史部地理类,第 486 册,上海古籍出版社,第 906 页。
② 《浙江通志》卷二百《仙释》,第 3435 页。

清金笥青华秘文金宝内炼丹诀》三卷、《金丹四百字解》一卷等若干种,大致属于修道求真之书,而于修炼"内丹"尤有创见。

《悟真篇》是张伯端的代表作,共有诗词93首,其中有《西江月》词12首。这些作品集中阐发"异人"刘海蟾传授的"金液还丹火候之诀",讲解"养命因形之术",强调"内丹"丹法是修炼的真谛。内丹修炼之术是以人的精气神为"原料",以人体为丹鼎,以意领气为火候,使之凝聚丹田,结成内丹,成为"圣胎",便可脱离凡胎,进入长生不老的神仙境界。通过内丹修炼,代替"外丹"烧炼,是道教修炼内容的重大变革,也是道教从客观物质的追求转到人体自身的意念修炼,由"实"上升为"虚"。所以历史上以《悟真篇》与《周易参同契》相提并论,誉为中国道教"丹经之王"。《四库全书总目提要》说:"是书专明金丹之要,与《参同契》并道家所推为正宗。"《悟真篇》不仅传授修炼内丹之术,还表达张伯端对于道教的认识,反映了他的思想倾向,其主旨是:一、主张三教合一。《悟真篇》序表达了张伯端写作此书的心路历程,他说自己写成《悟真篇》后"又觉其中惟谈养命固形之术,而于本源真觉之性有所未完,遂习佛书及《传灯录》"。又说:"故老释以性命学开方便门,教人修种以逃生死。释氏以空寂为宗,若顿悟圆通,则直超彼岸;如有习漏未尽,则尚狗于有生。老氏以炼养为真,若得其枢要,则立跻圣位;如其未明本性,则犹殢于幻形。其次《周易》有穷理尽性至命之辞,《鲁论》有毋意必固我之说,此又仲尼极臻乎性命之奥也。"他又进一步说:"岂非教虽分三,道乃归一?奈何后世黄缁之流各自专门,互相非是,致使三家宗要迷没邪?教不能混一而同归矣。"《张真人本末》指出《悟真篇》:"尽述二丹之秘,其议论大旨则深嫉世之学者专门各宗,三教异流,不能混一异派同源之理。通究继正,力补于道,天下传诵之。"张伯端是广泛研究儒道释三教典籍,想通过三教相互吸收,融通贯一,成为一种完整的宗教体系,所以要"通究继正,力补于道"。二、强调修炼内丹。从道士专心于修炼外丹(包括炼丹与合药),以丹药为凭借,求得超越生命的局限(长生不老)转移到修炼内丹,是道教修炼手段的改革,更是道教寻求长生不老途径的重大突破。这是张伯端在道教理论上具有扭转时代风气,推陈出新意义的所在。张伯端说:"学仙须是学天仙,惟有金丹是的端。""只候功成朝北阙,九霞光里驾翔鸾。""不识真铅正祖宗,万般作用枉施功。""万卷仙经语总同,金丹只此是根宗。""更饶吐纳并存想,总与金丹事不同。"三、主张修炼先命后性。张伯端主张修炼内丹应该先修命,命是根本,根本既固,则性的修养自然可以做出更多的花样。《悟真篇》序云:"先以修命之术顺其所欲,渐次导之于道。夫修命之要,在乎金丹。"

张伯端本是一介书生,他是通过自己人生的感悟来旁观道教,体察道教的修炼理论,对传统道教的修炼方法有了不同的看法,结合道教历史上重视丹药炼制达到羽化登仙的结果往往是"求仙得仙",本欲超越生命的局限,延年益寿,而每服丹药,寿未益成,倒先送了小命,包括那些酷好仙丹的皇帝,鲜有例外。所以张伯端在道教教义上艰苦探索,抉发其中合理的元素予以总结提炼,写成《悟真篇》这样一部道教史上重要的"道经",在促进道教修炼的方向由重视"外丹"转到以修炼"内丹"为主流的过程中,起到了十分积极的作用。他的修炼"内丹"的方法途径,较之此前的"外丹"术之屡屡伤害人来说,结果要好得多。修炼"内丹"这一脉延续至今,是祛病强身的"气功",现在成为道士修炼与普通民众体育锻炼的重要内容。由于张伯端内丹学说在道教史上具有很新的开创性,顺应了道教发展的潮流,又适合统治者对道教的要求,得到道教界的高度重视和评价,被尊为南宗鼻祖。此后张伯端的学说便成为道教新的流行思想,对后世的道教界内与社会思想信仰均产生了深远的影响。历代道士为《悟真篇》作注加疏者不下数十家,如南宋临海叶士表(字文叔)的《悟真篇注》,徐三见先生以为叶氏"疑即为张伯端临海传承的一脉"。宋朝有薛道光《悟真篇注》以及袁公辅、陆子野等;元朝上阳子陈致虚有《注悟真篇序》、张士弘编集《紫阳真人悟真篇三注》、空玄子戴起宗作有《悟真篇注疏》与《〈悟真篇注〉辨》等;明朝有潜虚子陆西星、一壑子彭好古、晦卿李文烛等;清朝会稽存存子陶素耜有《悟真篇脉望》、朱元育有《悟真篇阐幽》、刘一明有《悟真篇直指》、董德宁有《悟真篇正义》、傅金铨有《悟真篇四注》等等。元钱塘瑞石山道士徐弘道常感张平叔住山传诀,故庵名紫阳。清朝雍正皇帝景仰其学说,于十一年(1733)敕封张伯端为"大慈圆通禅仙紫阳真人",于其故居建紫阳道观,并御笔亲书《紫阳道观碑文》,勒石铭记,以垂永久(见文前彩页"雍正御撰《紫阳道观碑文》")。

宋陈耆卿《嘉定赤城志》卷二十一:"玉霄峰在县北三十五里洞天宫上,重崖叠嶂。松竹葱倩,且产香茅,世号小桐柏焉。茅惟宫后者佳,地不踰丈,山中道士多秘惜之。"玉霄峰洞天宫后的香茅特别好,成为道士珍爱之物。唐朝诗人皮日休、陆龟蒙都曾有诗题咏。

宋朝台州道教名人除了张伯端孤拔挺秀,成绩卓著,享有盛名外,其他的著名道士尚有朱霄外、张无梦等人。

朱霄外,台州本地人。居于白云庵,善《河图》秘纬,修炼道法十分严格。

当时吴越王钱弘俶(谥忠懿)供给驿站以便运送赏赐之物品,朱霄外一点都不要,只暂时留馆于国都。到广顺初年,辞谢钱王,回归天台山。于是自己修葺茅庵作为道观居住,就是后来的栖霞宫。以前天台崇道观藏殿梁上有题字:"吴越两街道统、天台道门威仪、栖真明德大师、通玄先生、正一天师、特进检校太傅守太保上柱国吴郡开国公、食邑一千五百户朱霄外建。"就是当时朱霄外所建的见证。

张无梦字灵隐,号鸿蒙子,凤翔(今属陕西)人。幼入华山,与种放、刘海蟾为方外友,师从陈抟,得其秘传。来到天台山传道,结庐于琼臺,行赤松导引法,间以修炼事形诸歌咏,题曰《还元篇》。宋真宗召问长久之策,无梦不答对。真宗令无梦讲《易经》,即为之解说《谦》卦道:"现在正好是大有之时,宜以谦逊自守。"真宗感到此言有道理,除著作佐郎,不受。复召无梦讲解《还元篇》,他回答道:"国家犹如人的身体,内心持无为之旨则气和,气和则万宝凝结。若持有为之旨则气乱,气乱则英华散逸。这就是还元的大旨。"真宗赏赐张无梦"先生"之号,也被婉言谢绝了。真宗于是以长歌赠行,自丞相以下都赋诗赠别。最后终于金陵。

第六节　两宋台州杰出政治人物群体的涌现

历史进入宋朝,与大唐雄风给人的印象迥然不同。大唐时代令人扬眉吐气,精神振奋,气象雄阔,豪情万丈。而宋朝则令人压抑伤感,尤其是南宋偏安于江南半壁,苟且偷生,委曲求全,令人丧气,精神抑郁。这种历史印象的形成,不仅大唐的国力强大,文化兴旺有以致之,而且国家和时代的精神潮流实为基调造成。

虽然如此,就台州人物而言,那么大唐时代台州本土人物正在初露头角,如前文所述项斯、罗虬等均呈现为"小荷才露尖尖角"的那么一种状态,论职位不过州县一级官员,论功业又无重大建树,论文学亦非一二流诗人,总体上一生作为与影响均较有限,在台州和从台州走出的主要人物是客籍人士。到宋朝情况有了很大的变化,台州本土人物开始以更高的层次、更大的影响、更雄厚的实力,以群体的形象登上国家的舞台,展示了台州人物的崭新风貌。特别是南宋时代,定都临安(今杭州),台州拉近了与国家政治中心的距离,接受了强烈的政治辐射,政治环境发生了很大的改变。从教育的改善和发达,享有"小邹鲁"之誉,造就了大批杰出人士,为国家建设培养人才,台州籍的政治人物更显出众,仅出任宰相者即有五人,担任参知政事以下到各部尚书一类要职者亦有几十人之多,也就是陈耆卿说的"为宰辅者四人,为法从者几十人"。这就进一步说明了台州文化的发展与政治的密切关系。

两宋时期台州人士崭露头角,登上全国政治舞台,要从北宋的陈公辅说起。

1. 陈公辅

陈公辅(1076—1141)字国佐,号定庵居士,临海人。政和三年(1113)上舍考试第一,历任平江府教授,迁越州,改权应天府少尹,除校书郎。宋钦宗时擢任右司谏,不久即以主和派指摘陈公辅为主战派李纲同党而被谪迁台州监税。及朝廷南迁,赵构(宋高宗)即位,李纲执政,又召除尚书左司员外郎,可是尚未上任便逢李纲罢职,于是改任南剑州。绍兴六年(1136)召还,官吏部员外郎。及张浚入相,授右司谏,迁尚书礼部侍郎。复因议论与时宰不合,迁集英殿修撰提举江州太平观,改知处州。官终徽猷阁待制,卒年六十六。有文集《骨鲠集》二十卷、奏议十二卷行于世。陈公辅为人正直忠鲠,相尚以道,以国家大局为重不计个人进退穷通,不愿屈节事人,更不愿阿谀奉承以邀高官厚禄。如他在做平江府学教授时,北宋有名的滥污官朱勔正受宋徽宗嬖幸时,炙手可热,百官巴结犹恐落后,"当官者奴事之,公辅绝不与交"。朱勔的兄弟死了,陈公辅自己不愿去吊唁,也不愿意府学的学生前往吊唁,弄得朱勔很不高兴,就授意权要把陈公辅调到越州任职。陈公辅做应天府少尹时,宋朝正值奸佞之臣蔡京、王黼等长期把持朝政,他们堵塞言路,任人唯亲,结党营私,特别是唐重、师骥阿附太宰李邦彦,谢克家、孙觌阿附纂修蔡攸,待李邦彦为相,以唐、师、谢、孙四人提拔为台谏之职。陈公辅于是上奏这些人决不可能揭发宰相大臣的过失,只会起遮掩真相的作用,提出希望朝廷选择那些"朴茂纯直,能安贫守节,不附权幸,慷慨论事者"授予台谏之任,使朝廷正气伸张,邪气退缩,"礼义廉耻稍稍振起,敌国闻之,岂不畏服哉?"北宋末年的靖康年间宋钦宗初临天下,国家处于外敌入侵生死存亡的危急关头,而宰相吴敏、李纲二人常常意见相左,陈公辅又上奏说:"陛下初临万机,正要依赖宰相同心合谋,可是吴李二臣不和,已有明显痕迹。希望陛下开导说服他们,让他们务必一心一意致力于保卫国家安全上来。"李纲曾经提拔陈公辅,但陈公辅并未从个人情感出发,而是以国家安危为立朝处世的唯一标准，真应了前贤所说的：无偏无党，王道荡荡。又上奏论蔡京父子怀奸误国，迄未受到谴责惩处，是与朝廷公卿半出其门，有人包庇遮掩相为因果的。蔡京因此被谪崇信军节度副使、德安府安置。陈公辅又上奏揭发朱勔罪恶，"乞勿许其子姓随上皇入京"。当他遭到别人诬陷为李纲之党，陈公辅就以辞职表明自己态度，并上条陈，列述当前重要三件事情，触犯当权者之忌，远斥合州监税，直到高宗即位才被召还。绍兴六年上疏分析靖康之祸难，"实由公卿大夫无气节忠义，不能维持天下国家。平时既无忠言直道，缓急讵肯仗节死义"。批评王安石思想学说之非，有以转移士风，危害人心，致正气不振，气节忠义难求。他担任左司谏后，又提议："中兴之治，在得天得人。以孝感天，以诚得民。"宋高宗赵构很赞赏他"深得谏臣体"，赐之五品服，令尚书省写图进献，以便观览。陈公辅感激高宗知遇之恩，益发竭尽忠诚，为皇帝拾遗补阙，献言："正心在务学，治国在用人，朝廷之祸在朋党。"从这里也可以看出一点"台州式硬气"的"前因"来。南宋末年陈耆卿在《嘉定赤城志》中评论道：台州文人以考中高科①，官位至法从②而且有耿直敢言，不畏权贵名声者是从陈公辅开始的。可以说，因为陈公辅，才有了台州人士敢作敢为，正直不阿，忠君事国，与怀奸误国之徒做斗争传统的开端，也开启了"台州式硬气"的先河。陈公辅一登上政治舞台便给台州人士树立了正气凛然的高大形象，获得了全国性的声誉，当与唐朝项斯一样并垂青史于不朽之位。《宋史》评论陈公辅"论事剀切，疾恶如仇"，可谓正搔着痒处。事迹见于《宋史》本传以及陈耆卿所作的《墓志铭》中。

2. 陈良翰

陈良翰（1108—1172）字邦彦，台州临海人。绍兴五年（1135）举进士，历任温州瑞安知县，监察御史，右正言，左司谏，知建宁府。福建转运副使，提点江东浙西刑狱，宗正少卿，权兵部侍郎，右谏议大夫，给事中。除礼部侍郎，不拜，以敷文阁待制提举江州太平兴国宫。召除太子詹事，后除敷文阁直学士，奉前祠。卒赠太中大夫，谥"献肃"。陈良翰一族旧与侍郎陈公辅通谱系。其立朝为官为人风格节操实与陈公辅相承。事迹详见《宋史》本传，朱熹所作《行状》，周丞相必大所作《墓志铭》。《宋史》本传载陈良翰"资庄重，为文恢博有气"。陈良翰治理地方讲究处事公正公平，虚心待人，清正廉

---

① 指上舍释褐第一。

② 指尚书礼部侍郎、徽猷阁待制。

洁,则不为物议所左右,自然顺应民情,断案听讼不致枉曲。瑞安县地方虽小,但"俗号强梗,吏治尚严",陈良翰收取赋税不用发文件,派遣官吏催逼,只要贴出告示记明人名和数量,民众便自动交付缴清。有人询问其中有何奥妙?陈说:只要此心公正公平,"如虚堂悬镜",便可与民和谐相处。陈良翰立朝有大臣体,奏言处事均从国家安危出发,不以一己之私掩公家之利。如宋孝宗即位之初,宋军大将张浚驻军淮泗,作为进取河北失土的准备,淮河是当时南宋与金国的"国防前线",可是此举遭到朝中许多人的反对,这些人争献"防江策",陈良翰指出:这种"舍淮防江"的做法不仅是自毁藩篱,在国家领土上自行退缩,而且剥夺了前线将领根据形势变化便宜行事的决定权,前线将领难以受到信任而专心指挥擘画,非误事不可。在南宋与金国的交锋中,陈良翰屡次据理力争,为朝廷陈说利害,当宰相汤思退不肯听取陈良翰的正确主张,执意派遣使臣赴金国交涉,结果一如陈良翰所料,丧权辱国而归。可是宰臣不吸取前车之鉴,再次派遣使臣与金谈判,交涉"不合,困辱而归"。汤思退还强词夺理为自己狡辩,正言尹穑阿附汤氏,以动摇皇帝对前线将帅的信任。陈良翰上疏论汤思退奸邪误国,宜早罢黜,张浚精忠老谋,不宜以小人之言而生疑惑。终得孝宗理解。但仍不愿免汤思退,卒致两淮撤防,金人大举入侵,孝宗才"深悔"。直到晚年,陈良翰被召为太子詹事,孝宗嘱咐他要尽心教导培养太子,并特地召到选德殿,让他尽情陈述治国的"仁德功利"之说,孝宗为之嘉叹,诏令兼任侍讲。不久以疾告老,卒年六十五,宋光宗立,特赐谥"献肃"。

3. 谢深甫

谢深甫,临海人。刻志为学,乾道初登进士。累官端明殿学士,签书枢密院事,后拜右丞相,封鲁国公。深甫为丞相,遵守法度,爱惜名器,能扶持朱熹、蔡元定正学。其后孙女谢道清为理宗王后,追封信王,谥"惠正"。

4. 杜范

杜范,黄岩人。从祖烨,受学于大儒朱熹,至杜范时更以传承朱学著称。嘉定初中进士,调金坛尉,累迁监察御史,知无不言,后拜右丞相。连上十二起奏章,尽革旧弊。以身殉国,卒赠少傅,谥"清献"。所著有古律诗歌、杂文,奏橐外制,经筵讲义,共三十余卷。

5. 叶梦鼎

叶梦鼎,宁海人。以上舍释褐,授信州推官,历知袁、吉、赣三州,隆兴、建宁府,皆有善政。累迁至兵部尚书,签书枢密院事,封临海郡公。咸淳中拜少傅,右丞相兼枢密使。论政与贾似道不合,引疾辞去。

6. 陈骙

陈骙(1128—1203)字叔进,又字叔晋,临海人。绍兴二十四年(1154)试春官第一,授秘书少监(一说将作少监),历知赣州、秀州、太平、袁州,宋光宗时为吏部侍郎兼侍读,绍熙二年(1191),诏陈时政得失,骙疏三十条,皆切时病。迁参知政事。光宗以疾不朝重华宫,骙三入奏,光宗终于感悟。宁宗即位,知枢密院事兼参知政事,后知婺州卒,赠少傅,谥文简。《文则》是陈骙传世作品中最受好评的著作,被誉为中国第一部文法修辞专著。

7. 王卿月

王卿月,台州人。敏悟多艺能,自号醒庵居士,官至朝请大夫,曾经权中书舍人,直学士院。草胡铨制云:"吾宁身蹈东海,独仲连不肯帝秦;至今名重泰山,微相如何以强赵?"获得当时舆论的好评。

8. 吴芾

吴芾,仙居人。举进士,累官侍御史,有直声,迁礼部侍郎,以龙图阁直学士致仕。吴芾前后守六郡,各因其俗为宽猛,吏莫容奸,百姓都怀念他的恩惠实利。他曾经说:"视官物当如己物,视公事当如私事。与其得罪于百姓,宁可得罪于上官。"为文豪杰峻整,有表奏五卷,诗文三十卷。

9. 商飞卿

商飞卿,临海人。淳熙初举进士,累官工部郎官。时韩侂胄气焰熏天,商飞卿未尝一造韩门,有所请托。他当监察御史时,以言事忤侂胄而被罢职。后为司农卿,以身作则,带头节俭,军队粮饷比较充裕。开禧中擢升户部侍郎。

10. 钱氏家族

台州于此时涌现众多的达官显宦,进士蝉联,与宋朝廷将众多皇室后裔、皇亲国戚安排到台州居住有密切的关系,如赵师渊、赵师蒇、赵汝适等,均是"龙子龙孙",学问优洽,著述传于士林,载于史志;尤其是外戚钱氏家族,在台州植根深厚,人才辈出,兴旺发达,成为钱氏极有声望的一脉。如:钱象祖(1145—1211)字伯同,钱忱曾孙,嘉定元年(1208)官至左丞相兼枢密使,太子太傅。钱景臻字道邃,娶秦鲁国大长公主,右领军卫大将军,封太傅,会稽郡王。钱端礼历官观文殿学士、资政殿大学士、参知政事兼权知枢密院事。钱氏还因为前朝有长久管理台州的历史,而留下相当不错的政绩与恩德,如钱俶任台州刺史,后继位为吴越国王。钱暄任台州郡守,在任期间开凿台州州城东湖，徙筑台州州城东城墙于东湖内侧，就让州城东城墙从此坚固不倒，成为固若金汤的著名州城。这些举措，都是台州历史上称颂已久的德政。

总之，台州文教之兴盛，发轫于北宋，鼎盛于南宋，不仅进士数量为历代之冠，而且其杰出人物出任国家重要职务，成为空前绝后的历史记录。这种盛况对于后来的台州人士而言，其影响是深刻而久远的。

第七节　唐宋台州人士文化成就扫描

台州至宋朝而兴盛，到南宋而为辅郡，不仅前朝教育较为落后的局面有了极大的改善，而且人文蔚起，名家辈出，乃至从州城到乡村，家家诗书，户户弦歌，士风重教，屡为地方获得"小邹鲁"之誉。台州文士在朝在野，勤奋耕耘，以其聪明才智挥洒人生灿烂的篇章，为后世留下许多值得深入研究的文化遗产。以下略做系联，见其梗概。

一、历史学（包括地方志学）成绩斐然

唐朝台州史学尚处于作者以客籍人士为主的记载台州山水、宗教及其人物领域的阶段，到宋朝台州史学有了显著的进步，尤其是南宋时期台州史学发达，名家辈出，被学者评为台州史学的"全盛时期"[1]。这种进步固然是台州文化发展的表现，也是南宋时期浙东学派繁荣带动的结果。南宋浙东学派全面兴盛，而其中足以代表其成绩与造诣者首推史学。近人何炳松以为"南宋以来的浙东学者多专究史学"，代表台州史学的人物便是宁海的胡三省。他进一步阐述浙东学派的发展说："自从郑伯熊和薛季宣中兴永嘉的学派之后，在永嘉方面有陈傅良和叶适诸人的继起，同时在金华方面又有吕祖谦、陈亮和唐仲友三大头的出现。于是浙东的学派乃达到一个黄金时代，而程氏的学说亦发挥而成为我国文化史上一朵最灿烂的花——浙东的史学。"[2]从台州文化本土化的源流来看，南宋时期台州史学的繁荣，则不仅是

①　徐三见：《台州古代史学述略》，载《默墨斋续集》，中国社会科学出版社 2006 年版，第 146 页。

②　何炳松：《浙东学派溯源》，岳麓书社 2011 年版。

受到永嘉学派的嫡传,而且是金华学派的血脉。永嘉学派以叶适为代表,其传学于台州的弟子以陈耆卿最为突出;金华学派以上述吕、陈、唐为代表,唐仲友在台州任职多年,当时影响自然独步,而后来则以王柏所带弟子为多。台州史学的兼收并蓄,转益多师,充分说明当时社会整体的进步,而不仅限于某一狭隘的领域。

（一）灌顶、徐灵府等人的佛道记传著作

唐朝台州史学主要集中于名山志和方外人士传记上。如道士徐灵府记载天台山道教佛教的《天台山记》;灌顶《国清百录》《智者大师别传》《真观法师传》等。

徐灵府是唐朝著名道士,初到南岳衡山修炼,后至天台山修道,栖隐山中二十余年,号所居处为"方瀛",他的《天台山记》就是在栖隐天台时写的。徐氏写作《天台山记》系"修真之暇,聊采经诰以述斯记,用彰灵焉",是亲身生活加上博采经传,融会贯通写成的。此书先总述天台山之来历,引经据典,赞美其山水之神秀,然后分述天台山各处之自然景观与人文胜迹,详细记叙其方位与路径里程,仙释两教人物逸事,仙灵异迹,神话传说等等。此书不仅记载天台山自然地理风貌,而且以较多笔墨记叙山上观堂寺院等宗教建筑与宗教人士事迹,颇为当时和后世文人所称引祖述,故于浙东名山宗教研究尤其是道教亦属不可忽视之文献。

灌顶（561—632）俗姓吴,字法云,临海章安（今属椒江）人。他的《国清百录》是记录佛教天台宗教义及相关人物事件的重要文献,主要包括三大内容:一是天台宗创始人智者大师（智颛）制定的佛教宗派仪轨法度;二是南朝陈朝、隋朝帝王将相与智颛及其他天台宗高僧之间来往书启敕奏;三是智颛与台州当地及其他僧俗人士往来书札、相关碑文等。这部《国清百录》保存了天台宗开创时期大量珍贵文献,为了解天台宗早期情形提供可靠材料;反映南朝及隋朝统一全国以后最高统治者与佛教天台宗的紧密关系。因为天台宗创始人智颛在传递教义上"述而不作",心口相传,天台宗后来又被称为"佛语宗",意思就是天台宗强调以言语传播,宣扬教义,所谓"语言导入,方便权说"是也,但是言语相传毕竟太受时空条件的限制,难以达到较久的时间也难以达到较大的范围。如果没有灌顶记录了如此丰富的原始文献,那么天台宗的形成与传播就完全可能是另一回事了。正因为有了《国清百录》，使之广传佛教界，"才使天台宗的形成成为事实"①，至少是使得天台宗的理论基础有了良好的载体，其教义有了丰富的内容，这为天台宗在初唐盛唐时期风行佛教界创造了必要的条件。所以灌顶虽然未尝担任国清寺主持，但被尊为天台宗五祖，正是基于他在天台宗文献的记录整理上所做出的巨大贡献。《智者大师别传》则是了解智颢生平事迹"最可信赖的资料"，属于人物传记性质的史料。如关于智颢在金陵弘法时朝野钦敬，声望隆重，可是他突然消失于信众的视野，千里迢迢来到偏僻的浙东天台山开辟弘法新区域，这究竟是什么原因？《智者大师别传》对此事有一个解释：智颢"初居瓦官，四十人共坐，二十人得法。次年百余人共坐，二十人得法。次年二百人共坐，减十人得法。其后徒众转多，得法转少，妨我自行化道。可知群贤各随所安，吾欲从吾志。蒋山过近，非避喧之处。闻天台地记称有仙宫，若息缘兹岭，啄峰饮涧，展平生之愿也"。由于都市繁华喧嚣，滚滚红尘，热闹非凡，实在不合适修炼佛业，静悟妙法，所以智颢不惜抛却优厚的待遇，远赴天台山寻找幽静的环境。这是较为实在而有较大合理性的解释。

（二）赵师渊与《资治通鉴纲目》

赵师渊字几道，号讷斋，台州黄岩人。卒年 61，具体生卒始末难以详考。乾道八年（1172）进士及第，尝任国史院编修。从朱熹游，为朱所重。自从司马光等纂成编年体通史《资治通鉴》以来，研究《通鉴》渐成专门学问。常人以其卷帙浩繁不便阅读，读史更觉繁难。故朱熹思欲以简编其书以便学者，起草大纲，"纲欲谨严而无脱略，目欲详备而不烦冗"，规划条例，主要编纂工作均由赵师渊承担。即使大纲起草亦主要委托赵氏成之。经过赵师渊的纂辑，《资治通鉴纲目》全书共分五十九卷，十九门一百三十三条，"纲下有目，目下有类，至详且悉"，不但提纲挈领地提炼了《资治通鉴》的历史内容，大为方便一般读者学习中国古代历史，而且开创了记载历史"通鉴纲目体"。在纂辑《纲目》的过程中，赵师渊对《资治通鉴》原著内容做了系列考证，正误补缺，保证了内容的完整周圆，减少纰漏，是一部纲举目张的史学著作。《资治通鉴纲目》一书的编纂者由于未题赵师渊之名，以至于书中的成绩与不足均归之于朱熹，而实际上这部书的谋划与编纂过程在赵师渊的集子中记载他和朱熹商榷《纲目》的书信很详细，朱熹的集子中也记载两人往来书信商讨《纲目》编纂事宜，并无忌讳。清朝学者对此说得十分清楚，《四库全书总目

---

① 徐三见：《默墨斋续集》，中国社会科学出版社 2006 年版，第 145 页。

提要》在清人芮长恤《纲目分注拾遗》的提要中写道："初，朱子因司马光《通鉴》作《纲目》，以分注浩繁，属其事于天台赵师渊。师渊《讷斋集》中载其往来书牍甚详，即朱子集中亦载与师渊论《纲目》书。盖分注属之师渊，犹《通鉴》之佐以刘范，在朱子原不讳言。因流传刊板未题师渊之名，后人遂误以为分注亦出朱子，间有舛漏，皆委曲强为之词。"《四库全书总目提要》在明张自勋《纲目续麟》的提要中又说："《纲目》一书非惟分注非朱子手定，即正纲亦多出赵师渊手。"明初宋濂《通鉴纲目附释》说："朱子……亲为《通鉴》提要，以授弟子天台赵师渊几道，使著其目、凡例，盖一十九门，总一百三十有三条。凡下有目，目下有类，至详且悉也。师渊遂据提要为《纲目》五十九卷，朱子重为之审定，故其中亦颇与凡例弗合。"《台州教育志》《黄岩县志》还记载了朱熹与赵师渊编纂《纲目》的地点，就在黄岩："樊川，朱子与门人赵师渊成《纲目》之地。"

（三）赵汝适与《诸蕃志》

南宋赵汝适（1170—1231）字伯可，宋宗室，《宋史》无传，台州临海府县志亦无传。1983 年临海文物普查中征集到《赵汝适圹志》，为考察赵氏生平身世提供了十分珍贵的史料。据赵氏圹志载：赵汝适生于宋孝宗乾道庚寅三月乙亥，绍熙元年开始登上仕途，以父赵善待少保遗泽补将仕郎，次年赴铨闱试第一，授迪功郎、临安府余杭县主簿。庆元二年（1196）进士及第，六年知潭州湘潭县丞，开禧元年（1205）为绍兴府观察判官。嘉定十七年（1224）九月除福建路市舶提举，宝庆元年（1225）七月兼权泉州市舶。绍定四年七月乞致仕，辞官归临海故居，是月病逝。赵氏任职于福建路市舶司提举兼权泉州市舶前后约四年，是一生中重要经历，也是著作《诸蕃志》的生活基础。据《宋史》所载，市舶职掌为：贡使之接待与蕃商之招徕；蕃舶出入港之检查；舶货之抽解及博买；舶货贩易之管理；本朝商人泛海贸易之管制；蕃巷（外国商人集中居留街坊）之监督与管理；为往来商舶祈风；遇难海舶之拯救等等。赵汝适在任时以其工作之便，"暇日阅诸蕃图，有所谓石床、长沙之险，交洋、竺屿之限，问其志则无有焉。迺询诸贾胡，俾列其国名，道其风土，与夫道里之联属，山泽之蓄产。译以华言，芟其秽渫，存其事实，名曰《诸蕃志》"。

这是我国现存较早的一部记叙海上中外交通贸易与海外物产风土的地理志书。共二卷，上卷志国，下卷志物。当时即已刊刻行世，宋陈振孙《直斋书录解题》："福建提举市舶赵汝适记诸蕃国及物货所出。"《四库全书总目提要》评曰："叙述详核,为史家所据。"只是"始末无考"。赵汝适说此书所载"海外环水而国者以万数,南金象犀珠香玳瑁珍异之产市于中国者,大略见于此矣。噫,山海有《经》,博物有《志》,一物不知,君子所耻。是志之作,良有以夫"。《诸蕃志》所志与南宋有海上贸易往来的共五十八个国家,从日本、菲律宾向南到印度尼西亚群岛各国;西达非洲及意大利西西里岛;北至中亚与小亚细亚。其范围之广,为同时期同类著作所不及。志中所载各国物产有香料、没药、波罗蜜、没石子、苏木、猫眼、砗磲、龙涎等四十七种之多。另附记我国海南岛地理货物。种类丰富,记叙详细,明显领先于同时同类著作。由于是书所载为一般文士所忽视,故其一出,即见重士林,征引甚夥,如赵汝适稍后之临海人谢采伯(1172—1251)《密斋笔记》卷四、元人纂《宋史》外国列传等均曾频繁引用赵书。

(四)陈耆卿与《嘉定赤城志》

南宋陈耆卿《赤城志》是被收入《四库全书》的宋以前著名地方志之一,是现存最早最完整的台州州志,全书共有地理、公廨、秩官、版籍、财赋、吏役、军防、山水、寺观、祠庙、人物、风土、冢墓、纪遗、辨误十五门,四十卷。被学者誉为台州历代众多方志中"承上启下,最具特色的一部名志"。《赤城志》之前没有一部完整的州郡志,陈耆卿编纂此志在台州地方志的编纂上是填补空白的工作,可谓"积数十年参考之功,创千载遗缺之迹,以所属作,条分件系,台郡始有志焉"①。

陈耆卿(1180—1236)字寿老,号筼窗,台州州城(今临海城关)人。幼而嗜学,精于古文,早播文名。尝从永嘉学派代表人物叶适(学者称水心先生)求学,叶读其文,不禁为之"惊诧起立",作诗称赏:"古今文人不多得,元祐唯四建安七。性与天道亦得闻,伊洛寻源未为失。"称赞陈耆卿的文章为"以文人之笔藻,立儒者之典型,合欧苏主为一家",为数十年来所仅见之作,遂收为门生,"以文字之传","倾倒付属之"。陈耆卿为叶适入室弟子,继承了永嘉学派的衣钵,后人将陈列为叶氏门下第一人。陈氏亦以其懿文硕学接过了永嘉学派的旗帜,后来"卓然为学者宗",是永嘉学派在台州的最有名的传人。嘉定七年(1214)中进士,嘉定十年以迪功郎出任青田县主簿,三年后升庆元州(今宁波)学教授,不久又改任舒州府(治今安徽怀宁,属安庆市)学教授,后又任沂王府记室。宝庆二年(1226)正月,除秘书省正字,绍定元年

---

① 宋世荦:《嘉定赤城志》序。

(1228)授秘书卿,三年(1330)为著作郎。端平元年(1234)二月,以朝议大夫兼国史院编修官,寻除将作少监,不久加实录院检讨官,考功郎官等,终国子司业。陈氏具有多方面成就,其文集名《筼窗集》,初集三十卷,续集三十八卷,今本仅有十卷,系清代编《四库全书》时从《永乐大典》中辑出,共有文131篇,诗38首,词四首;今人又增补文12篇,诗一首。所存仅有原作的十分之一二了。然令陈氏流芳百世之事当属其编纂台州最早的一州总志《嘉定赤城志》四十卷,该志编定于宋宁宗嘉定十六年(1223)。当时硕儒王象祖评论道:"(此志)凡例严辨,去取精确,诸小序凛凛乎马、班书志之遗笔,莫可尚焉。"明陈相评论道:"事实详明,颠末备具,千百年之文献,一览可知。"《四库全书总目提要》曰:"条分件系","耆卿受学于叶适,文章法度,俱有师承,故叙述咸中体裁。"清末台州知名学者王棻评论道:"陈《志》……词旨博赡,笔法精严,繁而不芜,简而不陋,洵杰作已。"

《嘉定赤城志》的编纂经历曲折,先是淳熙年间台州知州尤袤和唐仲友均曾想编纂州志,因故未付实施。接着李兼来守台州,有心修志,然在任一年多时间即卒于任,其事无果。此后黄㽦来知州事,有心修志,甫到任,即着手擘画,聘请陈耆卿与陈维共同负责编纂事宜,大约一年多时间草成初稿,而黄㽦改任袁州,遂告暂停。直到十多年后,嘉定十四年(1221)齐硕来守台州,州志编纂才又旧事重提,于嘉定十六年(1223)春夏之交重新付诸编纂。此次编纂工程由陈耆卿为统纂,聘姜容为主事,由蔡范、陈维、林表民等分头负责增订修改,约经半年时间全书完成。陈耆卿编纂州志是煞费苦心,精益求精,务求完善的,他谈到编纂工作时说:"凡意所未解者恃故老,故老所不能言者恃碑刻,碑刻所不能判者恃载籍,载籍之内有漫漶不白者则断之以理,而析之于人情。事立之凡,卷授之引,微以存教化,识典章,非直为纪事设也。"正因为有如此严谨的工作态度,有主纂者深厚的学术造诣和出众的文学修养,《嘉定赤城志》成为记载宋朝及此前台州的百科全书,受到历代学者的推许。此志是考察台州古代社会经济文化各方面的不可或缺的重要史料,也是研究台州古代文化不可不读的历史文献。

(五)胡三省与《资治通鉴音注》

宋末胡三省的《资治通鉴音注》是一部影响深远的史学巨著,经过七百年的检验,此书已经成为阅读研究《资治通鉴》的必不可少的材料,史学家誉胡三省为"司马氏功臣""《通鉴》学功臣"等,《通鉴胡注》将与《通鉴》一起并行而不朽。

　　胡三省(1230—1302)字身之,又字景参,号梅磵,台州宁海(今属宁波)人。宋宝祐四年(1256)进士及第,宋亡不仕。隐四明袁学士桷家为塾师,日以教书、注书为业。袁桷《清容居士集·师友渊源录》记叙胡三省生平梗概。胡三省自登第以后,即以注释《资治通鉴》为职志,仿唐陆德明《经典释文》体例,先写成《资治通鉴广注》九十七卷,另复著论十篇,其事大体完成。适逢宋末乱世,兵荒马乱,逃命不暇,书稿尽失。复购他本重新作注。乙酉岁(元世祖至元二十二年,1285)留袁桷家里任塾师,每日作注,寒暑无间。己丑岁(至元二十六年,1289)寇乱,胡三省将书稿藏匿于袁家东轩石窟中,方才逃过一劫,这就是后来流行于世的《资治通鉴音注》。这个藏书稿的石窟就被称作"胡梅磵藏书窟",清人全祖望还写了《胡梅磵藏书窟记》以记其事。胡三省《资治通鉴音注》一书,对《通鉴》记载的中国古代历史中有关典章制度、名物、地理、职官等都有详细注释,特别是对音训、地理诸项,考证尤为精详,订正前人不正确的注解很多,而自身失误极鲜见。是以受到后世学者由衷的感佩。在胡三省之前,已有学者对《通鉴》作注,胡三省之后,也有学者继续作注,注解考证,卷帙浩繁,但迄今未有一种超越胡注者。故学界评论历来以此书声望最高,是研究《通鉴》学最重要的必读著作。

　　胡三省作《资治通鉴音注》,实际上将注史与家国命运紧密地联系起来,在注解中寄寓了深刻的国家与民族立场,于微言大义中融合了自己的正统史观,也表达了自己在此鼎革之际的取舍,体现了台州文人身上的操守。如唐高祖武德元年,《资治通鉴》记载张玄素的出处行藏:"先是窦建德陷景城,执户曹河东张玄素以为治书侍御史,固辞。及江都败,复以为黄门侍郎,玄素乃起。"胡三省作注:"史言隋之故官,渐就任于他姓。"现代著名历史学家陈垣先生在北平沦陷时作《通鉴胡注表微》,对胡三省此处似乎平淡无奇的注文做了评论:"张玄素先辞后起,以江都之败否为衡,所谓投机耳。崖山既覆,宋遗民渐有出为告采之谋者,如日月吟社中之仇远、白挺、梁相皆是也。万季野之《元史》中《陈栎传》后云:元初南士既附,科目犹未设,一时士大夫无后进之路,相率而就有司之别召,或庠序学官,或州县冗秩,亦屈节为元,如戴表元、牟应龙、熊朋来、马端临之属。以文学名儒,或俯首以丐升斗之禄,而生平之名节不顾矣。仇、白、戴、牟之就微禄,则身之所亲睹也。《易》曰:'履霜坚冰,所由来者渐',故身之唏嘘言之。"胡三省堪称司马光的知音,而陈垣则是胡三省的知音,所言胡注之所以然,皆有家国存亡之悲怆,感同身受之所致耳。

（六）陈景沂与《全芳备祖》

陈咏字景沂，号江淮肥遯愚一子。清末喻长霖《台州府志》卷七十三《艺文略》十记载是书为：《全芳备祖》前集二十七卷后集三十一卷[①]，云："宋陈咏撰。咏，黄岩人，今隶太平，事迹具《文苑传》。是书大旨详《四库提要》，有宝祐丙辰自序，署江淮肥遯愚一子，故《绛云楼书目》注误为淮淝人；《四库提要》以为号肥遯，天台人，皆未的[②]。《千顷堂》《录竹堂书目》俱著录。今有钞本。"《嘉庆太平县志》卷十二人物志三"隐逸"有"陈咏"条，云："字景沂，号肥遯，泾岙人。学博文赡，为时所称。理宗时，上书论复仇，词意激切，不报。咏遂专意著述，撰《全芳备祖》五十八卷。"据此，其籍贯为宋台州黄岩塘下（今属温岭市）人。南宋理宗（1224—1264 年在位）时曾经上书最高统治者，主张收复失地，以报国仇，洗雪民族大耻，是一位爱国者。其生卒年无可详考。陈咏所编纂的《全芳备祖》，本来是为了文人写作诗文时便于检索各种花卉的前贤已有诗文，以供采撷剪裁的类似于现代"写作辞典""写作辞林"一类的工具书。没有想到这样一种专门收集古代（主要是南宋以前作家作品）文人歌咏花卉诗文词句的工具书，竟然被现代辞典学界赞誉为"世界上最早的植物学辞典"，获得极高的声誉，是编纂者生前所未尝料到的。

《全芳备祖》分前后两集，前集为《花部》，二十七卷，所记者皆花，共收 128 种（其中附录 10 种）；后集第一卷至八卷为《果部》、九卷至十二卷为《卉部》、十三卷为《草部》、十四卷至十九卷为《木部》、二十卷至二十二卷为《农桑部》、二十三卷至二十七卷为《蔬部》、二十八卷至三十一卷为《药部》，共收植物 183 种（其中附录 38 种），除去重复及非植物的条目，实收 179 种。全书共收 307 种植物，60 余万字。其编撰体例是：每一物分事实祖、赋咏祖二类，盖仿《艺文类聚》之体。事实祖中，分碎录、纪要、杂著三子目；赋咏祖中，分五言散句、七言散句，五言散联、七言散联，五言古诗、七言古诗，五言八句、七言八句，五言绝句、七言绝句十子目。其编撰体例完备，条理井然。如第一卷专记梅花，在赋咏祖五言绝句中引用了晋人陆凯名诗"折梅逢驿使，寄与陇头人。江南无所有，聊寄一枝春"；在七言八句中引用了北宋林和靖的名诗"众芳摇落独鲜妍（今通行本作喧妍），占尽风情向小园。疏影横斜水清浅，暗香浮动月黄昏。霜禽欲下先偷眼，粉蝶如知合断魂。幸有微吟可相

① 原注：《千顷堂书目》作《花木果卉全芳备祖》。

② "的"为确实，正确之意——笔者注。

狲,不须檀板共金樽";等等。其他的事实,散句及词作还有很多,查找起来,材料很集中,很方便。又如第三十一卷药部"胡麻"条,在事实祖的碎录中引《广雅》释其物"始生上党山泽,今处处有之。通名脂麻,俗讹作芝麻……"在纪要中则引用了脍炙人口的刘晨阮肇天台山遇仙故事:"刘晨阮肇入天台采药失道,食尽,见桃实,食之,觉身轻。行数里,至溪浒,持杯取水,见一杯流出,有胡麻饭。溪边二女子,笑曰:'刘阮二郎捉向所失流杯来。'便迎归作食。既出,无复相识。至家,子孙已七世矣。"书成后流布开来,"名公巨卿,嘉叹不少置"。并且曾经进呈于天子之览,"陈君不可谓不遇矣"(宋韩境序语)。可见真是声动朝野的一部名著了。

陈咏作《全芳备祖》一书的动机,并非为了编写一部植物学辞典,而是有鉴于前人所编纂的类书不够完备,而植物一门,尤为文人画士所难以熟知精详者。他在自序中说:"古今类书,不胜汗牛而充栋矣。录此遗彼,不可谓全;舍本弃末,不可谓备,皆纂集之病也。姑以生植一类言之,史传杂记之所编摩,骚人墨客之所讽咏,自非家藏万卷,目阅群书,能免择焉不精,语焉不详乎?余……晨窗夜灯,不倦披阅。纪事而提其要,纂言而钩其玄。独于花果草木,尤全且备。所集凡四百余门,非全芳乎?凡事实、赋咏、乐府,必稽其始,非备祖乎……余之所纂,盖晋人所谓寓意于物而不留意于物者也……今止纂取大略,以便检阅,备遗忘耳。"也就是为了文人画士创作提供翻检材料的便利,并有助于开阔视野,增加知识而编纂的。虽然它原是分门别类提供植物学知识和有关材料的类书,但其功用与今天的专科辞典、百科全书相似。且如此体例完整的植物学类书,在世界上以我国陈咏的《全芳备祖》为最早,故近几十年来得到国际辞书学界的高度评价,被誉为"世界最早的植物学辞典"。从我国植物学辞书史来看,它也是具有崇高历史地位的,在它之后产生的明代《群芳谱》,是以《全芳备祖》为蓝本编纂而成;清代《广群芳谱》,则更是《群芳谱》的扩充。故《全芳备祖》又被誉为"我国植物学工具书的鼻祖"。

《全芳备祖》一书,今有上海古籍出版社 1992 年出版的《四库类书丛刊》本;农业出版社影印的《中国农业珍本丛刊》本;后者所据版本较早,号称宋版,据有关专家的考证,实际为元版。这也是目前所能看到的最早的版本了,并且国内已经绝迹,只有日本尚有基本完整的元版《全芳备祖》。故其底片是从日本宫内厅书陵部摄制照片 450 余幅而回归中土的。这已经是非常珍贵的了。我们相信,随着我国经济建设的不断发展和文化科学事业的腾飞,《全芳备祖》这部被遗忘了多少年的植物学工具书,不但能在新的时期发挥应有的作用,而且能在中外文化交流合作等方面做出贡献。

此外,宋宁海胡融的《菊谱》,是在史铸《百菊集谱》的基础上加以补充完善而成,也是台州文人所著有关植物方面的一部有一定影响的著作。

(七)贾似道与《促织经》

南宋天台贾似道的《促织经》,是世界上第一部有关蟋蟀研究的专著。明朝《千顷堂书目》、倪粲《宋史艺文志补》著录。贾似道(1213—1275)字师宪,号秋壑,天台县人。为制置使贾涉次子。以父荫补嘉兴司仓。后来贾涉之女为宋理宗贵妃,贾似道遂得以飞黄腾达,平步青云,逐步进入中央机关,直到宰相。开庆元年(1259)以右丞相领兵援鄂州(今湖北武昌),私自向忽必烈请和,纳币称臣,兵退诈称大捷。宋度宗(1265—1274 在位)立,封太师、平章军国重事,朝政悉决于贾似道。德祐元年(1275)元军沿江东下,贾似道率军迎敌,于鲁港(今安徽芜湖西南)败绩。因遭革职流放,行到漳州(今属福建)木绵庵时,为解押官郑虎臣所杀。

《促织经》分为上下两卷,共一万四千余言,全书由论赋、论形、论色、决胜、论养、论斗、论病七个部分构成,每部分又分若干子目,条理较为清楚,系统性较强。内容主要重在促织选择、决斗、饲养三点上。选择优良的促织要从其生存环境和形体颜色上把握,促织决斗要注意"比头比项比身材,若大分毫便拆开",还总结为"八不斗法":长不斗阔,黑不斗黄,薄不斗厚,嫩不斗苍,好不斗异,弱不斗强,小不斗大,有病不斗寻常。促织饲养主要注意节候的变化,还要精心调理。贾似道编写《促织经》是因为他认识到促织具有值得君子喜爱的品质,他说:"况促织之为物也,暖则在郊,寒则附人,若有识其时者。拂其首则尾应之,拂其尾则首应之,似有解人意者。甚至合类颉颃,以决胜负,而英猛之态甚可观也。岂常物之微者若是班乎?此君子之所以取而爱之者,不为诬也。"又说促织"一物之微而能察乎阴阳之道,动静之宜,备乎战斗攻取之义"因而把它提升到文化的高度:"君子之所于爱物也知所爱,知所爱则知所养也,知所养则何患乎物之不善哉?"

贾似道的《促织经》不但从小虫促织悟出许多人生道理,把它总结为经验予以记录,给世界上留下了一部"见微知著"的昆虫学"专著",而且在无意中成为后世十分兴旺的促织研究著作的鼻祖。

(八)陈仁玉与《菌谱》

南宋仙居陈仁玉的《菌谱》,作于宋理宗淳祐五年(1245),是我国和世界

上最早的食用菌专著。陈仁玉尚著有《淳祐临安志》,也是一部有名的地
方志。

《四库全书总目》:"《菌谱》一卷,宋陈仁玉撰。仁玉字碧栖,台州仙居
人。擢进士第,开庆中官礼部郎中、浙东提刑,入值敷文阁。嘉定中重刊《赵
清献集》,其序即仁玉所作。其事迹则无考矣。"《台州府志·王珏传》:"德祐
丙子,权知本州事。伯颜南下,珏与兵部侍郎仙居陈仁玉集义民坚壁以守,
亦忠义之士也。"现将陈仁玉《菌谱》自序摘录如下,与读者共赏:

> 芝、菌,皆气苗也,灵华三秀,称瑞尚矣。朝菌晦朔,庄生讪之。
> 至若俦其食品,古则未闻。自商山茹芝,而五台天花,亦甲群汇。
> 仙居介台括,丛山入天,仙灵所宫,爰产异菌,林居丛栖者,左右芼
> 之,固黎觅之至腴,筑葵之上瑞。比或以羞王公,登玉食。自有此
> 山,即有此菌,未有此遇也。遇不遇,无预菌事,繄欲尽菌之性,而
> 究其用,第其品,作《菌谱》。
>
> 淳祐乙巳秋九月
> 山人陈仁玉序

(九)台州造纸与出版

台州与越州俱处浙东沿海,其山区向来多古藤,其中所产藤纸早在东晋
时期即成为书法家喜爱的物品,到唐朝益发制作精良,成为地方进贡于朝廷
的贡品,而且成为文人墨客馈赠的礼品。由于造纸必须以树皮为原料,历代
大量砍伐,造成剡藤资源的匮乏,以至于唐朝文人舒元舆写出了《悲剡溪古
藤文》,呼吁砍伐者手下留情,文人墨客笔下留情,为后世留下"可持续发展"
的余地。台州天台山区盛产这种造纸的优良原料——楮(学名小构树),属
于桑科植物。是以台州生产品质优良的纸张是非常自然之事。故毗邻天台
的剡中同样出产这种植物,其古代造纸发达,出产当时畅销海内的名纸——
剡藤①,成为达官贵人、文人墨客喜爱的文房四宝之选,并作为馈赠的珍品。

天台(台州)玉版纸在唐朝就已跻身浙江五大名纸之列,北宋时更跃居
全国名纸之首,质地远胜"澄心堂纸"。《浙江通志》载:"玉版纸,《赤城志》:
苏文忠《杂志》云:'吕献可遗余天台玉版,过于澄心堂。'又米元章用黄岩藤

---

① 小构树为灌木,藤生。

纸硾熟,揭其半用之,有滑净软熟之称。今出临海者曰黄檀,曰东陈。出天台者曰大淡。出宁海者曰黄公。而出黄岩者以竹穰为之,即所谓玉版也。"

同时,台州出版的书籍成为当时质量优良的宋版图书。宋朝片刻印书业十分兴旺繁荣,全国刻书质量好的如浙版、蜀版书,建版(福建本)就要差一些了。清末著名藏书家和学者叶德辉《书林余话》引叶少蕴云:"天下印书,以杭为上,蜀次之,闽最下。"浙版主产地在杭州,而浙东台州刻本的质量上乘,是属于宋本中的精品。现在存世的宋台州刻本还有好几种,都已经成为国宝级的文物了,如宋台州公使库刻本《荀子》二十卷,半页八行,行大字十六,小字双行各二十四,字体精美,印制俱佳。清末著名学者杨守敬作为随员出使日本,于日搜罗中国古籍,尤其是中国本土已经传的珍本孤本,共搜得古籍二百三十七种,三万余卷携回国内,与驻日公使黎庶昌合力汇刻为《古逸丛书》,称得上清末海外访古的重大收获。此种宋本《荀子》便是其中极其珍贵的一种。清末著名藏书家和学者叶德辉称赞此本《荀子》说:"今黎庶昌刻台州大字本《荀子》,板心有蒋辉(是宋台州太守唐仲友雇佣的刻工)等名十八人。字仿欧体,想见当时雕镂之精,不在北宋蜀刻之下。"[①]魏隐儒先生亦称赞不已,评曰:此书"字仿欧体,写刻俱精"。可见台州宋刻本在中国图书出版史上还是做出了重要贡献的。除了《荀子》以外,宋朝台州郡斋、郡库、茶盐司、漕司、郡学等,都曾经刻过书,现在尚有据可查者还有:绍兴十六年(1146)刻《曾竑父诗集》,绍兴二十六年(1156)刻《曾几诗集》,淳熙七年(1180)刻《颜氏家训》,淳熙十二年(1185)刻章冲《春秋左氏事类始末》,开禧二年(1206)刻《石林奏议》,嘉定元年(1208)刻《天台前集》等书。而幸赖东传日本的宋本台州刻《荀子》而为天壤间传承了精品宋刻的面貌,为台州古代出版业辉煌的成就与高超的技艺留下了生动的见证。

二、营建能力长足发展

宋朝是文化全面繁荣发达的时代,除了实业以外,社会建设的工艺和技术有了较大的提高。台州城市建设也在此一时期中取得了很大的进步,尤其值得肯定的是宋朝的台州太守钱暄为台州城的建设所做出的杰出贡献。钱暄,临安(今浙江临安)人,熙宁(1068—1077)中知台州。台州州城所处地理形势北面靠山(大固山,又名龙顾山,在州西北三百步高八十丈周回五

---

① 叶德辉:《书林清话·宋朱子劾唐仲友刻书公案》,第227页。

里），西、南两面为灵江，南部还有大小巾山屹立水边，自然形成极可靠的屏障。独有东面朝向大田平原，无遮无挡，且有白云山、鲤鱼山诸山坑之水汇集于此，每当夏秋雨水丰沛之季，台州城东面往往形成水灾，而且西南两面受灵江围绕，也容易受到上游永安溪、始丰溪来水与下游海潮洄流的灾害，如庆历五年（1045）州城遇到水灾，"大水坏郛郭，杀人数千"，不但人民生命财产遭受损失，即使州城东面城墙亦常常被大水所毁坏。因此百姓为避水患，便不敢在城东平垟地带建造房屋，多沿山起屋。然而东面的城墙无法解决屡修屡圮的难题。钱暄治台后，考察台州州城的利害缘由，乃下决心根治东城难以久立的祸患。钱暄主要是疏通东城的水流，调整州城的位置，化害为利，着实是台州城市建设历史上富于创见的重大事件。他的举措是把诸山水容易潴漾成灾的区块（这个地方原有一个训练水军的"船场水军营"）索性开挖成湖，湖水起到蓄水防灾的效果，下泄入灵江中；把东城城墙缩进一里光景，也就意味着把先前建于州城之内的"船场水军营"变成了位于城外的一个湖泊，从此之后城东的州城就再也未出现过"毁于水灾"的事件。这一举措既解决了东城城墙屡毁于水灾，导致城东防御上的重大缺陷，又将原先"船场水军营"改建为城外的湖泊，其性能实际起到了"池"（即护城河）的作用，巧妙地解决了东城易攻难守的隐患，还为州城官民增添了一处风景区。宋陈耆卿《赤城志》记载钱暄"熙宁四年钱守暄又累以密石，且虑水啮其足，遂浚湖，以其土实之"，就是把挖湖的泥土垒叠成州城城脚的土堤，美化了城东的景观，使得这个"水灾"变成一郡游观之胜的东湖。台州州城的建设成就是多方面的，除了军事防御外，它的最突出功能就是防洪的功能。它对我国古代城防建设的贡献与借鉴作用，主要体现在军事防御功能上，因为自宋朝以后，台州城的建设逐步成为我国古代"固若金汤""金城汤池"的典范，经历了明朝抗倭战争和明清鼎革烽火的洗礼，仍巍然屹立在浙东沿海的大地上，向历史做出了最充分的说明。经过对台州古城的截面分析研究和城墙结构的比对，可以断定，台州城的建设思想与结构艺术随着戚继光北守北京边防而被带到明朝长城的修建，并被充分地吸收融合到了北方国防工事建设中，使它的建筑精髓为国家的安全做出更大的贡献。保留至今的台州城，是全国江南州城中保护得最好的古城，无疑包含着台州历代官民城建的聪明智慧，而钱暄改造台州城的创意同样永远值得铭记。今临海城东湖之东有一条道路就叫钱暄路，就是台州人民对钱暄在台州修建州城的纪念。

三、学术研究有较大突破

(一)语言学

1.陈骙及其《文则》

陈骙(1128—1203)字叔进,又字叔晋,临海人。绍兴二十四年(1154)试春官第一,授秘书少监(或作将作少监),历知赣州、秀州、太平、袁州,累官太子谕德。时命太子尹临安,骙谏止之。光宗受禅,召试吏部侍郎。迁参知政事。宁宗即位,知枢密院事。庆元二年(1196)知婺州,告老。授观文殿学士,提举洞霄宫,嘉泰三年(1203)卒。陈骙博学强记,文章法度,深造有得,著述丰富,在文法修辞上具有开创性的贡献,《文则》共二卷,是我国历史上第一部研究文章写作与欣赏批评的文法修辞专著。《四库全书》收入集部诗文评类。此书就"《诗》《书》《二礼》《易》《春秋》所载,(左)丘明、(公羊)高、(穀梁)赤所传,老、庄、孟、荀之徒所著,皆学者所朝夕讽诵之文",钩稽归纳,厘为条目,分属甲乙丙丁到壬癸十类。虽以事出草创,不够周密,但正是陈骙的草创,为后代研究文法修辞开了先路。《四库全书总目提要》评论曰:"其所标举,神而明之,存乎其人,固不必以定法泥此书,亦不必以定法病此书。"清朝章学诚评论《文则》说:"其论文皆推本经传,篇章字句,甚有发明。学者不必拘其成说,但师访其意,而遍观乎九经三史,以己意推而例之,自能神明变化,得其精要。"(《丙辰札记》)其论语言文章具有历史发展眼光,如"古人之文,用古人之言也",后人"强学焉,搜摘古语,撰叙今事",每如"婢学夫人,举止羞涩,终不似真",就是一个典型之例。

《文则》共分甲乙丙丁……壬癸十篇,每篇若干条,最多者十条(戊),最少者一条(癸)。其论文章的历史发展,颇具时代感,如谈到文章"古质而今妍"(唐吴郡孙过庭《书谱序》语)的风格时说:"夫乐奏而不和,乐不可闻;文作而不协,文不可诵,文协尚矣。是以古人之文,发于自然,其协也亦自然;后世之文,出于有意,其协也亦有意。"(甲之三)又说"唐虞三代,君臣之间,告戒答问之言,雍容温润,自然成文。降及春秋,名卿才大夫,尤重辞命,婉丽华藻,咸有古义。秦汉以来,上之诏命,皆出亲制。自后不然,凡有王言,悉责成臣下,而臣下又自有章表。是以束带立朝之士,相尚博洽,肆其笔端,徒盈篇牍,甚至于骈俪其文,俳谐其语,所谓代言与夫奏上之体,俱失之矣。"(癸)陈骙的文章发展观与其前的刘勰在《文心雕龙》中所阐发的思想是相一致的。刘勰在《情采》篇中说:"盖风雅之兴,志思蓄愤,而吟咏情性,以讽其上,此为情而造文也;诸子之徒,心非郁陶,苟驰夸饰,鬻声钓世,此为文而造情也。故为情者要约而写真,为文者淫丽而烦滥。而后之作者,采滥忽真,远弃风雅,近师辞赋。故体情之制日疏,逐文之篇愈盛。"也正是道出了文章的古今演变规律。

其论文章的简练与繁缛,则继承了自《易经》以来的传统观点,主张文章以简要为上,但不能一味地求简而导致读起来好像脱落了文字似的。他说:"事以简为上,言以简为当。言以载事,文以著言,则文贵其简也。文简而理周,斯得其简也。读之疑有阙焉,非简也,疏也。《春秋》书曰:'陨石于宋五。'《公羊传》曰:'闻其填然,视之则石,察之则五。'《公羊》之义,《经》以五字尽之,是简之难者也。"他还举汉人"刘向载泄冶之言曰:'夫上之化下,犹风靡草,东风则草靡而西,西风则草靡而东,在风所由,而草为之靡'。此用三十有二言而意方显;及观《论语》曰:'君子之德风,小人之德草,草上之风必偃。'此减泄冶之言半,而意亦显。又观《书》曰:'尔惟风,下民惟草。'此复减《论语》九言而意愈显。吾故曰是简之难者也。"(甲之四)其意旨尚简,而强调"言简而意周",反对"言简而意陋"。这种作文繁简的观点,为后来的学者所孜孜以求,如清人顾炎武也就是继承了这样的精神,以这样的观点评论文章繁简的。

2. 目录学

宋陈骙《南宋馆阁录》十卷,《续录》十卷,是中国目录学史上著名的经典,据《四库提要》载,宋陈振孙《直斋书录解题》称是书为淳熙中骙长蓬山(即主管皇家图书馆),与同僚记录建炎以来事为此书,李焘为之序。《续录》者,后人因旧文而增附之。"今考是《录》所载,自建炎元年至淳熙四年。《续录》所载,自淳熙五年至咸淳五年。皆分沿革、省舍、储藏、修纂、撰述、故实、官秩、廪禄、职掌九门。典故条格,纤悉毕备,亦一代文献之薮也。世所传本,讹阙殆不可读。惟《永乐大典》所载,差为完具。今互相考订,补其脱漏者三十一条,正其舛错者一十六条。而其记载诸人爵里有与《宋史》互异者,并为胪注,以资参考。惟前录中《沿革》一门,续录中《廪禄》一门,《永乐大典》所载亦全卷皆佚,无从补葺。盖是书残阙已在明以前矣。今亦姑仍其旧焉。"这是四库馆臣从《永乐大典》中辑出,加以考订,校勘整理而保存下来的,若非当时从《永乐大典》中辑录出来,那么随着《永乐大典》的毁灭而消失,至少是没有现在这本辑自《大典》的"差为完具"的目录书了。这是《四库全书》为保存文献所做的贡献之一证。

宋桑世昌《兰亭考》十二卷。据《台州府志》本传：桑世昌字泽卿，号莫庵，其先高邮（今江苏高邮）人。其父庄，字公肃，官至彬州（疑当作郴州）守，绍兴初寓天台，居近石桥，著有《茹芝广览》三百卷。世昌从诸公问学，不以贫夺其志，为陆游外甥，博雅工诗，喜集古今名人书籍，及遗文轶事，不以科名为事。晚号天台老樵。年七十余，著《兰亭博议》十五卷，于宋人题识，援据甚详。《四库全书》入史部目录类。《四库全书总目提要》："《兰亭考》十二卷，旧本题宋桑世昌撰。世昌淮海人，世居天台，陆游之甥也。案陈振孙《书录解题》载《兰亭博议》十五卷，注曰：'桑世昌撰。'叶适《水心集》亦有《兰亭博议跋》曰：'字书自《兰亭》出，上下数千载，无复伦似，而定武石刻遂为今世大议论。桑君此书，信足以垂名矣。……《书录解题》又载《兰亭考》十二卷，注曰：'即前书，浙东庾司所刻，视初本颇有删改。初十五篇，今存十三篇。去其《集字篇》后人集兰亭字作书帖诗铭之类者。又《附见篇》兼及右军他书迹，于《乐毅论》尤详。其书始成，本名《博议》，高内翰文虎炳如为之序。及其刊也，其子似孙主为删改，去此二篇固当，而其他务从省文，多失事实，或戾本意。其最甚者，序文本亦条达可观，亦窜改无完篇。首末缺漏，文理断续，于其父犹然，深可怪也'云云。"文长不备引。据此可知，桑世昌此书初名《兰亭博议》十五卷，后来将刊刻时由高似孙删改为《兰亭考》十二卷，"存此一编，尚足以见《禊帖》之源流"，即有助于了解研究《兰亭序》的来龙去脉，历史变迁。

3. 体育

南宋道教宗师张伯端所著《悟真篇》被认为道教由外丹转为内丹的标志，是中国气功四大经典著作之一。《四库提要》称是书与汉魏伯阳《参同契》都是道教丹法经典著作，现代著名学者丁福保《道藏精华录百种》则称赞是书"辞旨畅达，义理渊深，乃修丹之金科，为养生之玉律"。有"万古金丹王"之誉。

第八节　天台山和合文化的深远影响

　　天台山是宗教圣地,文化名山,这座名山在吸收三教九流各种文化上来者不拒,兼容并包,显示其独特的消化能力与博大襟怀,就像鲁迅曾经说过的从前中国文化吸收外来文化所显示的强健的胃口与强大的消化能力。天台山无论对本土宗教还是对外来宗教一概接收,从不排斥,自汉朝以来逐步形成的儒道释三教传播到此,落地生根开花结果,数千年来相互碰撞、相互学习、相互吸收、相互促进,共生共存,共同提高。还有浙东本地的原始宗教与民俗文化无不吞吐其中,熔为一炉。虽然总体上看外来宗教佛教赢得了更多中国广大基层民众的欢心,也就是佛教在诸种文化载体的交锋或者竞争中占据优势,但未发生教种、教派信徒之间的激烈冲突,更未出现过西方那种异教徒之间的战争。即使作为统治者治国“指导思想”的儒家学说也未倚仗其权力对佛教发起暴力行动①。因此就天台山而言,它的胸怀很宽广,定力很深沉。外来文化的佛教在天台山发展成了第一个具有中国文化特点的教派——天台宗,成为天台山文化最有影响力与辐射力的代表。它的思想从很大程度上左右着天台山文化的内涵与导向。

　　佛教天台宗就宗教发展派别的教义来源与思想倾向而言,属于一种主张调和各派,融合诸家学说的佛教宗派。它吸收了印度传来的和中国发展的各派思想,立足于中国本土文化的基本立场,对各派思想重新组合排列,形成新一套的思想体系。以“五时”“八教”为总纲,以“一心三观”“三谛圆融”为中心思想。天台宗把如来所说的经教划分为五个不同的时期,即华严时、阿含时、方等时、般若时和法华涅槃时,称为“五时教”,意为佛陀所说的经教不出这五个时期的范围。它又根据佛教东传各宗派对佛教教理的理解深浅程度,把它们划分成四个层次:即藏教、通教、别教和圆教,通称“化法四教”。藏教指声闻小乘教;通教通前小乘,通后大乘,通大小乘的大乘初级名为通教;别教指纯大乘教,以分别诸法各别有碍名为别教;圆教是大乘圆融无碍、圆满无缺的法门。是从浅到深为次第的四个层次。加上天台宗根据

---

　　① 　当然,历史上曾经有过多次“灭佛运动”,但是在浙东尤其是天台山一直是和平共处的局面。

佛陀说法机感之不同,将佛的教法分为顿、渐、秘密、不定四种,称为"化仪四教",合称"八教"。天台宗的观法(修行的观法)有所谓"三观",就是"空观""假观"和"中道观",天台宗认为这"三观"可以于一心中获得,所以名为"一心三观"。"三谛"是"真谛""俗谛""中道谛",这"三谛"可以举一即三,虽三而常一,说三说一圆融无碍,所以称为"圆融三谛"。这个"一心三观""圆融三谛"是圆教的教义,说明诸法无碍、事理圆融。而天台宗实以本宗为圆教,其他宗派属于前三教,即定自己为佛教教理最高级别的地位。天台宗的教义是在总结以前各派的思想倾向,不排斥任何一家一派,将佛教的教义参合中国的文化加以精密的调整,给每一家一派都以一定的地位,包容百家诸法,特别是发展了大乘圆教理论,展示了具有独创意义的大乘思想。这是天台山文化具有包容性的表现之一。

在天台山文化中对社会产生重要影响的还有著名的隐逸诗人寒山子与国清寺僧侣拾得这一对"莫逆之交"的动人情谊,他们的深厚交情与心灵相应一直被传为佳话,成为民间信仰中"和合文化"的象征,融合于民俗之中,广泛流传。甚于外地也千方百计地附会寒拾故事,敷衍成寒山与拾得共同爱上一女,因念友情而让爱情,一避于寒山寺,一追至寒山寺而"和合"的"新传说",可见"寒拾"事迹对于中国社会中的基层民众具有很大的吸引力。"寒拾"交往事迹后来被人称为"和合"思想,今人则进一步把它提高到"文化"的层次,冠之以"文化"的桂冠,遂号称"天台山和合文化"云云。

"寒拾"事迹在民间俗传最广,影响最大,两人的故事为普通民众所接受传颂,是有其缘由的。寒山是唐朝屈指可数的几个白话诗人之一,也许出身富家,"不知何许人也",其身世一直是个谜,后来不知为何原因寻觅到天台山隐居,作些劝人行善积德、"以人为本"的诗歌,隐居在天台西部的寒岩,《台州府志》本传载寒山子"本无氏族,以其于寒石中居止得名。容貌枯悴,布襦零落,以桦皮为冠,曳大木屐,时来国清寺,就拾得取众僧残食菜滓食之",过着极其艰苦而简朴的日子;拾得出身则更加贫苦——他是国清寺僧丰干在寺外到赤城途中路边(今名拾得岭)捡到的弃儿,"不知何许人也,亦不详其姓字",遂唤作"拾得",又是地位卑微的小和尚——国清寺伙房里烧火的"伙头僧"。此两人现实生活的凄苦与辛苦应当是他们互相同情、相互理解、相互支持、惺惺相惜的社会基础和根本原因。宋以来寒山拾得的诗作受到文人如黄庭坚等人的高度评价,其影响不断扩大,地位随之提高,深受百姓喜爱,被尊为"和合二仙"。因清朝雍正十一年(1733)敕封寒山为"妙觉普度和圣大士",同年敕封妠山禅师为"妙觉普度合圣大士",后人将"合圣"移戴于拾得头上,遂成定型。(见文前彩页"雍正敕封和合二圣谕")寒山拾得两人能够被后世奉为"和合"的象征,给他们冠以"和合二仙""和合二圣"诸如此类的称号,获得极高的声名好崇高的美誉度,其原因应当在于两人相怜相惜,悲天悯人的淑世情怀与纯真无邪的友谊有以使然。寒山曾经本求功名,只是"时运不齐,命途多舛",屡试于场屋,连战连败,后来可能还遇到家庭变故,遂心灰意冷,看破红尘,流浪江湖,退隐天台,过起"风扫地,月当灯"的深山野人生活。而这种远离人群的独居生活虽然摆脱了原先世俗家庭的许多烦恼,却又带来了新的原先没有的烦恼,最直接的便是现实生活的吃饭穿衣这个最基本的保障。

　　寒山拾得的"和合"首先是对人的亲和与同情,它的主要表现是:拾得在寺院里是烧饭的和尚,虽没有什么权力,但是尚能保证有饭吃。可寒山子就不同了,寒山子隐居寒岩,生活比较艰难,温饱也难以保证。《寒山子诗集·闾丘胤序》和《志南记》所载寒山子的生活状态,是相当贫困,温饱难以保障。《闾丘序》称寒山子是"贫人风狂之士","且状如贫子,形貌枯悴",营养不良,面有菜色。因隐居地寒岩的偏僻幽闭,人烟稀少,物质条件太差,难以果腹,"每于兹地(寒岩),时还国清寺(时常往还国清寺)"就是交代寒山十分窘迫的处境。当寒山子遇到吃不上饭,不得不到国清寺的厨房里讨些残羹冷炙果腹时,拾得基于自己悲苦的身世给予了深深的同情与怜悯,每次都将积攒起来的剩余饭菜装在背篓里让寒山子背回去,"(拾得)寻常收贮余残菜滓于竹筒内,寒山若来,即负而去"。这样的隐居生活实际上是经常蕴含着难堪与辛酸的滋味。在此等情形中,拾得对于寒山子的支持就显得十分可贵了。他是以实际的行动,帮助寒山子加餐"养命",渡过难关。如果不是给予深切的同情,具备悲悯的胸怀,恐怕也难以结下如此深厚的情谊。寒山子自己的诗云:"一自遯寒山,养命餐山果。"可是山果也难以维持其基本生活所需,日常不免挨饥受冻,甚至于乞食,如其诗中云"谁能借斗水,活取辙中鱼"(《少小带巾锄》),落泊困顿,状甚艰难狼狈。

　　寒山拾得之所以为人尊崇,为民俗礼拜,首先是两人都不为物质生活的艰辛所拘囿,人穷志不短,反而更激发起追求精神生活的超越。在闾丘胤的眼里我们也可以看到这种表现:"或长廊徐行,叫唤快活;独言独笑",有的僧人不解寒山的行藏,"时僧遂捉骂打趁"寒山,寒山"乃伫立拊掌,呵呵大笑,良久而去",与常人的行为很不相同,可知其精神状态"反常"。这种"反常"

行为,实际是一种"超常",基本的含义是超越了贫苦的物质局限,坦然以对,以苦为常,以苦为乐,以苦为功的人生态度。对此寒山自己也有明确的表达:他在诗中写道:"惯居幽隐处,乍向国清众。时访丰干道,仍来看拾公。独回上寒岩,无人话合同。寻究无源水,源穷水不穷。"就是他来国清寺不仅是为了果腹,更重要的是来寻求知音,寻找精神上的同道,探索"源穷水不穷"的情感力量。其次是寒山精神境界穿越社会等级阶层诸壁垒,与人交往无圈子无障碍,颇有四海之内皆兄弟的情怀。如他"或长廊唱咏,唯言'咄哉咄哉,三界轮回';或于村墅与牧牛子而歌笑,或逆或顺,自乐其性",这种行为非寻常之人所能做得,更非寻常之人所能解得其中之味,所以闾丘胤说"非哲者安可识之矣",是道出了寒山子心中块垒的。其三是寒山子的行迹虽有些奇怪,类于风狂之士,而其"一言一气,理合其意;沉而思之,隐况道情。凡所启言,洞该玄默",是在奇怪风颠的外在行为中蕴藏着极其深刻的思想意涵,令人回味,令人咀嚼,耐人寻味。犹如陈年美酒,细细慢品,愈觉醇厚有味,绵缦悠长,道理深奥,引人沉思。所以寒山子后来声名广播,不仅文人喜欢这位落泊的隐逸诗人,就连普通民众也喜欢他,把他的形象与拾得连在一起,作为"和合"的化身,给予两人各种雅号,如"和合二仙""和合二圣""和合之神"等等,可见一斑。不仅如此,这些雅号本身就是一种包容儒道释三教的称呼。

追溯天台山"和合文化"的起源,恐非始于《和合图》,而是原始于古代文化人对天台山的深刻认识所形成的思想观念。故欲谈天台山的"和合文化",就不能不从天台山的宗教;欲谈天台山的宗教,就不能不谈天台山的自然地理条件与发展宗教的联系。然后才能比较系统地认识前贤在天台山的修炼中所领悟到的"和合文化"内涵。

"和合"的思想非起始于唐宋时期天台山宗教鼎盛阶段,当然更不是在此之后,而是产生于此前的源远流长的佛教和道教思想教义中。并且不仅方外人士深体"和合"之义,即俗世之人亦无不深体此意。不仅匹夫匹妇知晓"和合"之可贵,前贤云"和为贵"嘛,商人以"和气生财"为经商准则等等,即为民之长者,治国之君王无不深体"和合"之义充盈覆载之间,而为经国理民之必不可缺的重要思想。隋炀帝杨广早就对此了然于心,他在与天台山僧众智越(智越时为国清寺主持)的信札中曾经着重强调这种思想,把佛教的教义与治国理民的思想联系起来。他说:"师(指智越)等离有为法,求无上道,弃俗诸漏,鉴在雅怀。犹须奖训未学(胡案:未学当作末学)修净行,俾

夫法门等侣，咸归和合；诸佛禁戒，毕竟遵行。"（《国清百录·敕度四十九人法名第八十九》）

溯"和合"之源，早在唐朝之前，先哲就已经对此概念有了明确的用途，也说明有了准确的定义。就是联合、包容接纳、调和相融之意。如婚姻之事，称为"和合二姓"；《周易》卷四："九三：贲如濡如，永贞吉。"晋人韩康伯注："处下体之极，居得其位，与二相比，俱履其正，和合相润，以成其文者也。既得其饰，又得其润，故曰贲如濡如也。永保其贞，物莫之陵，故曰永贞吉也。"又如唐李鼎祚《周易集解》卷十七："雷以动之。"引晋人荀爽曰："谓建卯之月，震卦用事，天地和合，万物萌动也。"后来意义引申有交融会合之义，如宋人倪天隐《周易口义》（系倪氏述其师胡瑗之解读心得）卷七："夫雨者，阴阳和合之所致也。"此义用于人与人之间，每表示"心气和同，上下协合"之意。如宋人倪天隐《周易口义》卷四："必得威明之人，施刚断之才以制之，则奸伪可以刑服，强梗可以放逐，而君子之道得行，上下之志和合也。"由此推溯天台山和合文化的象征——"和合二仙"（寒山拾得）的生平交往经历，可知其初义本重于对人生之态度，充满悲天悯人之心，对不幸身世之人给予深深之同情，尽力予以帮助，施以援手。

佛教天台宗的教义是天竺佛教传入中土之后经过长期的接触碰撞、矛盾交锋，再过渡到相互吸收、互通有无，共同提高的佛教中国化的产物，也是佛教华化的第一个产生重大影响的宗派。任继愈《中国哲学史》说："隋唐各宗正式建立和发展，时间有先后。天台宗最早，成立于陈、隋之际。"又说："隋唐的佛教宗派，有以宣传的地名为宗派名称的，如天台宗；以有它阐扬的经典为宗派名称的，如华严宗；有以它的学说内容为名的，如法相宗；有以它独特的宗教修养方法思想方法为名的，如禅宗。以上这四个宗派对后来的中国哲学思想都有过广泛的影响。"近人曹聚仁先生言："佛学东来，在我国分为十三宗，天台宗造诣远在印度各宗之上。"[①]天台宗在形成过程中即体现了明显的和合特点，任继愈说："慧思以佛教徒的立场，大量吸取神仙方术迷信，并建立自己的宗教体系。从天台宗开始，就可以看出佛教与道教的互相吸收的迹象，它已开始脱离依傍，具有中国佛教的特点。"智颉创立天台宗时，既摄取南朝佛教重讲说的学风，又保留了北朝佛教注重禅定的学风，禅定与义理并重，是智颉引领的新学风，他首创止观并重，作为本宗的最高修养原

---

① 曹聚仁：《中国学术思想史随笔·章太炎国故论衡》，三联书店 1986 年版，第 12 页。

则,后来概括为"止观并重,定慧双修"。它的这种修养原则,应当是当时南北重归一统后,在新的时代潮流下开始融合的自然表现。天台宗自以为"圆教",所以包罗宏富,容纳百家,它的思想既属调和,就不强调冲突与矛盾,而是要弥合裂缝,消除冲突,化解矛盾,实现和合。所以其教义主张综合各家学说,给各家都安排适当的地位,兼收并蓄,不遗涓滴。有包举天地、容纳覆载之度量,是和合文化的精粹、也是和合文化的精神支柱与思想内核。

第五章　天台山文化的低迷与振兴

历史的发展往往是弯弯曲曲的,平直发展者少,曲折前行者多,可谓在曲折中发展,又在发展中曲折,这是历史的常态。当中国历史发展到宋朝时,便出现了更加明显的曲折状态。一方面是宋朝的经济社会文化发展水平极高(相对于战胜宋朝的游牧民族蒙古以及其他周边民族而言),就如有的学者所称道的:"故吾国学术至南宋而后成为三大宗门,吾国史学亦至南宋而后始独树一帜,南宋之世实吾国文化史上最灿烂之时期也。"[①]另一方面其国防实力又很脆弱,对外战争中,主要是对北方游牧民族的交锋总是负多胜少,最后在屈辱中逐渐枯萎式微,终结于蒙古骑兵的铁蹄之下。我们常常震撼于以下的事实:总体文化水平处于世界领先地位的南宋,当时已经拥有掌握火药技术如火枪(突火枪)、火箭等近现代热兵器鼻祖的国家,竟然败北于一个没有文字,尚处于奴隶制时代的游牧民族——元朝的马刀之下,真是历史的不公,历史的无情。南宋的灭亡,标志着以汉民族文化为代表的先进文化暂时让位于以蒙古族为代表的游牧民族文化,因而进入一段低迷萎缩的阶段。在这个特殊的历史阶段中,政治上的歧视、高压政策表现明显,科举取士作为一种高度文化水平的人才选拔制度被视为文化的"奢侈品"而备受冷遇,后来虽然间或恢复科举考试选拔人才,但是不像前朝的制度化正常化,而是随意的,没有定制。所以元朝一朝近九十年的统治始终无法坚实稳固,元朝也未像此前此后其他几个北方游牧民族入主中原的朝代那样为汉文化所完全同化。也是中国历史上所罕见的。

迨元末农民大起义风云席卷中国,朱元璋等举起"驱逐胡虏,恢复中华"的旗帜,凝聚广大深受"胡虏"压迫者的力量,迅速形成若干支大军,"虎贲三千,直捣幽燕之地;龙飞九五,重开大宋之天。"在短短的数年间摧毁了元朝的国家机器,建立了大明王朝。并立即医治战争创伤,恢复中华前朝的政治

---

① 何炳松:《浙东学派溯源》自序,广西师范大学出版社 2004 年版,第 3 页。

制度,为大汉文化的复兴奠定了基础。在此背景下,台州的经济社会发展迈上正道,各方面建设获得长足进步,尤其是文化教育得到健康发展,各种官学(府学县学)与私学(书院,私塾)纷纷恢复和新建。台州历史上考中进士最多的朝代除了宋朝,就是明朝,达 271 人。文人辈出,前后相望,台州文人群体较之元朝及以前有了更明显的壮大。这个群体进入国家政治文化生活的多个领域,为明朝的文明进步与国家安全做出了应有的贡献。

　　进入清朝,入主中原的北方游牧民族满族虽然一开始仍然沿袭元朝的做法,大肆屠杀镇压汉族人民的反抗,但等到其政权基本稳定以后,即采取效仿明朝的政治制度与管理措施,也可以说采取"汉化"的方针,未重蹈元朝的覆辙,较快地解决了笼络知识分子人心的事情。在进入经济社会发展并取得日益繁荣之后,清朝皇帝为进一步"巩固政权",乃学习汉族灿烂的文化,"好古右文",开展许多重大的文化建设工程,延揽大批汉族硕学鸿儒参与其事,编纂了中国历史上一大批极其重要的文献典籍,如《康熙字典》《佩文韵府》《子史菁华》《骈字类编》《古今图书集成》,以至于中国古代最大的丛书《四库全书》等等。这就为汉族知识分子的出路提供了远较元朝优越的条件,也极大地化解了满汉民族矛盾,消弭汉族文人的反抗萌芽。在清朝将近三百年的统治历史上,文化成就辉煌灿烂,踵武汉唐,甚或过之。台州在此时期亦呈现超迈前人之象,文人不仅数量增加,其表现亦可圈可点,其业绩则群星璀璨,其影响历久弥新。止是顺治年间台州府太守郭曰遂因"白榜银案"酷治府学生员,引起府学与临海县学"两庠"(学校)生员不满,要求退学,史称台州"两庠退学案",又称为台州"青衿之厄"。被郭上报省里,诬以"挟制官长","诸生近海,谋且叵测"而罗织成罪,将"两庠"生员六十八人尽行解京惩处,害得台州长年科举绝榜,对台州文化建设造成极大的创伤。尽管如此残暴黑暗,台州文人仍然顽强成长,涌现了诸如冯甦、侯嘉繙、齐召南等文士群体,诚如《民国台州府志》屈映光序云:"三百年来,台士如齐召南、冯甦、洪若皋、李诚、戚学标、黄濬等最为知名。"屈序站在文人科举入仕的立场看待文士,所以对于未及第未入流的文士多有漏略,今天来看,这些及第入流者也好,未及第未入流者也罢,都是台州精英,其所留下的道德文章,为台州山川添彩增光。

第一节　元朝政治对汉文化的摧抑简述

元朝是一个以文化落后的游牧民族统治一个文化先进的大汉民族的特殊时期,在文化方面都表现出与其前后朝代很不相同的面貌。

一、政治歧视政策

元朝是游牧民族所建立的政权,当它在战场上击败了南宋军队,入主中原以后,面临的是一个比它文化先进得多的民族,它的原有的统治思想、统治手段和管理方法都显得太不适应。因此,它在难以来得及学习先进文化,掌握先进管理方法的情况下,实行了一套简单粗暴的手段,就是采用政治上的歧视,对汉人实行高压政策,无论是选拔人才还是任用人才,都表现了严重的歧视,汉族文士很难在政治上找到出路。于是将原先"学而优则仕"的理想与成才模式藏起来,换成目光向下,寻找最基层的文化工作。同时,汉族文士的基本权利得不到保障,在生存都出现严重问题的社会中,文化只得让位于生存了。

二、科举制度不正常

元朝统治者在消灭了南宋政权以后宣告成功,天下浑一,疆域空前辽阔,气象雄壮,秦王扫六合的气度尚难以望元朝之项背,当时统一全国的忽必烈,其心情是何等的不可一世!然而当这个骑在马背上的民族来统治一个社会生产力高度发达,社会文化十分先进的民族时,并未及时地"转变观念",与时俱进,做出重大的适应统治汉族的政策与适用的措施,而是较多地表现了"以马上打天下"又以"马上治天下"的思维程式,显示了统治集团思想转变也不是一件容易的事,至于思想的超越更是极其艰难。于是在掌握天下政权后,便取消了科举制度,汉族文人(士大夫)正常的出路被堵塞。"士"为"四民"(士农工商)之首,"士"的前途没有了,对汉族知识分子的思想当然是极大的打击。就像《台州府志》中所说:"汉唐以来,选举途广。近世专重科目,涂辙殊隘。夫得人之道在公与明,科目考试至公而未必明,故尚收拔十得五之效。"即使在公平开明的情况下,尚难选拔人才,网罗无遗,何况在严重不公不明的情况下呢?但是就元朝统治集团来说,也没有网罗到为其治理天下服务的大批"干部",这对"安天下"来说是十分不利的事情。所以出于统治集团的内在需要,元朝统治集团又在不得已的十分矛盾的心情中"恢复"了科举考试,以延揽人才,充当统治天下的各级僚吏。据《元史·选举志》记载:"元于科举外,其策名于荐举者,有遗逸、有茂异、有求言、有进书、有童子。"尽管在科举之外,也似乎未堵截汉族文人的举荐之路,但元朝统治集团对于汉人的防范心理是不言而喻的,这种政治思想指导下的选拔人才,不免严重走样,科举一开始便呈现与往昔不同的畸形样貌,让汉族文士深感出路艰难,前途渺茫。正如学者涂云清所说:"唐宋以来,科举考试成为士人入仕的最优先选择,而释褐以后,仕途也都十分宽广,功名利禄所在,成为莘莘学子埋头苦学的原动力。这种为学与出仕制度上的连锁,却在元朝入主中国之后,被元朝统治者长期搁置,士人失去了往日所熟悉的入仕途径,再加上元朝朝廷特殊的用人制度,大幅压缩了汉族士人的从政机会。"这种大幅压缩是指元朝官员的入职与升迁,主要依靠两种背景:"武官端赖世袭,文职则以荫补为主,制举、保举为辅。世袭和荫补乃是以家庭背景——也就是所谓'根脚'为主要评准,和学问全无关系。凡在蒙古建国、伐金、灭宋过程中立下功勋的蒙古、色目、汉人家庭,便是'大根脚'之家,世享荫袭特权,垄断了绝大部分五品以上的职位。"①历史上寒门文人感叹的"世胄蹑高位,英俊沉下僚"的"不公"状况,在元朝时期达到了中国历史上自从科举考试以来的巅峰。元朝科举取士是到了元仁宗皇庆二年(1313)才开科考试,之后时行时辍,任意而为。在元朝统治的92年中,台州总共中进士9人,可见其科举情况之一斑了。未能网罗大批知识精英为朝廷所用,恐怕也是元朝统治集团难以笼络人心,一点星星之火,即刻引起"燎原"之势,其"马上治天下"的局面土崩瓦解的一个重要原因吧。

三、文学的俗化

在中国文学史上,唐诗宋词元曲向来是并称的代表一个时代文学精华的种类,只是元曲(包含杂剧和散曲)相对而言影响偏于通俗,与平民百姓的联结更加紧密,这是元朝文学的一种特点,也是当时社会文化潮流自然的表现。就更能展示文人才华的传统文学体裁的诗歌与散文来说,元朝的文学成就都呈明显萎缩,未有出色的诗人,也没有杰出的散文大家与唐宋才人比

---

① 萧启庆:《元代史新探》,新文丰出版公司1983年版,第26页。

肩量力。这固然有元朝相对短命(从南宋灭亡到大明王朝建立大约九十年)的因素,但是更重要的是元朝统治集团对汉族文士的歧视、压制与迫害具有直接的关系。

由于文士的科举之路不畅,文人只得将其精力转移到生存的基点,为糊口而"鼓与呼",因此而一方面加强了与社会底层的联系,加深了生活艰难的体验,另一方面也深受社会底层民间文艺的熏陶,并吸收其充满生活气息的文学创作元素,糅合为一种新的文人生存模式与创作道路,于是来自下层的戏曲得到了空前的发展。主要表现为源自民间的说唱文学形式逐步演变为元朝文学的代表样式,并由地域因素形成两大流派——杂剧和南戏。浙江省是南戏的发源地,台州、温州是南戏的主要活动传播之地。有的至今尚延续于民间,如台州乱弹,临海词调。南戏在经过文人的整理加工以后,无论从内容还是从形式,都较先前的民间艺术形式有了提高。南戏的代表作是永嘉(今温州)瑞安人高明的《琵琶记》,以及施惠的《荆钗记》《拜月亭》,无名氏《刘知远》《杀狗记》等。高明字则诚,号东嘉,又号菜根道人。约生于元成宗大德五年(1301),卒于明太祖洪武四年(1371)。曾任处州(今丽水)录事、福建行省都事、庆元路(今宁波)推官等职。任内,遇元人虐待汉人,则委曲调护;与幕府论不合,则避而不治文书。元末动乱,即隐居于庆元路城东之栎社,以词曲自娱,朱元璋即位,使使征之,佯狂不出。《琵琶记》为其晚年之作,故事叙说东汉文学家蔡邕①求学京都,与妻子赵五娘悲欢离合的曲折经历。作品的结尾虽然让赵五娘与蔡伯喈团圆,但通过赵五娘寻夫的经历,深刻地揭露了元朝黑暗的政治现实,热情赞颂了中国下层妇女善良勤劳、坚韧尽责等美好品质。在艺术上也取得了很高成就,其别具一格的结构,细腻的心理描写,符合个性的语言等,都属南戏的典范。由于台州没有出现像高明那样的南戏作家,故中国文学史上就未记台州与南戏一笔。而实际上遗留至今的地方戏曲样式"台州乱弹"即其孑遗。

台州乱弹又名黄岩乱弹,约成形于明末清初,曾经流行于台州、温州、宁波、绍兴、金华、丽水等地,迄今已有近400年历史。盖自南戏衰歇,演变而成。2006年,台州乱弹被国务院列入国家非物质文化遗产保护名录。被誉为中国戏剧的"活化石",是现存中国戏曲中历史最悠久、演出形态最古老、剧目最丰富、表演艺术最具特色的剧种之一,是珍贵的口头非物质文化

---

① 蔡邕字伯喈,东汉文学家、书法家、学者。

遗产。

临海词调又称台州词调、才子词调,是浙江台州的曲艺曲种之一,属于台州民间艺术的一朵奇葩。曲调以"词调"为主,分散板、中板、流水板等,唱词所用的语言道白,均为台州方言书面语。所用的乐器有二胡、洞箫、竹笛、三弦、琵琶、扬琴、檀板、碰钟等,以二胡为主要乐器。演奏节奏以婉约平和为主。音乐轻柔婉转,优美动听,声腔悦耳爽心,是一种雅俗共赏的曲艺艺术。除临海外,还流传于黄岩、温岭、天台、仙居等台州各地。清中叶,临海词调颇为盛行。道光年间县令离任,词调艺人度曲送行,可窥一斑。光绪年间(1875—1908),涌现了宋淑兰、杨月悟、周新甫、秦月波等词调名家。从词调历史看,清朝后期是临海词调旺盛发展阶段,达到巅峰。据项士元《慈园音乐琐谈》载:"吾台音乐集团有成文、近圣二社。成文社之组织始于清道光、咸丰年间,以词调名,其学传至天台。"自乾隆、嘉庆以来,临海词调的集社有杨月悟"昭德社"、杨吾生"成文社"、陈建华"近圣社"等七社,入社成员有近百人,多以文人学士、有闲子弟者组成,称为"长衫派",故有"才子词调"之称。而后期入社成员因出身清贫,则称"短打派"。

临海词调是一种坐唱曲艺。表演时,多则十多人,少则三五人,团团围坐,自拉自唱。在风清皓月之夜,乘兴集结,自娱演唱。佳节到来,有时轮家演唱,为诸文人雅士消愁解闷。有时应邀为富贵人家贺喜祝寿后助兴,每次只唱一、二出戏,多则谢绝;唱后不取分文,但须盛宴招待,以示其身份之高雅。所以临海词调从演员来源、表演形式、演出场合、不取报酬诸方面来看,便是文人深入俗文学的创作、表演、传播的鲜活范例,但保留着较为明显的文人特点,是观照文人被迫走向俗文学活动的一个难得样本。

四、方国珍首举义旗

元朝末年,社会矛盾不断积累而激化,处于火山喷发的前夕。方国珍起义是元朝末年农民大起义中一支重要的力量,又是第一个揭竿而起的农民运动领袖,元至正八年(1348)击杀官捕,聚众入海,梗塞元朝东南沿海漕运与海运通道,成为雄霸一方的海上强寇,对元朝统治特别是对元朝在浙东的统治造成了巨大的威胁。同时为后来江淮流域农民大起义做了很好的榜样与铺垫,并构成掎角之势,形成有力的呼应。方国珍(1319—1374)本是黄岩①贩卖私盐者,在乱世中揭竿而起,入海则占岛为王,登陆则攻击官府官军,打得赢就占地为王,打不赢就乘船逃跑。力量旺盛时,聚众数十万,其水军有船千艘,攻陷浙东诸州郡,声势颇壮。但方国珍本质上止是做小本生意的盐商,又无文化,"国珍与兄弟俱不知书",缺乏政治意识与经营天下之志,更缺乏运筹帷幄决胜千里的谋略,他的聚众为王,止是官逼民反,为保自家性命,不得已而拒捕杀死官府衙役,走上了武装反抗的道路。并非出于什么远大目标,怀抱崇高理想。所以在与官军打了几仗,因为他善于从海上逃跑,官府奈何不得,只好采取招安抚绥之策,方国珍先接受朝廷的招安,并奉朝廷之命,与另一路农军占据吴中(今苏州)的张士诚合作为大都运送急需的粮米等物资,朱元璋攻下衢州后,遣人招谕,方国珍又归附朱元璋。不久元朝许以高官厚禄,方国珍又归顺于元朝,受任江浙行省平章政事。八九年后,明军攻克庆元、台州、温州,方国珍退避舟山,不久在无可奈何的情况下率部归顺,结束其海上流寇生涯。其割据浙东长达十余年。方国珍的表现得时反时顺,反复无常,就是这种小盐商本质的最好说明。

方国珍兄弟贩盐海上,军队势力威震东南,成为与朱元璋、张士诚、陈友谅等农军互相呼应的一支强大力量。突出了台州人"擅山海之雄奇,养刚狠之性格"的地方文化特色。

五、状元泰不华台州靖难

泰不华(1304—1352)字兼善,初名达普化,元文宗赐以今名,蒙古人。父任台州录事判官,遂居于台。家贫,好读书,年十七,江浙乡试第一。明年,对策,赐进士及第,授集贤殿修撰,累迁中台监察御史。顺帝即位,迁江浙行省左右司郎中。浙西发生大水灾,泰不华入朝,挺力进言于中书,终于减免其租赋,民获休养生息。后来迁任礼部侍郎。

至正元年(1341),除绍兴路总管,抵绍后,力除吏弊,免除没官牛租,让平民自己实报田亩,以均摊赋役。又推行乡饮酒礼,教民兴让,风俗大化。后被征召入国史馆,参与纂修《辽》《宋》《金》三史,书成,授秘书卿,升任礼部尚书。

至正八年(1348),台州方国珍起事,以沿海岛屿为依托,上岸能打胜则进,打不胜则退到海上,元朝官军追之不及,眼看着方国珍部扬帆而去,只好

---

① 其老家原属黄岩,今已改隶台州市路桥区。

望洋兴叹,徒唤奈何。因此朝廷派遣泰不华来到浙东,其用意是以绍兴为中心,掌控剿灭方国珍的局面与走向。但方国珍所部灵活机动,长于海上游击,元朝官军几乎束手无策。至正十年(1350),出为浙东道宣慰使都元帅,分兵温州,与江浙行省左丞孛罗帖木儿夹攻之,纵火焚其舟。后朝廷遣使招降,泰不华亲至海滨,散其党羽,拘其海舟、兵器;泰不华本想乘机杀掉方国珍,但为人所阻。既而迁台州路达鲁花赤。十二年,方国珍攻海门,泰不华发兵扼之,于灵江中游突遇方部鼓噪而至,泰不华与之勇敢搏斗,终于寡不敌众,被刺杀于船上,死难之时,年四十九。后追赠江浙行省平章政事,封魏国公,谥"忠介"。

泰不华学问有根底,经史之外,又善篆隶,其书法温润遒劲。曾重编《复古编》十卷,考正伪字。诗有《顾北集》。《元史》有传。[①]

泰不华诗写得好,其尤为人传诵者如《送友还家》:

> 君向天台去,烦君过我庐。
> 可于山下问,只在水边居。
> 门外梅应老,窗前竹已疏。
> 寄声诸弟侄,老健莫愁予。

从此诗中,读者是否可以感觉到唐人诗歌的意味与风采?此诗很接近唐人"君到姑苏见,人家尽枕河"的诗意与风格,可见泰不华诗歌造诣之一斑。

第二节　台州人士在文化上的艰难探索及其成就

一、陈孚的文学创作及出使安南

为国争光,不辱使命,是台州古代出使外国有出色表现的外交家。陈孚出使归国以后,曾担任过一些地方官,清正廉洁,为各地百姓做了不少好事。他是台州士人参与国际交往,取得卓著声誉者,是台州人民的骄傲。

---

① 《绍兴市志·人物·人物传》,浙江人民出版社 1996 年 11 月版,第 3064—3065 页。

　　元朝是中国历史上社会变革巨大的一个时代,政治、经济、军事、文化、外交等都出现了不同于以前的气象。这是一个由文化上比较落后的游牧民族来统治文化发达民族的特殊的历史阶段,蒙古骑兵的铁蹄踏遍了亚欧大陆的大片土地,建立了一个疆域空前广大的国家。被历史学家称为世界史上最为离谱的一个时代。在这样的大文化背景中,各民族的融合、文化的交流以及军事征服、外交关系等方面就有了显著的变化。各个领域也相应地涌现了大批杰出的人才,在这一历史舞台上亮相。台州路临海县的陈孚就是其中之一。

　　陈孚(1259—1309)字刚中,号勿庵,临海人。生于宋开庆元年,到宋朝灭亡的1279年刚好满20岁算得上是大宋的遗民。元朝废黜了科举取士的制度,文人"学而优则仕"的道路被塞,要寻求出路,就得通过其他途径。陈孚也是如此。他于元世祖至元二十二年(1285)向江淮行省进献《大一统赋》,受到当局重视,被任命为上蔡书院①山长(相当于校长),是年陈孚27岁,从此进入仕途。以后,担任过翰林国史院编修官,遂进入"中央机关"工作,擢任奉训大夫、礼部郎中。

　　陈孚在外交上最为光耀的事情是于元世祖至元二十九年(壬辰,1292)佩金虎符,作为吏部尚书梁曾的副手奉使安南国(今越南)。据陈孚自述,这次出使的使命是"奉玺书问罪于交趾",就注定此行不是一次轻松的外交之旅了。《元史·儒学·陈孚传》载:"世祖命梁曾以吏部尚书再使安南,选南士为介(副使)。朝臣荐孚博学有气节。调翰林国史院编修官,摄礼部郎中,为曾副。陛辞,赐五品服,佩金符以行。三十年正月至安南。"安南国的历史比较复杂,其中北部归入中国版图的时间较长久,中国历史上曾在北部设立过交趾、九真、日南等郡;南部则主要为占婆国,也曾经归入中国版图,但时间不长。元世祖灭宋前后曾经招谕安南、占婆来朝贡不至,乃于至元十八年(1281)设立占城行省,遣大军征讨,先由水路(海道)后由陆路,虽屡有斩获,然终未平一安南、占城,元军自身损失也很大。迨至元二十六年(1289)元朝被迫废除占城行省,改征讨为怀柔政策。台州地处东南沿海,古代海上航运业发达,与海外的联系较为密切。早在宋朝,台州人赵汝适《诸蕃志》便记载了占婆②"其国四时皆夏"、其国"无茶"等事。这次陈孚出使安南,主要是以

---

　　①　临海上蔡书院,在东湖上,建于宋朝。

　　②　中国史籍又称为林邑、环王、占城,俱为一国。

南人士子的身份作为礼部尚书梁曾的副手,随梁使安。从元朝廷在使团出发前的布置来看,是十分重视梁曾、陈孚一行的效果,至元壬辰秋九月朔(即九月初一),诏命下达梁曾陈孚,过两日,元世祖忽必烈将正副使"召至便殿,赐金符、袭衣、乘马、弓矢、器币"等物品,告诉他们此行的目的等事,让他们做好准备。第二年(至元三十年,1293)正月二十四日到达安南后,由于东道主安南王子陈日燇自大无礼,一是不出来迎接,二是还不让大元帝国使节从阳明中门入城,以羞辱之。陈孚据理力争,捍卫了大国使节的尊严,颇有晏子使楚之意味。出使过程中,凡是安南王子陈日燇赠送给大元使节的礼物,陈孚一无所受,以明节慨。经过反复的交涉与书责,"谕以顺福逆祸,为书八篇",陈日燇不得不以礼迎接元朝使团,向大元朝廷认罪,于三月十五日,派遣陪臣明宇、陶子奇,奉旨梁文藻等奉表请命,到九月至京师大都,圆满地完成了使命。前后统计"行李之往来及期,凡驻伪境(指安南)五十有二日",若是从奉命出使到带安南陪臣、奉旨回国请命,则长达一年。陈孚在此年(癸巳年)除夕编成《交州稿》后,将奉命出使安南的过程写成小文,附于卷末,其事可靠,胜于史传。这是历史上台州士大夫出使外国的一次重大事件。陈孚持节于外,能宣上国之教化,溥元皇之恩泽,斥责无礼,不辱使命,显示了高度的文化修养和高超的外交才华。是台州士大夫参与国际交往为国争光的范例。

从安南奉使归国后,陈孚以持论刚正不阿,又以南方汉人,颇遭排挤。乃由朝官改放外任,历任建德总管府治中,三衢(衢州之别称)别驾,后来再次被征召为翰林待制,奉直大夫同修国史。后求告还乡,朝廷就任命陈为台州路总管府治中,在家乡为百姓做了不少好事实事。元武宗至大二年(1309)卒于任,享年51岁。

陈孚文才出众,著述繁富,有《陈刚中诗集》传世。收入《四库全书》集部别集类者有《观光稿》一卷,《交州稿》一卷,《玉堂稿》一卷附录一卷;《安南即事诗》一卷。《观光稿》一卷是至元中陈孚以布衣上《大一统赋》于江浙行省,名闻于朝,在上蔡书院山长任满后赴师谒选行程中所作纪行诗,如《拜辞先陇而行》《过镜湖》《越上早行》《夜泊六和塔下》便是从家乡到杭州路途中的纪行之作。《交州稿》一卷,是陈孚随梁曾出使安南往来途中所作纪行诗,如《出顺承门》《过卢沟桥》《涿州》是描述出大都之初的几处境地;《交趾境丘温县》《二月三日宿丘温驿见新月正在天心众各惊异因诗以记之》《入安南以官事未了绝不作诗清明日感事因集句成十绝奉呈贡父尚书并示世子及诸大夫篇篇见寒食》等，是进入安南之后所作的几首诗歌，从中亦可见陈孚肩负使命，心中所担的压力。《玉堂稿》一卷是从安南回国后任翰林待制兼国史院编修，处身于"玉堂"时所作之诗。附录一卷为陈孚代表国家所作诏谕安南诸书表，如《元奉使与安南国往复书》："朝廷奉使吏部尚书梁曾，礼部郎中陈孚，谨致书于安南国：盖闻礼者敬而已，敬孰为重？敬君为重。敬君孰为先？敬君之命为先……至元三十年正月初一日书"等，责安南王子陈日燇失礼，辞直气壮，不辱使命，足以弥补正史之缺，有很高的考史价值。终致安南陈日燇向元上《元安南国进万寿颂并表奏》："安南国臣陈日燇谨昧死顿首百拜上言：臣伏于今年一月十四日，恭睹天使吏部尚书梁曾，礼部郎中陈孚，奉赍天诏，俯临下国。臣日燇谨率宗族、官吏，奔走道路，焚香迎逆……至元三十年三月初四日，安南国臣陈日燇表。"其诗集之名，清楚地记录了他的一生所经历的重要地点与经历，具有很高的考察与研究史料价值。陈孚的诗歌，律诗、绝句、歌行各体具备，以《交州稿》卷二中《泊安庆府呈贡父》（梁曾字贡父）一首为例："共拥旄幢度百蛮，今朝忽过皖公山。幸承乙夜君王问，更喜丁年奉使还。旧梦未迷天禄阁，新愁犹忆鬼门关。尘缨笑濯沧浪水，少伴沙鸥半日闲。"与此前"官事未了，绝不作诗"之际相较，更能体会其"不辱使命"回国后的轻松愉快心情之一斑。

二、柯九思的书画创作

柯九思（1290—1343）字敬仲，号丹丘生，又号五云阁吏，晚年又号非幻道者，室名任斋、缊真斋等，仙居田市柯思岙人。柯九思少年时以父亲柯谦任职浙江儒学提举而于杭州求学，涉足书画，至大三年（1310）北上大都，拜谒一代书画大师赵孟𫖯，并与其子赵雍结交，其才华颇受赵孟𫖯的赏识。这一阶段的交游较密者，有赵淳（即僧淳、释朴庵）、李孝光、丁复等人，为以后的生涯做了铺垫。延祐六年（1319），柯九思复入大都，与朱德润投奔于皇太子硕德八剌（后来的元英宗）门下。泰定元年（1324），元武宗之子图帖睦尔封怀王，出居建康（今南京），柯九思通过赵淳结识图帖睦尔，并与李孝光一起受知于怀王，入其幕府，以怀王喜欢书画，而柯九思尤得知遇。天历元年（1328），图帖睦尔入大都登基，是为元文宗，柯九思随之入都，以书画擅名，授典瑞院都事，与虞集、邓文原、袁桷、杨载等交游，而虞集尤为情密。翌年，文宗置奎章阁学士院，搜罗人才充实其中，以备治国理政之资："故立奎章阁，置学士员，日以祖宗明训，古昔治乱得失，陈说于前，使朕得所听闻。"下令编纂元朝类书《经世大典》。天历三年（至顺元年，1330）柯九思被任命为奎章阁鉴书博士，益受信任，创作欲强烈，作品频出。但好景不长，至顺二年（1331），御史台臣劾柯九思，"请罢黜之"，文宗留中不发。至顺三年，柯九思坚辞奎章阁职。是年八月，元文宗暴崩于上都，柯内心黯然，离开大都，返回老家，旋至吴下，与吴中文人画士交游，度过他人生最后一段生涯。至正三年五月，柯九思作《题苏轼〈天际乌云帖〉和韵九首》，其一云："山中复鹿拾蕉叶，眼底生花二月明。不道人生俱梦里，新诗犹话梦中情。"其九云："兴圣宫中坐落花，诗成应制每相夸。庐山面目秋来好，自杖青藤步白沙。"充满人生风霜的感伤情怀。是年十月，以疾暴卒于吴中，终年 54 岁。其诗文生前编有《任斋诗集》四卷，早佚不存。清朝康熙间顾嗣立编《元诗选》，收柯九思诗作为《丹丘生稿》。咸丰九年（1859）仙居王魏胜辑《丹邱集》三卷，分为题跋杂文、题画诗、题画及宫词杂作，末有编者所收野史、笔记、志乘中有关柯九思生平事迹文字。光绪二十八年（1902），武昌柯逢时编辑《丹丘生集》，由著名学者缪荃孙经手，是收罗最富的柯九思诗文集。

柯九思才高学富，情采双美，书画兼擅，长年与一流诗文才子、书画、金石学者交游，所留墨迹亦富。柯九思又于元文宗朝任收藏文物书画的机构奎章阁博士，善于画竹、梅花、菊花，鉴定书画，屡被顾问。其画墨竹被誉为"文同之后，三百年间无此笔墨"。赵孟頫称赞柯九思的书画技法，并为之作诗："石如飞白木如籀，写竹应须八法通。若也有人能会此，须知书画本来同。"诗后题："柯九思善写竹石，尝自谓写干用篆法，枝用草书法，写叶用八分法，或用鲁公撇笔法。木石用金钗股、屋漏痕之遗意。"陶宗仪《南村辍耕录》卷十四"风入松"条载：吾乡柯敬仲先生九思，际遇文宗，起家为奎章阁鉴书博士，以避言路居吴下。时虞邵庵先生在馆阁，赋《风入松》长短句寄博士云："画堂红袖倚清酣，华发不胜簪。几回晚直金銮殿，东风软、花里停骖。书诏许传宫烛，轻罗初试朝衫。御沟冰泮水挼蓝，飞燕语呢喃。重重帘幕寒犹在，凭谁寄、锦字泥缄。报道先生归也，杏花春雨江南。"词翰兼美，一时争相传刻，而此曲遂遍满海内矣。[①] 从陶宗仪的记载中可知，柯九思为避言路而离开朝廷后的游踪是在"吴下"，也就是"吴中"，相当于以苏州为中心的苏南地方（含今上海之地）。这里良田美宅遍布，水网交汇，粮米、蚕桑、食盐、航运错综杂聚，号称天堂，是文人墨客喜欢汇聚的地方，诗文交游，书画创

---

① 陶宗仪：《南村辍耕录》，中华书局 1959 年版，第 172 页。

作,文人与富商、官员之间的来往、交易也十分频繁,适宜文人墨客的生存与游艺。如昆山著名的富商兼文人顾瑛①,建造别墅"玉山草堂",号"玉山佳处",有钓月轩、芝云堂等二十多个景点,经常召集一批名士遨游园中,流连景致,诗酒唱和,成为逸闻遐迩的文士盛会"玉山雅集"活动,先后来此交流者有八十余人,像清人钱谦益《列朝诗集小传》甲前集列有"玉山草堂留别寄赠诸诗人",其中就有柯九思、黄公望、倪瓒、杨维桢、熊梦祥、顾瑛、袁华、王蒙等知名士 37 人,顾瑛与袁华将历次雅集创作的诗文编成《玉山名胜集》《玉山名胜外集》《玉山纪游》《草堂雅集》四种诗文集,《四库全书总目提要》评《草堂雅集》:"元季诗家,此数十余卷具其梗概,一代精华,略备于上。"柯九思作诗很多,被编入《草堂雅集》卷一,共有诗 190 首。据王及先生研究,柯九思存世凡诗 259 首、词 4 首、论曲 2 则、文 3 篇、题跋题识 50 则,②应该说还是较为丰富而多样的。此处姑引《草堂雅集》卷之一所收柯九思宫词一首为例:"万国贡珍罗玉陛,九宾传赞卷珠帘。大明前殿筵初秩,勋贵先陈祖训严。"顾瑛说:"(柯九思)与予为忘年交。凡予所藏书画,多所题品。其宫词尤为得体,以予爱其词,故多书焉。议者以为不在王建下。"其诗歌之风貌于此可得仿佛。另外传世书画作品亦复不少,是元朝有代表性的诗人,更是一位极有个性的书画家与文物鉴赏家。

元朝台州著名的画家还有陶复初、卫九鼎等二十多人。

三、文史大家陶宗仪与《南村辍耕录》《说郛》等

陶宗仪(1314? —?)字九成,号南村,元末明初浙江黄岩(今其故里隶路桥区)人,他在故乡居住的时间有限,而对故乡的印象仍念念不忘,他说:"余家天台万山中。"因从父亲游宦于外,足迹遍及两浙。其父陶煜尝官归安县(今湖州市)典史,调任上虞县典史,能书法,善吟哦,喜乐章;其母赵德真,为南宋宗室赵孟本之女,因此陶宗仪与元朝书画大家赵孟頫、赵雍父子有"亲戚"关系。陶宗仪青年时期也像同辈青年士子一样参加过科举考试,未中式,即弃去,遂专意于古学,博览百氏,经史文艺,才艺广通。曾出游浙东,师事张翥、李孝光、杜本等人。元末长年居住在松江(今上海松江),则是依其妻族居止,课徒为生,其妻费元珍是元都漕运万户松江费雄之女。浙东道宣

---

① 顾瑛(1310—1369),一名阿瑛,字德辉,又字仲瑛。

② 王及:《柯九思诗文集·五云仙阁吏三绝画诗书》,中国美术学院出版社 2004 年版。

慰使都元帅泰不华、南台御史丑闾（或译作丑驴）同举陶为行人之职，复辟为教官，皆辞不就。张士诚据吴，治平江府（今苏州），署为军咨（类似于高参），亦不赴任。洪武六年（1373），陶宗仪为守令荐至京师，当朝欲加官给他，亦以病固辞。迨洪武末年，被聘为教官，二十九年（1396），率弟子赴礼部试（即参加礼部组织的进士考试），弟子中及第者甚多，朝廷赏赐给他很多钱钞。卒年无可考，但享年当在八十几岁以上。他的代表作《南村辍耕录》，就是在松江南村（今松江泗泾镇有部分复原陶宗仪旧居南村草堂之方案，此即为陶氏旧居之地）居住时所作，他每当耕耘于田间，想到什么事，就停下手中的犁锄，坐在树荫下摘采树叶来做笔记，写完了贮放在瓦罐之内，埋在树下，十年间他放满了十几罐，忽有一日命子弟把这些瓦罐打开，将所有记录分类编排，抄录下来整理成文，编作三十卷，名曰《南村辍耕录》。除《辍耕录》外，还有《说郛》一百卷等。可谓著作等身，琳琅满目。其中《辍耕录》是他的代表作，享誉士林，经久不衰。

《辍耕录》系杂采文献典籍、小说笔记、野史杂录并其本人见闻之事编辑成书者，所采材料，以元朝为主，次及宋季，兼收历朝。对采用的材料，多为直接摘抄前人著述，间有考证辩伪。记载了许多元代社会的掌故、典章、文物、人物、事件，还论到小说、戏剧、书画和有关诗词本事等等方面的问题。由于历史变迁，不少被摘材料原书已经散佚，赖此书得以保存部分内容；加上作者所记载某些重要的经历和见闻材料，又为他书所未载或虽载而语焉不详者，遂大大增强了本书的学术价值和史料价值，使之成为研究元朝历史、文学、文化等诸多方面都必不可缺的参考书。也是陶宗仪传世众多著作中史料价值最高的一部书。仅修订《辞海》，就从此书中收录词条达154条之多，如色目、驱口、只孙、木乃伊、以毒攻毒等。书中还记载了宋高宗南渡台州湾，宋末宫人和临海妇女抗元斗争事迹，郑虔、戴复古、贾似道、赵孟頫、吕徽之、陈孚、柯九思等人的零星史迹或奇闻轶事，保存了一批浙江和台州的地方史料。《明史·艺文志》着录，《四库全书·子部·小说家类》收录。

《说郛》是陶宗仪整理编辑的一部历朝笔记小说总集，共百卷。但传世之本不统一，似乎是未完成的稿本。据陶氏友人孙作《南村先生传》和杨维桢所作《说郛序》时所见，谓是书原为一百卷。清初人周亮工《因树屋书影》称是书传世者非完本；明人都邛《三余赘笔》称是书散佚后仅存七十卷。今传世者多为民国十八年（1929）张宗祥校订本，由商务印书馆排印出版版本，仍作百卷。

　　这部书系摘抄自汉魏到宋元时期 600 余种小说笔记、经史传记、诸子百家和诗话文论之作编辑成书。其书名取《扬子》"天地万物,郭也;五经众说,郛也"之语意,名曰《说郛》。其体例仿宋朝曾氏《类说》,大凡所采摘者"每书略存大概,不必求全。亦有原本久亡,而从类书中抄合其文,以备一种者"。由于是书收录的内容十分广泛,确实称得上一部博采"万事万物,备载无遗"的小说笔记总集。对于保存古代文学作品,传存史料,提供丰富的辑佚版本,增长见识等方面都有一定的意义。是书为《明史·艺文志》《四库全书·子部·小说家》收入。

　　陶宗仪勤于笔耕,著述甚多,除上述外,仅《四库全书》收录者尚有下列著作:《国风尊经》一卷,《草莽私乘》一卷,《古刻丛抄》一卷,《书史会要》九卷,《南村诗集》四卷,《沧浪棹歌》一卷,《游志续编》二卷。

第三节　明清两朝天台山文化的全面振兴及其表现

　　明清两朝是台州历史文化发展复兴的时期,文化教育得到恢复和进一步的发展,经济生产也稳步增长。直到近代随着国家遭受帝国主义的侵略,西方文化东渐,资本主义经济大量涌入中国对中国原有的小农经济产生了巨大的冲击,社会经济受到重大打击,不断破产,整体上趋向衰落。这种局面延续了很长的时间。鸦片战争之前,由于明清两朝长期的相对稳定,人民生活有了相对的发展提高,人口数量也呈现较大的增加。据《大清嘉庆重修一统志·台州府》载,到清朝嘉庆年间,台州"原额人丁一十七万六千五百一十四,今滋生男妇二百七十六万三千四百七名。口计三十七万三千九百八十三户。又屯运男妇一万四百八十八名,口计一千一百九户"。可见嘉庆年间台州人口数量激增,有赖于农业生产发展和社会经济的繁荣。

一、文化教育的恢复和发展

　　元末农民起义高举"驱逐鞑虏,恢复中华"的大旗,号召人民投入反对元朝残暴统治,起到极大的宣传鼓动作用。在明朝建立以后即以恢复汉族传统为指归,在文化教育上恢复了科举考试,录取文士为国家所用。全面恢复各级学校建设,并鼓励私立的教育机构——书院的兴办,为振兴教育提供必要的条件。就实际效果而言,台州举进士人数最多的朝代除宋朝外,就数明朝了,达 271 人,可见明朝社会经济文化发展,社会生活得到全面恢复并取得较大成绩。社会局势稳定以后,经济建设和政治统治稳固都需要发展教育,上述明朝台州中进士人数,也可充分说明台州教育事业取得的丰硕成果。

到清朝,台州教育机构设置比较齐整,就官学而言,府有府学,县有县学。仅嘉庆重修《大清一统志·台州府·学校》载就有以下数条:

> 台州府学①。康定二年即改元庆历元年,当公元 1041 年。
> 临海县学②。宝庆初当公元 1225 年。
> 黄岩县学③。元丰六年当公元 1083 年。
> 天台县学④。庆历七年当公元 1047 年。
> 仙居县学⑤。天圣是宋仁宗年号,当公元 1023—1031 年。
> 宁海县学⑥。绍兴六年当公元 1136 年。
> 太平县学⑦。太平于明宪宗成化五年(1469)立县,成化七年当
公元 1471 年。

以上为官学,除了太平县学外,都是宋朝兴建,历史较久,培养人才成为定制。招收生员人数亦较多。太平县是明朝成化五年才从黄岩县分置,成化七年即建立县学,也已经说明县学成为立县的一项重要内容。县学中人数最多者是临海县学,达 25 名,与府学生员数量相等,是因为临海既是府治所在,素为台州文化教育中心,文教发达;又是地域宽阔的人口大县,所以招生定额较他县为多。仙居县学最少,仅 12 名,只有临海的一半,是因为人口少,所以相应生员定额减少。

书院的兴起,据张正藩先生说"初见于唐,本为修书之所,后世所称学校式之书院,实始于五代,而成于宋初"。书院作为教育机构,本是对官方教育机构的补充和延伸,虽非官府出资,而实际上起到了为国育人的作用,而且

---

① 在府治东南,宋康定二年建,本朝康熙雍正中屡修,入学额数二十五名。
② 在县治东南,宋宝庆初建,本朝康熙四十七年重建,入学额数二十五名。
③ 在县治南,宋元丰六年建,本朝康熙四十七年重建,入学额数二十名。
④ 在县治东南,宋庆历七年建,本朝顺治十六年重建,入学额数二十名。
⑤ 在县治东,宋天圣中建,本朝康熙十八年重建,入学额数十二名。
⑥ 在县治西南,宋绍兴六年建,入学额数十六名。
⑦ 在县治东南,明成化七年建,入学额数十六名。

在有些方面更受生徒（学生）的欢迎，具有广阔的市场和旺盛的活力，"历经元明清三代而勿衰。对于我国教育、社会、政治及学术思想等方面，均有极大之影响。仅就教育而言，如院址之优美，讲学之自由，教训之合一，以及有教无类，因材施教，注重自动自发之研究精神等等，若与现代之大学比，实有过之而无不及也。"①台州历史上书院数量繁多，有些书院知名度很高，历史悠久，如上蔡书院，在东湖上，建于南宋，鉴湖书院，在县东北，元建。白云书院，在府治后大固山，明建。赤城书院，在白云山麓，明建。到清朝，民间书院的兴办进一步得到官方的支持，有的还由地方官员筹建，如府城的近圣书院，在府学西，为清康熙五十二年台州知府张联元建。尽管如此，书院仍然是书院，它与官学存在着很大的差别，不仅是主办者的官民差别，主要是体制上方法上的差别，前文张正藩先生已经归纳得很精炼简洁了。

台州书院除了府城最早的上蔡书院外，其他县域较早的书院也不少，如：黄岩县有回浦书院，在县东五十里，元建。文献书院，在委羽山侧，元建。太平县有方岩书院，在方岩山，明建。仙居县有桐江书院，在县西四十五里，元建。安洲书院，在县东二十五里，元建。清朝较为著名的书院还有紫阳书院（在黄岩县治朱文公祠后）、萃华书院（在黄岩县杜家村，原名樊川书院）、九溪书院（在黄岩县治）、文明书院（在天台县，清朝乾隆三十五年建）、缑城书院（在宁海县治东南）。

以上材料可见明清时期台州的教育较为发达，官学齐全，民间书院兴办较多，而且知名于台州者多，培养人才堪称济济多士。但是清朝台州进士数量远逊于明朝，是否当时台州的教育出现了重大的波折呢？其实教育本身并无什么问题，然而地方官吏借故制造事端，迫害文士正常科举之路，致使台州的文士深受其害，给台州的科举考试造成了深重的灾难。

清初顺治年间台州出了一个贪婪的知府郭曰燧，从顺治十五年到十八年（1658—1661）在任期间广肆搜括，吸收了无数民脂民膏，而且凶狠异常，胃口之大，蛇可吞象，以至于"台人不胜其毒"。在将要御任离台时，郭氏还有一件憾事，就是台州府城内的巾子山十分令他喜爱，他想带走又做不到，心中颇有不甘。他绞尽脑汁，便想出了一个解决方法：请人画一幅巾子山的画，带在身边，也可不时展玩，以寄游情。当此事在府城传开后，民众十分气愤这个贪官的行为，于是有一个文士夜里题诗于府衙门口：

---

① 张正藩：《中国书院制度考略·自序》，江苏教育出版社 1985 年版。

腰缠十万宦资丰,压扁黄堂两袖风。

只有巾山抬不动,临行收入画图中。

这首七绝把郭氏贪得无厌的嘴脸刻画得入木三分了。台州文士对其恨之入骨,是因为此人任内炮制了株连大批文士的"白榜银案",害得台州科举考试中断人才数十年。清朝建立之初大体上采取了与元朝相似的民族歧视与高压政策,顺治皇帝死后,清朝为巩固其统治,在全国索租征赋,限期上交,不许宽贷,无论绅士百姓还是书生文士,凡属欠交违限者一概解京流配,有司(主管机关,此指其主管官员)可以直接杖责。当时临海生员赵齐隆与弟赵齐芳旧欠顺治九年(1652)"白榜银"三两零,前此已经上交,为粮役蔡寰贪污。郭曰燧便遣徇役抓捕赵齐芳,并将赵活活打死。台州府学和临海县学两庠(庠指地方学校)生员群情激愤,罢课罢学,联合署名递状至宁绍台兵备道杨三辰处申诉。杨郭两人互相勾结狼狈为奸,将两庠生员罢课事锻炼成狱,报请浙江总督赵国祚,将为首的生员水有澜、周炽及赵齐芳之子赵鼎臣等68人尽行解京审判。清廷最后判决此案为"抗粮鼓众,退职造反",将水有澜、周炽处以绞刑,其余65人(另一名赵齐隆死于途中)各杖三十,遣戍上阳堡、开元堡、仁寿堡(均在今东北黑龙江、辽宁境内)等处安置。受到此案牵连近四百人,台州"倜傥通才一网俱尽,科目绝榜者二十五年"之久。这是清朝台州科举遭受重大打击的冤案,台州史志称之为"青衿之厄"。

二、文学上的发展提高

有明有清两朝,台州随着社会经济的恢复和发展,文化教育也有了较大的发展提高,学校增设,当时的"基础教育"普及率有所提高,在"学而优则仕"的社会大势下,文学作为社会文化的标志就是顺理成章的风向标。出现了大批的诗人作家,如谢铎有《桃溪集》;天台齐周华有《名山藏副本》;临海侯嘉缙有《夷门诗抄》十四卷、《诗余》一卷、杂文一卷、《半船集》一卷、《彝门诗存》一卷,宋世荦有《确山骈体文》四卷、《红杏轩诗抄》十六卷(及续集一卷)、《台诗三录》八卷(及附录三卷);太平黄浚有《壶舟诗存》十五卷;等等。

谢铎(1435—1510),字鸣治,号方石,黄岩人(成化五年即1469年分立太平县,遂为太平)桃溪(今温岭大溪)人。《明史》本传称谢为天顺(1457—1464)末进士,授编修,预修《英宗实录》。成化九年,同校勘《通鉴纲目》,上书言时政,帝不能从。复条上备边事宜,与边将之弊,语皆切至。进侍讲,直经筵,遭两丧,服除,以亲不逮养,遂不起。弘治中,起为南京国子祭酒,寻谢病去。再擢礼部右侍郎,管祭酒事,严课程,杜请谒,增号舍,置公廨三十余。居其属,诸生贫者赒恤之,死者请官为之殓。居五年,引疾归。铎经术湛深,为文章有体要。性好赒恤族党,自奉则布衣蔬食。卒赠礼部尚书,谥文肃。谢铎是明朝文学流派"茶陵诗派"中的骨干之一,与该派领袖李东阳(茶陵人)交情甚密,其故乡桃溪与永嘉(今温州)乐清县交界,是永嘉学派通向台州的咽喉,历史上易受永嘉文化的影响,故事功之学(即浙东学派)尤其是永嘉学派在台州的传播,也对谢铎产生了重要作用,重视民生,重视现实,重视经济是其标志。谢铎别集名曰《桃溪净稿》,其中便是诗文作品集。其写自己家乡景物《桃溪》诗云:"浅水难容棹,繁花自作村。分明幽绝地,不是武陵源。"言短意长,余韵悠悠。近年温岭编《温岭遗献录·诗集》,选录谢铎所作诗歌十四首。

　　侯嘉繙(1698—1746)字符经,号夷门,又因避清朝满族之讳而写作彝门,晚号碧浪溪白眉叟,临海人,他是清朝雍正乾隆年间声名赫赫的台州文人,也是"生前名满天下而遭际困厄,胸有抱负又沉没下僚"的不幸之人。曾被推荐参加博学鸿词考试,以"字迹潦草"落选。其实,他的字形略为斜向右上,很有风趣。后以优贡选拔,在上元、金山、江宁、溧阳等地做了近十年的县丞。虽然官小,他还是勇于任事,金山衙吏以私盐拒捕事牵连无辜,因系七十余人诈赃,侯"廉得其实,尽释诸囚,囚吏役"(见齐周华撰《传》)。这要何等胆力?但这样就做不稳官,清乾隆十年(1745),他只好应聘到镇江做幕僚,不久,就因如厕时屋倒意外死在镇江。

　　同时代的人都说他人奇、事奇、才奇。人奇,大概是说他"卖相不好","野而古","口偊音","目睒睒斜视","耳红于面",像"深山怪松"。事奇,举一例,在江宁(今南京)时,"一日大醉,登慈恩寺殿,摩古佛罗汉数百尊,各赠诗……箕坐大呶,窗外风雨暴至,电光烛其手,益喜奋笔不能休"(以上均见袁枚撰《墓志铭》)。和尚"疑其狂易",其实他是很清醒的。他有两首诗,一看就知他是一股郁勃之气,在借酒发泄:其一为《著书》:"著书大抵为穷愁,搔首灵均赋《远游》。八品虚邀鹓鹇服。三年枉逐凤凰楼。史公足迹半天下,杜老文章横九洲。辗转闲曹成底事,乾坤摇落一孤舟!"其二为《感答胡同年映葵》:"相思何处暗闻声?落落人寰慰此生。① 无地埋忧缘识字,问天

---

① 胡同年的赠诗中有"天台闻说有侯生,词赋年来动帝京"句——笔者注。

何必不书名！孤云走马心驰骤，晚景看山眼纵横。聊向空中图报答，江波海浪几能平！"至于才奇，袁枚写的《墓志铭》，把他比作一条咬断系索的龙，怒落人间，气吐为文，笔有鬼神（"文星炽炽，龙啮其系，拗怒坠地，无所吐气……执不律如执鬼"）南京秦大士（乾隆时的侍讲学士）与侯极为交契。他曾说："吾尝读侯夷门诗：'石斧斫寒冰，云裂无纹理，真奇峭崋兀；更览其《潭柘寺》诗，'一水淡于画，空山或有人'，又觉其深情绵邈，幽致动人。"（见秦锡淳《沐云诗话》）从这些句子中，可见他造语不凡，理致深远。

明清之时，台州本土文人群体益发壮大，诗文创作成为文人基本功课，故举人进士无不以诗文为立身处世之基，而终生从事于笔砚之间，老有结集，总以诗文为主，传世者亦因此而繁富得很。

现代文学有天台陆蠡的散文《海星》《竹刀》《囚绿记》及翻译《罗亭》《葛莱齐拉》等；宁海柔石的小说，天台许杰、王以仁、三门林淡秋的小说创作；当代台州作家以叶文玲为代表，短篇小说《心香》被评为 1980 年全国优秀短篇小说，长篇小说《无梦谷》获纽约国际文化艺术中心所颁的"中国文学创作杰出成就奖"和浙江省优秀文艺作品奖。长篇小说《秋瑾》《敦煌守护神常书鸿》影响较大，被浙江省授予"鲁迅文艺奖"。作品结集为《叶文玲文集》，由作家出版社出版。临海毕修勺翻译了左拉的全部小说，其功甚伟。

三、地理学成就巨大

明清两朝，台州人士在地理学上取得极其辉煌的成就，助推中国地理学迈上新台阶，成为古代中国地理学上巍峨的丰碑。其中最有代表性的是明朝王士性所作的游记（含纪游诗）《五岳游草》《广游志》和《广志绎》，今人整理编成《王士性地理书三种》和清朝齐召南的《水道提纲》。前者在人文地理学上达到了当时世界上领先水平，王士性是我国古代最伟大的人文地理学家，堪与明朝自然地理学家徐霞客（名宏祖）并驾齐驱；后者是我国地理学史上继北魏郦道元《水经注》之后又一部记载清朝全盛时期全国水道（江河湖海）的巨著，纠正了郦书详于西北而暗于东南的缺陷，保存了我国方舆记载中许多珍贵的水道资料，堪与郦道元前后辉映，并有许多创新，后来居上。

（一）王士性及其人文地理学研究

王士性（1547—1598）字恒叔，号太初，又号元白道人，滇西隐吏，台州临海人。王士性自幼好学，读书过目辄成诵，胸有大志。万历五年（1577）登进士第，《明史·王宗沐传附王士性传》："士性字恒叔。由确山知县征授礼科给事中……迁吏科给事中。"此后出为广西参议,云南澜沧兵备副使,河南提学,山东参政,历太仆少卿,调南京。久之,就迁鸿胪卿,卒年五十二。王士性一生的成就是多方面的,他的诗文造诣深湛,即以其游记而言亦记事明了,文笔简洁;他在仕宦生涯中对于治国抚民均有独到的见解,敢于立说进言,如王士性任礼科给事中时就"首陈天下大计,言朝廷要务二:曰章奏,节财用;官司要务三:曰有司文网,督学科条,王官考核;兵戎要务四:曰中州武备,晋地要害,北寇机宜,辽左战功。疏凡数千言,深切时弊,多议行。"王士性立朝有正气,凡事以国家利益为重,不论亲疏,如他上疏弹劾杨巍与申时行邪媚勾结,有失大臣之谊,这个被劾的申时行就是王士性的恩师座主;他还上疏建言"朝廷用人,不宜专取容身缄默,缓急不足恃者。请召还沈思孝、吴中行、艾穆、邹元标、黄道瞻、蔡时鼎、闻道立、顾宪成、孙如法、姜应麟、马应图、王德新、卢洪春、彭遵古、诸寿贤、顾允成"等人回来,重振朝纲,"忤旨不报"。这样的奏疏都是要冒很大风险的,特别是对他个人的"前程",但是只要不利于国家的人和事他就要坚决维护国家的利益。王士性一生奔波仕途,在京在外,经历全国各地,舟车所及,虽风尘劳顿,而每喜登山临水,饱览祖国壮阔,更加激发起为国操劳之志。王士性自称"余少怀向子平之志,足迹欲遍五岳"(《五岳游草·岳游上·嵩游记》),在他二十多年的仕宦生涯中,除福建省以外,游踪几遍全国两京十二省。以其宏愿,是想游遍全国,到他作《五岳游草》时仍对福建之游心向往之,欲以闽游作为一生旅游的压卷之作:"披图九曲,是为武夷。幔亭云气,恍惘霏微。莽莽寰区,纵余所如。嗜而未食,惟闽荔支。俟将以闽游终焉。"凡是所到之处,对一岩一洞一草一木之微,悉心考证;对地方风物,风土人情,地理环境与地方文化之关系详加访问观察,广事搜罗,所成著作有除上述《五岳游草》《广游志》《广志绎》外,还有《玉岘集》等。《康熙临海县志》称王士性的一生是"无时不游,无地不游,无官不游"。万历二十六年(1598)卒,其墓在临海双港(今白水洋镇)保宁寺东,原临海东湖湖滨立有"德业匡时""文章经国"二碑坊,为邑人纪念王士性而修建,后被毁。

王士性的游记既记山川景色,更重人文思考,总结人与自然的关系,就旅游而言,他从文化上对古今贤愚的层次做了分析与概括,并将其提炼成三大类型:"太上天游,其次神游,又次人游,无之而非也。"这三大类型的分层是:"上焉者形神俱化,次焉者神举形留;下焉者神为形役。"他还举例说明,以见其旨趣所在:"若士汗漫于九垓,是天游也;轩辕隐几于华胥,是神游也;

尚子长敕断婚嫁,谢幼舆置身丘壑,是人游也。"这样的旅游文化分类,实在包容宏大,范围万有,足为古今言旅游者所宗尚,且迄今亦难出其右,虽数百年而下,令人油然而生敬意。如《广志绎》卷四《江南诸省》:"两浙东西以江为界,而风俗因之。浙西俗繁华,人性纤巧,雅文物,喜饰鞶帨,多巨室大豪,若家僮千百者,鲜衣怒马,非市井小民之利。浙东俗敦朴,人性俭啬椎鲁,尚古淳风,重节概,鲜富商大贾。而其俗又自分为三:宁、绍盛科名逢掖,其戚里善借为外营,又庸书舞文,竞贾贩锥刀之利,人大半食于外;金、衢武健,负气善讼,六郡材官所自出;台、温、处山海之民,猎山渔海,耕农自食,贾不出门,以视浙西,迥乎上国矣。"又载浙江全省各地人文之差异,分为三大地理区域,说:"杭、嘉、湖平原水乡,是为泽国之民;金、衢、严、处丘陵险阻,是为山谷之民;宁、绍、台、温连山大海,是为海滨之民。三民各自为俗。泽国之民,舟楫为居,百货所聚,闾阎易于富贵,俗尚奢侈,缙绅气势大而众庶小;山谷之民,石气所钟,猛烈鸷愎,轻犯刑法,喜习俭素,然豪民颇负气,聚党与而傲缙绅;海滨之民,餐风宿水,百死一生,以有海利为生不甚穷,以不通商贩不甚富,闾阎与缙绅相安,官民得贵贱之中,俗尚居奢俭之半。"

王士性的游记,对于家乡颇多关注。如他在《广游志》卷下《洞壑》中记载:"道书所载洞天福地,在余台者十之一。如委羽为大有空明洞天,赤城为玉京清平洞天,括苍为成德隐真洞天,盖竹为长耀宝光洞天。福地则黄岩有石磕源,天台有灵墟,有天姥岑。今遗踪淹没多不存,仅有其名尔。此真神仙灵秘,不以示人。"而王士性游记虽重视人文现象之观察与分析概括,也有不少极有价值的自然地理分析事例,如其有关雁荡山成因的剖析,就极具科学范型:"雁荡一山,说者谓宋时海涛冲击,泥去石露,古无此山也。审是,则必洼陷地下然后可尔,今此山原在地上。或者又谓:乾道中伐木者始入见之。今左自谢公岭,右自斤竹涧以望,奇峰峭壁,万仞参天,横海帆樯,百里在目,何俟伐木人者始见耶?若海涛冲激至雁荡之巅,温、台宁复今日有人?第谢康乐守永嘉,伐木通道,登临海峤,业已至斤竹涧,有诗,而亦未入。此见与不见,又所未晓。"[①]这是一则短小而极有深度的分析雁荡山成因的文字,实是对宋朝沈括《梦溪笔谈》中有关雁荡山成因的质疑与否定。而现代地理学的分析判断证明,雁荡山是火山喷发形成的典型地形地貌,与大水冲激,土去石露无关。沈括所作分析是中国宋朝科学探索的一个典型事例,虽

---

① 见《广志绎》卷之四《江南诸省》。

与实际距离较大,而前贤对自然地理探索的历史功绩,不可因此而一笔勾销;王士性的质疑更进一步加深了对它的成因认识,更加接近雁荡山成因的真面目,是中国地理学史上应当提起的后出转精的科学分析,值得铭记。

王士性的游记不仅所游所记多为前贤所未及,读之令人开阔眼界,顿起向往之志,即其文笔亦简洁清明,顺畅得当,就如清初著名学者潘耒所评:"先生凤植灵根,下笔言语妙天下;兴寄高远,超然埃壒之外。""刻画意象,能使万里如在目前。"(《五岳游草》序)如《五岳游草·入蜀记下》:"次日甲子,行次木马驿,犹然丹山绿水也。一宿而过彭山,再宿而过眉,三宿而入青神之中岩。中岩去县十里,崝江之东。上水月楼,俯长江,玦抱胸次;洒然下楼,傍溪入东北里许,青壁十仞,下瞰细流,为唤鱼池,僧呼则鱼出。过桥上丹磴里许,为罗汉洞,崖头刻佛像数千。又前里许为玉泉亭,泉自岩窦出,泠泠也。坐泉上久之,幽怀入梦,恍然身在层城阆风间。"又如记犍为油井:"癸酉,还自峨眉,宿犍为,犍有油井,其水见火即燃。"这样的记载,都是极富新鲜感的罕见罕闻之事,犹如四十年前改革开放初期,国人对国外的事物心向往之一样。故在很长时间里,王士性的游记令文人爱不释手,获得好评。此后沉寂了好长的时间,被埋没于无闻之中。直到 20 世纪 80 年代文化学术活动重新兴起,才有学界卓识之士抉发王士性在地理学特别是人文地理学上所建立的丰功伟绩,给予高度的评价。1985 年在广西桂林召开的全国徐霞客学术研讨会上,著名历史地理学家谭其骧教授指出:要建立中国的人文地理学,就必须重视和研究王士性的著作。他把王士性与徐霞客做了简要比较,指出"从自然地理角度看,徐胜于王。从人文地理(包括经济)角度看,王胜于徐"。此后王士性的名字及其地理学成就开始受到重视,一批中青年学者对王士性的研究兴趣被激发起来,王士性的遗著也在 20 世纪 90 年代被整理成《王士性地理书三种》重新出版,为系统研究王士性提供了必要的原始材料,王士性的人文地理学成就不断得到揭示和印证,他的开创性的研究领域受到赞赏与肯定,他在中国人文地理学上的崇高地位得到尊重,被誉为中国人文地理学的开山鼻祖。王士性的人文地理学研究走在当时世界的前沿。

(二)齐召南及其《水道提纲》

清朝天台齐召南的《水道提纲》二十八卷,是继北魏郦道《水经注》之后的又一部中国地理巨著。齐召南(1703—1768)字次风,号琼台,晚号息园,台州天台人。雍正十一年(1733)召举博学鸿词,齐召南以副榜贡生被荐,乾隆元年(1736)廷试二等,改庶吉士,充大清《一统志》纂修官,授检讨,充武英殿校勘经史官,又充《明鉴纲目》馆纂修官,擢中允,署日讲起居注官,迁侍读,以丁忧归籍,家居间奉命在籍编纂经史,分撰《礼记》《汉书》考证等书,服阕仍复原官,充《大清会典》纂修官,晋侍读学士,充《续文献通考》纂修官,擢内阁学士,上书房行走,迁礼部侍郎,《续文献通考》副总裁,兼勘定《通礼》。乾隆十四年(1749)以马惊坠地,伤重濒危,乞解职回籍,南归后养病之余,从事《水道提纲》撰述。后任绍兴蕺山书院山长,旋任杭州敷文书院山长,前后达十一年之久,因材施教,造就良多。以堂兄齐周华案牵连,被逮至京,不久卒,年六十六岁。齐氏幼有神童之目,读书过目不忘,学贯四部,经史考据,尤所擅长,著作等身,精于舆地之学,参与《大清一统志》的编纂,有机会阅读《皇舆全图》等秘籍,欲补郦道元《水经注》之未备,据齐氏自序:"臣初久在志馆,考校图籍,于直省外,又专辑外藩、蒙古、属国诸部,道里翔寔,是以志成之后,亦尝条其水道,惟图无可据者阙之。及蒙恩告归台山,杜门无事,养病余暇,时检箧中旧稿,次第编录,共成二十八卷。"可谓后出转精之作。是书首列海水,次叙各省水,次及西藏、漠北、西域各水。体例以巨川为纲,支流为目,考古证今,溯源竟委,了如指掌。纠正了《水经注》明于西北而暗于东南的缺陷,是我国古代地理学上的一大贡献。《四库全书总目提要》曰:"国朝齐召南……历代史书各志地理,而水道则自《水经》以外无专书,郭璞所注,久佚不传。郦道元所注,详于北而略于南,且距今千载,陵谷改移,即所述北方诸水,亦多非其旧。……召南官翰林时,预修《大清一统志》,外藩、蒙古诸部,是所分校,故于西北舆地,多能考验;又志馆备见天下地图,乃参以耳目见闻,互相钩校,以成是编。……水之源委,往往袤延数千里,不可限以疆域。召南所叙,不以郡邑为分,惟以巨川为纲,而所会众流为之目。故曰提纲。大抵源流分合,方隅曲折,统以今日水道为主,不屑屑附会于古义,而沿革同异,亦即互见于其间。"可以说《水道提纲》所载乾隆时期全国(含外藩、属国)水道,不仅为中国水道记载之集大成者,更是中国清朝全盛时期管辖疆域之宝贵记录与可靠证据,具有多方面之意义与价值。如东北水道嫩江原来叫作"嫩泥江",图们江原作"土门江",又如黑隆江水道记载有:"有一河合两源,西北自大兴安山(即今地理所谓外兴安岭是也)东南流来会。"自注:"此大兴安山土人曰阿母巴兴安,甚高大。自此绵亘而东,直抵黑龙江入海处。山之南为喀尔喀界,山之北为鄂罗斯国界。山在西六度半,极出地四十八度六分。"西南水道拉楚河:"又西南百二十里曰拉楚河,折正西流三百余里,有藏文岭北水……又西北数十里,经札什冈城西南,又西北折而正西,曲曲九百余里,受北来水四,至尺克则庙南,又西至拉达克城南境,又西百里经必土克庙北……狼楚河既会拉楚河,水势益盛,又西南流三百里,经毕底城西",自注:"阿里最西地。"此地今在印占克什米尔境内了。又如记载西藏高原最大湖泊滕格里池(今纳木错):"滕格里池在卫地喇萨西北二百二十余里,藏地日喀则城东北五百里。其东北隔山即潞江源之布喀诸池,其北隔山即大流沙也。池广六百余里,周一千余里,东西甚长,自西二十五度五分,至二十六度八分。南北稍狭。自极三十二度至八分。蒙古呼天为滕格里,言水色同天青。"又如记载朝鲜水道还有当时其境界的可靠资料:"国东南西三面滨海,南北长而东西狭。"自注:"北自长白山,东十一度四分,极出地四十二度弱。南至东南角海中之对马岛,西南角海中之汉挐山,极出地三十四度。"下文又记载:"隔海东南径三百数十里为对马岛,大岛也。"自注:"岛形自西北斜盘,而西南尖长内向,中有枝芽西指,似关刀状。自北尖至西南尖,有长山绵亘如脊,长三百里许。广中百里,前后数十里,尖处十余里。自东十四度,极三十三度八分,至东十五度弱,极三十四度四分。盖朝鲜东南海防之要地也。"此类事例不胜枚举,更不必说有关全国大小水道的完整记载,是历史上前所未有的,都具有极高的历史考据价值与国境范围珍贵记载的意义。《水道提纲》前贤都从记载全国水道胜于郦道元《水经注》明于西北而暗于东南这一最为突出的缺陷来着眼,实际上两者在许多方面都有很大的不同,《水道提纲》大大地超越了《水经注》,成为一部信实全面,载及海洋的水道巨著。大而言之,略有以下数端。

一是着眼于统一国家全局与限于分裂时期局部之别。郦道元作《水经注》时,南北朝分野如斯,北魏局限于北方一隅,其疆域、眼界、经历、当时所据资料等所及均属北方为主,江南非所能及,仅据若干历史记载水道资料写入《水经注》中,已属超范围之举了,所以暗于东南,实出无奈,不得不然。到大清乾隆全盛时期,国力强大,疆域宽广,声威遐震,九译来朝,齐召南得以参与编纂《一统志》等便利,读到许多职方志乘,还有最新全国地图,记载翔实,是前所未有的,加上其博闻强记,勤于著述,所据全国方舆资料,远胜南北朝时。

二是重视实用与炫彩呈博之别。水道专书《水经》是首创,郦道元作注是对《水经》的重大贡献,也是对中国水道著作的重大贡献,但记载水道存在沿袭前人多侧重于水道之文史,炫彩呈博之风,最著名的就是《水经注·江水·三峡》，写得文笔生辉，情采并茂，令人难忘。但也存在繁称远引，穿凿附会之处。鲜有立足于实用，令人展卷即得者。就像齐召南在自序中所指出的以前人记载水道有："志在艺文，情侈观览，或于神怪荒唐，遥续山海；或于洞天梵宇，揄扬仙佛；或于游踪偶及，逞异眩奇，形容文饰，祇足供词赋采用，以为美谈。从未有将中国所有巨浸经流，实在共闻共见，可筏可舟，不枯不涸，如孟子所言原泉混混，放乎四海者，用《水经》遗意，上法《禹贡》导川，总其大凡，芟除地志繁称远引，分名别号，附会穿凿之陋，务使源委了然，展卷即得，此《水道提纲》所以记载今日实有之脉络、山川、都邑，并用今名，略识古迹，取其质不取其文。如河经数徙，济淮入河，汉有别支，江源非一，黑水未知谁是，积石原在羌中，前贤早有辩论，无烦复赘，取其实不取其虚也。"可以说《水道提纲》在记载水道上深切地感受到传统地志乃至水道专书的务虚、眩彩的弊端，而着眼于质朴实用，摒弃浮华，求真务实，创立了一种新型的水道专书记载模式，值得后人取则。

三是水道对于国家经济发展的重要意义，有了更高的认识。以前中国黄河流域是中国经济社会发展的腹心地带，其水利建设之于农业生产、民生事业发展关系最为密切，但自隋唐以降，随着大运河开挖，江南粮米、丝绸等大宗物资之于国家的重要意义日益显现，后世所称的"漕运"愈来愈牵动国家经济生活的方方面面，因此关注水道之于国家经济发展战略便成为朝野共同的话题。同时对于水道的研究管理，到清朝乾隆时期，认识水平已经有了明显的提高，所以对于水道的家底清理盘整自然成为应有之义。

四是进一步加强河防事业的需要。历代河防，关系重大，可谓牵一发而动全身，黄淮冲决，水到之处，乡邑一片汪洋，田庐沉入水底，人民成为鱼鳖，影响至为重大。治河之法，自传说中的大禹导河，到元朝以前，遇到大水肆虐，皇帝钦差大臣持"金龙白璧"临河祭奠，地方官员、河道官员亦派遣下属或者亲自到坍塌之处祭奠。到元朝以后，似乎日益重视人力治河，少有"投龙璧"之事。若明朝潘季驯治河则十分重视向沿河百姓请教，总结经验，是以被誉为有明一代最成功者。直到清朝，黄淮运三河大灾，仍往往惊动皇帝，甚至驾临河工之所，动用国库帑金，跨越数省，而效果每不如人意。即如水道记载最基本的要求是写明水流的源委，一条水流之始为源，其归为委。大河如黄河河源发于何处？长期以来都存在很大疑惑，一直到元朝才有人做了初步的考察与记述，而到清朝也没有完全探索清楚，直到当代才利用现代化的工具，搞清楚了黄河、长江等发源地的基本情况，这才有了"三江源保护区"的建设管理。而河源的情况对于做好治河工程，无疑是有很大的促进作用。这不仅在《水道提纲》中，还屡见于元明清以来诸多治河水利书籍中。

五是加强国家漕运建设，保障京师物资供应与民生的需要。自隋唐以来，中国的首都无论建在长安、洛阳、开封，还是北京（大都），都离不开漕运这一交通大动脉。像元朝依赖漕运供应大都，元末方国珍占据浙东沿海，张士诚占据吴中，漕运中断，海运亦断，京师物资奇缺，朝廷陷入困顿之中，为朱元璋推翻元朝做了重要的铺垫。明朝水利著作中每载及京师岁漕东南粟米四百万石，一旦漕运不通，国脉阻塞，国家面临重大危机，就不是局部小事了。历代治河的重要工程就是治理黄河与运河，兼及淮河，合称"三河"，运河主要供漕运，兼及灌溉与水利蓄泄。可以说中国水利史的一大半是"三河"治理史。这是郦道元时代远不可与清朝相比的话题，也是清朝对于漕运更加需要水道研究梳理的重大原因。

六是水道记载对于国防安全与疆域管理的意义进一步突显。郦道元处于局部水道之时代，有时连考察一条水道源委都要"出国"而成为难以实现之事，到清朝大一统，疆域辽阔，国力强盛，四夷降服，如齐召南所说当时国家敉平叛乱，开疆拓土，"踰流沙而开四镇，荡平伊犁、回部，拓地至二万里，西域并入版图，濛汜咸受正朔，此岂汉唐元明盛时宾贡享王所能较量阔狭乎哉？"这样"伟大"的时代，不用说南北朝时期所难望项背，连号称强大的汉唐时期都无法比拟，因此管理疆域如此广大的国家，亟须掌握国家的自然地理"家底"，就如后世所谓普查，即为摸清基本数据，供国家各种决策之用，《水道提纲》的编纂正是适应时代重大需要的产物。

《水道提纲》在齐召南一生众多著述中之所以越来越成为他的代表作，主要还是因为此书对于中国水利史和其他诸多方面的巨大价值得到显现的，并且其意义还在发挥深远的影响。戚学标《台州外书》卷七："息园宗伯为翰林时，多阅内府图志，以郦道元《水经注》详北略南，黄宗羲《今水经》又知南而不知北，乃作此书。以巨川为纲，而以所会众流为目。故曰《提纲》。大旨以今日水道为主，不屑屑附会古迹。"难怪后来李诚评论道："天台齐息园先生具综今博古之才，校书天禄，得内府舆图，伏而读之，仰而思之，参以职方诸书，为《水道提纲》二十八卷，以征今为主，而又不戾乎古，煌煌乎巨制也。"

清朝台州又有黄岩李诚著《万山纲目》，以与齐召南《水道提纲》相配。李诚字师林，号静轩，嘉庆十八年（1813）拔贡，补云南姚州州判，历署鲁甸通判、新平知县、曲靖同知、云南同知、南关通判、普洱州判、邓州知州、顺宁知县等职。其说经参酌汉宋，尤精地理，旁及历算、医术，尝谓："记水之书，自郦道元而下，代不乏人，而言山者无成编。"《民国台州府志》称："因齐召南有《水道提纲》，乃作是书以配之。起自冈底斯山，分海内之山为三大干。此为舆地有用之书，非寻常山志侈谈名胜，广载诗文者所可比。今存北干十三卷、南干八卷，刻入《台州丛书》续编中，余佚。""又谓齐书网罗既富，不无讹缺，作《水道提纲补订》二十八卷。"可惜《订补》亦大多已佚，未有全本传世。另著有《蒙古地理考》《云南水道考》等地理著作，是继齐召南之后有创新有见识有作为的地理学家。著名考据学家临海洪颐煊著《汉志水道疏证》四卷，有刻本流传。

以上为该时期台州地理学之标志性人物，其著作多有发前人所未发，载前人所未载，戞戞独造，见识超卓，乃至于震古烁今，彪炳史册，自有不可掩盖的学术价值与历史价值。

四、历史学成就较高

台州史学传统来源于浙东史学，代表性人物当然是宋末元初的胡三省了。明清时期，台州史学呈复兴之势，史学史著不断涌现，其中逸出群伦者，则以明王宗沐，清齐召南、洪颐煊、王棻等为代表。

（一）临海王宗沐与《宋元资治通鉴》

主要活跃于明朝嘉靖年间的王宗沐（1523—1591），是一位在理学、史学、交通运输与海洋航运开拓、地方总志编纂诸方面均有较大建树的代表性人物。王宗沐字新甫，号敬所，台州临海人。嘉靖二十二年（癸卯，1543）中举，二十三年（1544）进士，授刑部主事，与同官李攀龙、王世贞辈以诗文相友善。后于嘉靖三十五年（1556）任江西提学副使，修王阳明祠、白鹿洞书院，引诸生讲习其中，多所造就，人文蔚起，一时称盛。三十九年（1560）升任江西按察使，辑"宗禄、水利，下及陶冶事，凡七篇，曰赋书、均书、藩书、实书、险书、陶书、溉书，合名《江西省大志》，以资考镜"（吴观周《续台学源流》卷三）。四十年（1561）升任山西右布政使，寻丁父忧。隆庆元年（1567），起为山东左布政使，升右副都御史，总督漕运兼巡抚凤阳，万历三年（1575），官至刑部左侍郎，巡视山西、宣大边防，卒赠尚书，追谥襄裕。王宗沐立朝有守，取法甚高，以古名臣自期，欲有作为以报国家："自束发登朝，即以古名臣自期。居比部，则精研狱律，称名法家。已督学江粤，则倡道东南，称名师。飏历藩皋,凡一切条布,具为世程,称名方岳"(《敬所王先生文集》张位序)。其后"归卧天台者十年,用荐起,寻晋大中丞,控制江淮,总转输大计"。这是王宗沐一生从事南北水上运输的起因,更是开拓海上运输通道的起点。王宗沐的史学代表作《宋元资治通鉴》,还有《十八史略》;海运专著有《海运详考》一卷、《海运志》二卷。

王宗沐明于史治,遇事敢言,隆庆五年,给事中李贵和请开胶莱河,宗沐以其功难成,不足济运,遗书中朝止之。其一生在水运事业上有过难得的探索,史载王氏见漕运艰阻,常遇中断,而探索海运。传统上我国由于造船业上在材料、技术等方面的限制,在南北水运上视海运为畏途。西方人对于内河航运与海上航运的看法,要较之我国开放清晰得多。如"相较于内河航行,海上航运在许多方面都更具优势。借风力之助,在短时间内可达的一段航程是内河航行无法企及的"①。一次是在隆庆六年(1572)二月,宗沐任山东布政使时,胶河淤塞,王条议海运之法十二利,山东巡抚梁梦龙采用其法,发米四千石,试运,抵达天津,送上奏其议于朝廷。在当时的情况下,其勇气与胆识令人敬佩。同年七月,又刊刻海运新书《海运志》,此书在《海运详考》的基础上,增加了《海运图》以及海运路程、奏疏事宜等,是明朝珍贵的记载海运的专著,具有较高的研究价值。另一次是在王宗沐官右副都御史总督漕运时,其疏载所著《敬所文集》中。王宗沐以河决无常,运道终梗,欲复海运。上疏说:"夫东南之海,天下众水之委也。茫渺无山,趋避靡所;近南水暖,蛟龙窟宅,故元人海运多惊,以其起自太仓、嘉定而北也。若自淮安而东,引登莱以泊天津,是谓北海,中多岛屿,可以避风;又其地高而多石,蛟龙有往来而无窟宅,故登州有海市,以石气与水气相搏映。石而成石气,能达于水面,以石去水近故也。北海之浅,是其明验,可以佐运河之穷,计无便于此者。"因条上便宜七事。明年三月,遂运米十二万石,自淮入海,五月抵天津。叙功进秩,赐金币。而南京给事中张焕言其海运危险,人米俱失,非大臣之谊。万历元年(1573),王宗沐督海运至即墨,遇飓风大作,七舟倾覆。都给事中贾三近、御史鲍希颜及山东巡抚傅希挚俱言不便,遂罢海运。这是明朝不多见的探索南北水运新通道的经历,王宗沐在元人已经尝试海运的基础上做了进一步的实验,取得初步的成功,可惜朝中反对者众,导致浅尝辄止,前功尽弃,实在是中国古代海运史上值得铭记,值得借鉴的事件。后

① 诺伯特·欧勒:《中世纪的旅人》,谢沁霓译,麦田出版社 2005 年版,第 61 页。

世有的学者批评王宗沐是想"侥幸功名",讥笑他请复海运是"纸上谈兵":"不知儒生纸上之经济,言之无不成理,行之百不一效也。观于宗沐,可以为妄谈海运之炯戒矣。"《台州府志》记载临海巾山脚下原建有纪念王宗沐的祠堂:"襄裕公祠,在巾子山麓,祀明刑部侍郎王宗沐,天启间建。"现在早就荡然无存了。

王宗沐在史学上最著名的作品是编纂《宋元资治通鉴》六十四卷。明朝学者有鉴于司马光《资治通鉴》之后数百年无续书来记载,就有了续写《通鉴》的想法,编纂成书的有两大部:一是薛应旂《宋元资治通鉴》一百五十七卷,另一部即王宗沐的《宋元资治通鉴》六十四卷。都是仿效司马光的编纂体例,上接《通鉴》,续记宋元史事。王氏《宋元资治通鉴》的编纂肇始于"嘉靖乙卯①",而集中精力编纂在癸亥至丁卯间。癸亥(嘉靖四十二年,1563),时其父病重,因告归还里,家居杜门,埋头著书,成于隆庆丁卯(隆庆元年,1567)。王氏《通鉴义例》说:"先《资治通鉴》体制,年经事纬,其间……崇王贱霸,内夏外夷,大旨皆温公所自定。故今续编,悉尊用之,不敢有改焉。窃谓《通鉴》之书,编次年月,则盛衰沿革易于考证,简辑全史,则卷帙稍省,易于佩携。"其书记载年代始于宋建隆庚申(建隆元年,960),终于元至正丁未(至正二十七年,1367),编纂其着眼点在于探究宋元两朝其兴亡治乱之故,兼顾辽金夏三姓的历史,供后世朝廷借鉴前车,建立规章所取资。如王宗沐将宋朝历史大势概括成"元祐绍圣,治乱之界;靖康建炎,南北之界;景定咸淳,存亡之界……有治乱之界,而后启金;有存亡之界,而后成元。以中国之不治,然后夷狄得乘间而主中国,有国者不可全以腥膻之毒委之天数"云云,实在是历史留给后世的惨痛记忆,深刻教训。又计算元朝立国从宋开禧二年(1206)"蒙受大号",至元朝灭亡(1368),共计"实一百六十二年",总结元朝历史的特点,其"君臣所为汲汲者,惟用兵作佛事二者而已。即有建立改更,亦不过东支西掩,以度一时,而人民涂炭,纲常坏乱之祸,盖不览其全史,未易知也"。因为编年的延续性,不能割断历史,就"撮其大都而略其细旨,为书一十二卷",来记载元朝历史的梗概。由此可见,《宋元资治通鉴》一书以记载宋朝历史为主体,元朝历史为偏裨。记载史实,遵从记载大臣要分别忠邪之分;记载人物不完全是帝王将相,也有官位不甚显贵,而文章道学足以垂后世者;记载时所采用史料要作考证,而取其中合理者;记载皇帝即位

---

① 原作己卯,误。实为嘉靖三十四年(1555)。

之始,必记其元年而略前帝之末年;记载历史有正统观念,别夷夏之分,如辽金元三国皆夷,王宗沐以为元"自至元庚辰(至元十七年,1280)以后不得不以正统与之,固无容论。其辽金与元世祖以前君亡,俱称国主名之,示不得与宋并夷之也。斯正统有所专矣"。另外是书载事之法还借鉴了朱熹《通鉴纲目》的方法,即"关系大而议论多者,则先提其纲而后原其详",这样记事是能够"使览者知其稍别于他事"。朱熹所著《通鉴纲目》实际是其门人黄岩赵师渊所作,也可知王宗沐对于前代郡人学者颇多学习研究,并取精用宏,发扬光大了。王宗沐《宋元资治通鉴》一书虽未见称于中国古代史学经典,在若干《续通鉴》书中亦未必最佳,然而毕竟为撰述宋元两朝历史做过重要贡献,为清朝毕沅编纂《续资治通鉴》提供了取资的材料,也提供了参照得失的样品,成为后者走向成功的阶梯。万历辛卯(万历十九年,1591)卒于家,年六十九。天启改元,赐谥襄裕。王宗沐还编纂有《江西大志》《十八史略》《台州府志》等史部著作。

(二)天台齐召南与《历代帝王年表》

齐召南博闻强记,才富学健,是以治经史之学为基础,广泛涉猎四部,可谓凡所着力,无不卓然名家。齐召南入翰林时,适逢"天子右文稽古",开馆编纂多种大型文献,是以多年任职编纂,擢副总裁,注经考史,一时号称"大著作",为《四库全书》所著录者就有《群经札记》《通鉴纲目三编》《续文献通考》《大清一统志》等,其诗文则有《宝纶堂诗文集》行世。而于史部,著述尤多,《历代帝王年表》《史汉功臣侯第考》《汉书考证》《后汉公卿表》是其中较著名的几种著作,而尤以《历代帝王年表》有补于治中国史者,故备受学界推崇。此书所记年代"始自三皇,迄明洪武",载事于"周以上以世,秦后以年,纵横列之,统闰别之。惟地与事附而系之,如镜眉目,循挈裘领"。齐召南称自己本意是想仿照司马光作《资治通鉴目录》之意,将二十一史①做一番提纲挈领的梳理,以便初学者得一入门阶梯,但未成功。后来改作总表,"自秦六国,下至明洪武,皆以年序,亦略识其治乱得失,使数千年间兴亡分合,一展卷而瞭如",作为方便初学者之一助。学者评说从古至今数千年历史,人物事情多得不了了,读历史者要读数百家史书纪传,能遍读吗?能以一书以载数千年历史大略,让读者识得数百家著作的纲领,这就是齐召南的《历代帝王年表》,并且它还兼有"《史记》年表,《通鉴》目录及吕、王两家大事记之体

---

①　指明朝时,从《史记》到《元史》的二十一部史书,均为正史。

(裁),援据甚要,经纬甚远"(见童槐序),只是记载历史截止于元朝明初,未及明朝全史,在清朝学者看来为美中不足。所以到道光年间,又由阮福补充明朝历史,合成一编,刊刻行世。此书分"三王五帝三代表一""秦六国年表二""秦年表三""前汉年表四""后汉年表五""蜀汉(附吴魏)年表六""晋东晋(附十六国)年表七""南北朝(附南宋齐梁陈,北魏齐周)年表八""隋年表九""唐年表十""后五代(附十国契丹)年表十一""宋南宋(附辽金蒙古)年表十二""元年表十三",加上阮福所补"明年表十四",共十四章,道光四年刻于广州,是较通行的版本。

齐召南考史多有精到处,见解超卓,令人获益。如《进呈〈前汉书考证〉后序》说到古代书籍从抄写到雕版印刷的变化,就导致了书籍传播过程中文字错讹脱文等等方面的增加:"自唐以前,书皆钞写,而校对极精。讹脱相承,不过数处。其有版本①,自宋淳化中命官分校三史始也。版本染印,日传万纸,于人甚便。人间摹刻以市易者滋多,彼此沿袭,校雠稍疏,辗转失真,'乌''焉'成'马'。故书有版本,而读者甚易;亦自有版本,而校者转难,固其势然也。"齐召南还编纂《温州府志》、改编《天台山方外志要》等书,都是其史学方面的遗产。

(三)临海洪颐煊与《诸史考异》等

洪颐煊生平见下文学术研究。中国的历史,自有文字记载以来,一直保持修史的传统,未有中断,但记载历史如此漫长,事情如此纷繁复杂,"修史者各因前人之《实录》,一事而先后不同,一人而彼此各别,所见异词,所闻异词,所传闻又异词,此考异之不可少也"(程霖序)。洪颐煊饱读经史,著述丰富,晚年总结自己读史校史之所得,著成《诸史考异》一十八卷,是深有感于二十四史卷帙浩繁,前四史(《史记》《汉书》《后汉书》《三国志》)以降,历史书编纂者每由朝廷组织编纂班子编修成书,因此"成于众手,其讹舛固所不免。厥后篇帙浩繁,校刊匪易,辗转改变,讹谬滋多"(洪颐煊自序),给读者带来许多疑问与困惑,需要学者给予校勘与考证。清朝学术昌明,考校史籍空前兴盛,在洪颐煊作此书前,已有多位学者从事于此,若王鸣盛有《十七史商榷》,赵翼有《廿二史札记》,特别是"嘉定钱大昕撰《廿二史考异》,参互考校,精审不苟",在考校二十二史上成绩斐然,成为"史考"的经典之书。洪颐煊从广东回籍告老以后,空闲时间多了,就取来《三国志》到《南北史》作为考

---

① 指雕版印刷的书本。

史对象,因洪颐煊有关《史记》《汉书》和《后汉书》考校见解已经刊载于《读书丛录》之中,"条其异同,辨其得失",以为"扑尘扫叶,聊补钱氏之阙"(自序),其所考校者,每"于前人一字之谬,一句之讹,皆旁通曲引而辨证之,洵有功于列史"。洪颐煊一生学术尤其精于考据之学,在杭州敷文书院与诂经精舍就学时就已经得到阮元、王昶和孙星衍诸位先生的赞赏与肯定,后来所著之书多与考据相关。其读书之细密,考校之周详,兹举一二以见全豹:卷一《三国志·魏书·武帝纪》"两刘岱"条:

> "遣刘岱、王忠击之,不克。"注:"《魏武故事》曰:'岱字公山,沛国人,以司空长史从征伐,有功,封列侯。'"颐煊按:初平元年,兖州刺史刘岱,注(此指《三国志》裴松之注):"岱,刘繇之兄,见《吴志》。"与此别是一人,而同字公山。

两个同名同姓而且同字的历史人物,一般读者极易忽略其差异,视同一人,而洪颐煊能够从中发现非是一人,无其学博思周,考证绵密,难以至此。又如钱大昕是考史旗帜性人物,所作《廿二史考异》也是"史考"著作的标杆,而洪颐煊的《考异》中,屡见纠正或者批评钱大昕的疏失之处。如卷一"司金中郎将"条:

> 《王修传》:"行司金中郎将。"钱氏大昕曰:"陈琳为袁绍檄:'操特置发邱中郎将、摸金都尉。'即谓此也。"颐煊按:《韩暨传》:"暨乃因长流为水排,计其利益,三倍于前,在职七年,器用充实,就加司金都尉。"《张裔传》:"还为司金中郎将,典作农战之器。"魏蜀皆有此官,不必如陈琳所指。

一对比就不难发现洪颐煊考证功夫之老辣,引证史料之得当,直接痛快,而钱大昕之说则有所偏颇,有曲为之说之嫌。洪颐煊考校史籍之精明,清朝学者李慈铭《越缦堂读书记》中多有评说,如:"予于戊午日记,曾疑东汉《袁闳传》言字夏甫,而《黄宪传》又称字奉高,谓古人有二字,始见于此。今阅洪氏颐煊《读书丛录》,言奉高是袁阆字……予于各史,自谓于范书[1]最留

---

① 指范晔所著《后汉书》。

意,乃亦未曾检出,看书卤莽,深可愧汗。自来读史者亦无人纠及,诗文家遂相承用,以奉高为袁闳。夫古人无二字,闳传又言其恬静不事交游,后遂居土室不出,固与《黄宪传》中所言不符。顾非洪氏指出,世无觉者,甚矣,读书之难也!"洪氏写作此书,还有为列史整理出一个"荟粹群本,择善而从,刊一定本",供读史者所用的"善本"梦,其著作志向令人敬佩。所以洪颐煊的学问根基深厚,屡见称于同辈与后学,声名非偶然得来,是真才实学的功夫使然。本来洪颐煊的《诸史考异》完全可以与上述王、赵、钱三家并列为四而毫不逊色,但通常难以见到将洪书与三家相提并论呢? 只是因为洪颐煊长于治学,而短于考试,未由进士出身,止于拔贡而已,后来入赀(出钱买)为"直隶州州判"之资格,南下广东,做过地位较低的幕僚小吏,在当时极看重进士出身的风尚中,自然大大限制了其学问的影响与传播。除了《诸史考异》外,洪颐煊涉及"史考"之书还有《读书丛录》等。《续修四库提要》评《读书丛录》道:"其例严而其义慎,其考详而其订约。方之钱氏竹汀,王氏石臞,殆亦无多让焉。"即谓《读书丛录》一书与清朝著名读书考据著作钱大昕《十驾斋养新录》、王念孙《读书杂志》可以相提并论。故洪颐煊位虽不高,其学问水平高,得以传播于后世。

(四)王棻与《台学统》

《台学统》一百卷,晚清黄岩王棻撰。王棻字子庄,号耘轩,家住黄岩柔桥,少受庭训,从同里姜文衡学,治《说文》、经史,为诗古文辞,长有著述之志。同治六年(1867)举于乡,然恬于仕进,一意著述,以发明学术,表章先贤,启迪后进为职志。其论古今学术大别有四:曰性理,曰经济,曰训诂,曰词章。而其归有三:性理者,志于立德者也;经济者,志于立功者也;训诂词章者,志于立言者也。四者皆有用,但当辨其真伪,不当互相是非。其思想为其晚年所作《台学统》奠定基础。是书裒录台州先哲自晋以来至于近代,凡三百三十余人[①],略如学案之例,分为六派,曰气节、曰性理、曰经济、曰词章、曰训诂、曰躬行,而归重于气节、躬行。立传记事,俱首记事迹,次遗书,次诗文,采集诸书,征引颇博。台州僻处远离政治中心的浙东沿海,儒家思想学术到达较晚,如王舟瑶在《台学统序》中所言:"吾台人物自后汉洎五代,虽间有表见,然无派别统系之可言。至宋二徐、陈宗正、罗提刑出,始传安定之学。南渡以后,克斋石氏首交考亭,一时如林、杜、赵、潘、郭、池、吴诸贤咸

---

① 其中正传者二百五十二人,附传者八十五人。

执贽朱门,闻风兴起,儒术之隆,称小邹鲁。宋景濂所谓'晦翁传道江南,而台特盛'也。考亭既逝,鲁斋继来,上蔡讲席,从游甚众,流风所被,历元及明,延绵不绝。虽宋之然道、咏道并及象山之门,箬窗、荆溪兼受永嘉之学,逮明正嘉,服膺王学,尤不乏人。其间气节、勋名、经术、文章之彦,亦有无所师承,能自树立者。而要之台学之真传,以考亭为宗主,宋之立斋,明之逊志,其尤著也。"这是简明扼要地概括台州儒学自宋及明发展的大略。《台学统》所载台州儒学人物从《气节之学》的晋任旭以降,到《躬行之学》的最后一人晚清王维祺止,采用人物形象展览式的结构,加以记载与展示,是台州一部规模宏大的儒学史,也是继明金贲亨《台学源流》之后研究台州儒学的集大成者,很明显其最大的特点是破除了明朝金贲亨《台学源流》所设置的儒学门户,兼容并包,均予收入。若是看成浙东学派的力作,亦属允当。瑞安孙诒让在《读柔桥集书》后,称其"为文章不事雕琢,而持论名通,援证详确,足与谢山、董浦诸集并传"。惟全稿中不经意之作,似尚不少,宜严加简择,以求完粹。宋人集率多芜杂,不足效也云云。

王棻其他有关史学著作还有《史记补正》三卷、《汉书补正》三卷、《重订历代帝王年表》十五卷、《明年表》一卷等。他还是晚清著名的方志编纂名家,有《杭州府志》《光绪黄岩县志》《黄岩集》《光绪仙居县志》《仙居集》《光绪太平续志》《方城遗献续编》《青田县志》《永嘉县志》等。又著有《黄岩志校议》一卷,《九峰山志》五卷。其别集曰《柔桥文集》四十六卷,《诗集》十卷,传于世。

五、朴学名家辈出

(一)考据学家洪颐煊昆仲

有清一朝台州学术界较为活跃,以齐召南、戚学标、洪颐煊等为代表,而颐煊尤为出色,著作繁多,成就斐然。临海洪坤煊(字载厚,号地斋)、洪颐煊、洪震煊(字百里,号樾堂)兄弟[①]俱好学有声,时有"三洪"之目,而以洪颐煊最为典型。洪颐煊(1765—1837)字旌贤,号筠轩,晚号倦舫老人,台州府城(今临海古城街道)人。其故居号"小停云山馆",在城内巾子山麓,今尚基本完好。洪颐煊与地斋、樾堂兄弟读书少固山房,由兄坤煊督课之,进于古

---

① 　三人在《清史稿》中俱有列传,《清史稿》的"儒林""文苑"两传中台州共有六人进入列传。

学。嘉庆二年(1797),为浙江学使阮元赏识,檄调省城杭州敷文书院肄业,参与了阮元《经籍纂诂》的编纂工作,与主要编纂人员臧镛堂、丁杰等人切磋学问,臧镛堂称"大洪(颐煊)渊博,小洪(震煊)精锐"。嘉庆五年(1800)阮元升任浙江巡抚,于西湖孤山编纂《经籍纂诂》处建诂经精舍,延请王昶、孙星衍,三人迭为主讲,选督学两浙时所知文行兼长之士读书其中,切磋学问,编纂典籍,成为江南著名学府。阮元《西湖诂经精舍记》曰:"元少为学自宋人始……尝病古人之诂散而难稽也,于督学浙江时,聚诸生于西湖孤山之麓,成《经籍纂诂》百有八卷。及抚浙,遂以昔日修书之屋五十间,选两浙诸生学古者读书其中,题曰诂经精舍。精舍者,汉学生徒所居之名;诂经者,不忘旧业,且勖新知也。诸生请业之席,则元与刑部侍郎青浦王君述庵、兖沂曹济道阳湖孙君渊如迭主之。"(《研经室二集》卷七)嘉庆六年(1801)以拔贡赴京应试下第,南归途中应藁城县令刘初泉之邀,任县学经师,三年后投奔杭州诂经精舍导师,时任山东粮道孙星衍的德州平津馆,为孙氏撰《孙氏书目》及《平津读碑记》八卷。《读碑记》考据精详,于唐朝地理尤有独到见解,是洪颐煊金石考据的代表作,其成就与钱大昕的《金石跋尾》相媲美,甚至于超越其老师王昶的《金石萃编》,在清朝同类著作中属于一流。在平津馆七年,多承孙星衍指导关照,入京活动多次,然考试屡不售,后入赀得直隶州州判资格①,发放广东使用,至五十岁始赴广东任职,先后任罗定州州判、署新兴县事。适逢阮元为两广总督,知洪颐煊为人长于文学,而短于吏治,遂延引入幕,以师弟礼待之,暇则讨论经史以为常。在广州十五年,著述不辍,见市场上多古书骨董,价不甚昂,遂收藏甚富。归里后购得新居,复筑小停云山馆,手不停披,以考史著书为乐,藏书三万余卷,碑版二千多种。与其子洪瞻墉自撰书目碑目。洪颐煊一生勤于著述,著作等身。有《经典集林》三十二卷、《读书丛录》二十四卷、《管子义证》八卷、《汉志水道疏证》、《筠轩文钞》、《筠轩诗钞》、《台州札记》十二卷等,其研究成果共有二十多种,一百七十多卷,今存世者近二十种。其治学成绩,颇得阮元、王昶、孙星衍等师长好评,如阮元说:"临海洪颐煊震煊兄弟,笃学士也。余尝谓台郡能读书者,惟此二人。台郡自齐次风侍郎之后,能学者甚寡,颐煊、震煊文采词翰或未足,而精研经训,熟习天算,贯串子史,实有过于侍郎之处。"(《定香亭笔谈》卷二)孙星衍

---

① 今或者以为直隶州判是担任直隶的州判,因而解读为洪氏在河北做过州判。实则直隶州当时行政区划的一种,地位介于州与县之间。

评说："临海洪氏兄弟多才俊。……无一字背先圣之言,无一言为欺世之学,筠轩兄弟其人也。"（《筠轩文钞》序）著名金石学家翁方纲称赞说："临海洪君筠轩,以所著《读碑记》八卷示予,读之,叹其勤且博。近日钱詹事《金石跋尾》用意之精,庶其匹矣;王司寇《金石萃编》虽广摭,而精密或不逮此也。""近日辑录金石者多矣,未有若洪君用心之精密者。"还受到后来者的推崇,如清代学者李慈铭（见《越缦堂读书记》）,现代学者梁启超[①]、黄侃等人的高度评价。

（二）太平戚学标与音韵学

戚学标（1742—1824）字翰芳,太平县（今浙江温岭市）泽国人。清乾隆三十年（1765）拔贡,掌教县城鹤鸣书院。乾隆四十三年（1778）应曲阜孔继涵邀,到孔府任教。四十六年（1781）中进士,乾隆五十九年（1794）任河南涉县知县,兼理林县,捐俸疏浚任公渠。在任十三年,颇有政声。嘉庆十八年（1813）任宁波府学教授,后历任杭州紫阳、崇文诸书院讲席。戚氏博通经史,尤精于音韵学,有《汉学谐声》二十四卷,上溯《说文》,引证古读,末附《说文考补》三卷,是其音韵学研究的代表作。洪颐煊说:此书是乡前辈戚鹤泉先生于政事之暇："取许叔重《说文解字》,删孙氏之附音,祛徐氏之谬说,专求谐声,以发明汉学。夫古人制字之旨,依类象形谓之文,形声相益谓之字。览其字即可知其声,审其声即可通其义。故六书之中,谐声居其大半。自魏晋以后,反切盛行,学者舍字求音,于是有部分之说,而汉人之家法始变。近儒讲求古音,复拘四声之例……先生是书不守二百六部之次,专以谐声相从,而于每字之下,各阐其本音,俾读者一览而知谐声之本,实为前人所未发。"下举二例以见一斑。卷十一之部下持："握也。从手寺声。读如字。《上林赋》:'葳持',韦昭云:'持音懲。'如疑之转凝。"戚学标这样解字,不仅解本字,还具有系统的观念,是对汉字字族形音义联系的考察,较之单一释字无疑进步多了。卷二十四《说文补考》田部甸:"《系传》[②]从田,包省声。乃从包省,田声之误。"这是纠正宋人徐锴《说文系传》对"甸"字解说的不确。

---

① 见《清代学术概论》之十六,以为《平津馆读碑记》系"考证精彻之作";其校勘学成果有《校正竹书纪年》《校正穆天子传》,均收入《平津馆丛书》,梁氏以为属清人中"成绩可纪者";洪氏《管子义证》,梁氏评为"跻诸经而为之注"者也。出自朱维铮:《梁启超论清学史二种》,复旦大学出版社1985年版,第50页。

② 指徐锴所著的《说文解字系传》。

清李慈铭评为"辨证二徐(宋徐铉徐锴)及孙缅《唐韵》之误,征引经籍传注,精确为多。"另有《毛诗证读》《读诗或问》《诗声辨定阴阳谱》《四书偶谈》等。

清朝台州学者中,经学方面超凡出众者:临海尚有金鹗(1771—1819),金鹗字风荐,号诚斋,一号秋史。选充优贡,入都。《台州府志》卷二十七《选举表》七金鹗条下载:"丙子(1816)优贡。"金鹗于书无不窥,邃于《三礼》,尤精天文算法。同时若高邮王引之、栖霞郝懿行、泾县胡承珙、绩溪胡培翚、长洲陈奂交相推服无异辞。有《求古录礼说》十五卷、补遗一卷收入清王先谦编《续皇清经解》中。

(三)临海宋世荦

宋世荦(1765—1821),字卣勋,号确山(一作牺山),清乾隆五十三年(1788)甲午恩科第六十四名举人,宋中举后考取咸安宫教习,任满以知县用,授陕西扶风知县,在任上捐俸编纂刊刻《台州丛书》,为其一生垂名青史之举,于经学有《周礼故书疏证》六卷、《仪礼古今文疏正》二卷等。王引之称宋世荦《诂经文字古义通释》"求古义以释古经,触类引伸,四通六辟,非熟于谐声假借之例不能",在当时属于台州知名学者。宋世荦所编《台州丛书》,影响十分深远,晚清藏书家叶德辉评论说:"惟《台州丛书》渐成巨册。"前浙江图书馆馆长陈训慈说:"清代浙江郡邑丛书之辑刊,以临海宋氏《台州丛书》为最先。"《台州丛书》刊行后,省内其他地方群起编纂郡邑丛书,如胡丹凤编纂《金华丛书》、胡宗茂《续金华丛书》,孙依言《永嘉丛书》,丁丙《武林掌故丛编》《武林先哲遗书》,许增《湖州丛书》,陆心源《湖州先哲遗书》,孙福清《槜李遗书》,一直到宁波张寿镛编纂《四明丛书》,无不追踪宋世荦之轨则,而有所增益,规模越来越宏伟,蔚为壮观。在浙江省外,也有一批有识之士,仿效临海宋氏出资编纂郡邑丛书,如邵廷烈《娄东杂著》、伍崇曜《岭南丛书》、陶福履《豫章丛书》、王文灏《畿辅丛书》、盛宣怀《常州先哲遗书》等,在中国郡邑丛书编纂史上形成了一个风起云涌的景象。

《台州地区志》第四十五章《人物》称:"清代民族矛盾尖锐,压迫深重,台州人才锐减。入《清史稿》者仅九人,以训诂考证学者居多。"也可以说明当时知识分子在政治上的苦闷,尽量避免触及高压线,以训诂考证作为从业的选择,实际上是一种无奈的举措。但从学术发展的视角看,却是在无意中得到一种新的境界,有许多创获,成就了许多后人想做而难以企及的高度,在中国学术史上写下了重彩浓墨的篇章,树立了一座巍峨的丰碑。

第四节　"台州式硬气"的历史渊源和代表人物方孝孺

今人熟悉台州有"台州式硬气",作为地方风格标志,都是从中学语文课本中得来的。这个地方标志性的点评出于鲁迅《为了忘却的记念》,是从他的晚辈作家朋友柔石身上得到的印象:"他的家乡,是台州的宁海,这只要一看他那台州式的硬气就知道,而且颇有点迂,有时会令我忽而想到方孝孺,觉得好像也有些这模样的。"后来便作为褒扬台州特色的意义广泛使用了。其实一个地域形成所谓的"硬气",本来并不意味着此地人民就怎么刚正不阿,浩气贯虹,若从其生活环境、生活条件而言,往往是此地环境恶劣,条件艰苦的一种表征。台州便是这样的地方。浙东多山,现代地理学上所谓"东南丘陵"地带,台州依山临海,就如王士性在《广志绎》中所说:"吾浙十一郡,唯台一郡连山,围在海外,最为据险,另一乾坤。"良田稀少,耕作农田广泛分布于山区与半山区,生活贫困是普遍现象,人民在如此环境中具有"石气所钟"的"山的性格";同时台州还面临大海,海滨之民又以不畏风暴,耕海牧渔为日常功课,养成吃苦耐劳,战天斗地,自强不息的秉性,便是生活条件造就的地方特征。

"台州式硬气"的代表人物是中国历史上赫赫有名的明初大儒方孝孺(1357—1402),字希直,一字希古,明台州宁海(20世纪60年代宁海改隶宁波)人,史载方孝孺早年在汉中府任教授时,蜀献王赐名其读书处为"正学",世人遂称为"正学先生",靖难之役后,天下人敬重式气节,均尊称之为"正学先生",习称"方正学"。清朝天台齐周华称赞道:"胜国品学正者莫若方孝孺,靖难受祸惨烈者亦莫若方孝孺。无论知与不知,无不义而悲之。"

据史料记载,方孝孺幼时聪明勤奋,读书每日读得一寸厚。师事明初开国功臣——文臣之旗帜宋濂,宋濂原先的那些及门弟子,包括有些知名文士都比不上方孝孺。他经常以"明王道、致太平"为己任。洪武十五年(1382),以吴沉、揭枢荐得蒙太祖朱元璋召见,朱元璋喜欢方孝孺举止端庄正派的气宇,对太子说:"这是一位正派的人,应当进一步锻炼他的才干,增强他的能力。以便将来辅佐你。"并将其礼送回家。二十五年(1392),以荐复得以召见,太祖称"今非用孝孺时",就委任方孝孺为汉中府教授,蜀献王聘他为世子师,名方孝孺所居之庐曰"正学"。等到建文帝即位,就召方孝孺入京为翰林侍讲,翌年迁侍讲学士,"国家大政,事辄咨之"。建文帝读书有疑问,就请方孝孺来讲解,文学博士,侍奉经筵讲席。新朝廷的诏命,都由方孝孺来起草;朝臣奏疏可行与否,有时也请方孝孺在幕后批答。当时纂修《太祖实录》及《类要》等书,皆以方孝孺为总裁。后来朝廷深感诸藩王拥兵自重,甚至不听调遣,形成尾大不掉之势,于是采用"削藩"之策,以加强中央集权,而各藩王亦不愿坐以待缚,其中驻守北方势力最为强大的燕王朱棣以"清君侧"为名,率兵南下,及朱棣攻入皇宫,建文帝自己烧死(一说潜逃隐匿)。朱棣准备登极,派人请方孝孺为新皇帝起草告天下之诏。方孝孺身穿丧服来到,号哭之声响彻殿堂。燕王朱棣降榻慰劳之,方先生不要自己苦了自己,我这次领兵南下,只是想效法周公辅成王罢了。方问"成王"何在?答自焚死了。又问何不立"成王"之子?答以国事须依靠老成之人。又追问何不立"成王"之弟,答以这是我的家事。燕王回头叫左右侍臣授笔札于方孝孺,曰:"诏天下,非先生草不可。"方孝孺大书数字,掷笔于地,说道:"死即死耳,诏不可草。"方孝孺临刑前作绝命词:"天降乱离兮孰知其由?奸臣得计兮谋国用犹。忠臣发愤兮血泪交流,以此殉君兮抑又何求?呜呼哀哉兮庶不我尤。"遂磔于市,时年四十有六。其弟方孝友同时就戮。其妻郑氏,两个儿子中宪、中愈先自经死;两个女儿投秦淮河死。其宗族亲友受连累而死者数百人(或统计为八百多人)。仁宗朱高炽即位,为方孝孺案连累诸族家属"籍在官者悉宥为民,还其田土,其外亲戍边者留一人戍所,余放还",万历十三年三月,释放受方案牵连谪戍者后裔共一千三百余人。福王时为方孝孺平反昭雪,赠太师,谥"文正",其妻谥"贞愍";其弟方孝友赠翰林待诏。清乾隆四十一年,赐孝孺谥曰"忠文"。所著有《逊志斋集》传世。学者称正学先生。清朝早期台州著名诗人侯嘉繙曾作诗称赞他:

拜方正学先生墓

访古思忠烈,松楸老墓田。
全家成骨硬,十族看株连。
燕子飞来日,龙孙避去年。
茫茫人代感,遗恨在金川。

方孝孺坚持正义,宁折不屈的精神是中华民族脊梁的宝贵内涵,也是台州式硬气的典型写照,是台州精神的光辉榜样。自从明朝起方孝孺便受到舆论的推崇褒扬,更得到台州人民的高度崇敬与评价,建祠立庙,树碑立传,处处可见台州人民对先贤的肃敬态度。祠庙主要集中于台州府城与宁海县城。台州府城起方正学祠,后又建正学书院;宁海亦为建立祠堂以祭奠之。

《临海县志》载:方正学祠"在北山百花桥,国朝顺治十七年徙府学东,康熙十一年郡守岳贞,教授何且纯重修"。

万历《宁海县志》载:方氏祠堂"在缑城里,洪熙中建,祀方正学父子,寻为民人所侵。成化中,知县郭绅反所侵地重建"。

《宁海县志》载:正学祠"原建卧龙山,明隆庆六年,巡抚谢廷杰檄所属修葺。万历三年,郡守李时渐移西门内,知县曹学程修。崇祯壬申,知县宋奎光重修。忠义、节孝祠二祠俱在东郊外"。

《台州府志》载:"逊志方公祠堂碑①,薛應旂撰,在宁海躍龙山,记嘉靖十五年宁海令杨时秀改躍龙山三官祠以祀方孝孺事。"府城还载在跃龙山建有乾坤正气坊,以祀方孝孺。宁海县城缑城里有方孝孺的故居,跃龙山是方孝孺读书处,所以建立纪念性建筑以怀念他。

第五节　戚继光在台州抗倭战争中的表现与战果

(一)倭寇侵华概述

倭寇是明朝长期侵扰劫掠我国东南沿海,直到岭南的广大区域的日本走私商贩勾结浪人②,和部分中国沿海一些不顾祖国利益的奸商、流氓分子组成的武装组织。其为害时间之长,则自元末明初开始,直到明朝灭亡,前后几三百年之久;而遭侵扰劫掠最严重的时期是在嘉靖中世,即 16 世纪 40 年代到 50 年代。其为害范围之广,则北起山东,南至广东,南北几三千里之遥;而倭寇侵扰最严重的地区则集中发生于苏、浙、闽三省。倭寇的发生,源起于古代日本向中国的海上朝贡以及贸易,明朝施行较为严厉的"海禁"闭关锁国政策等相关问题。当时从日本到中国东南沿海主要有两条海道:一条从日本到达中国浙江、福建沿海,叫作南道;一条从日本到达中国山东沿海,叫作北道。因沿海季风的关系,南道较为顺利便捷,是日本人到中国的

---

① 即宁海的正学祠碑。

② 多为无正当职业到处流浪者和在日本藩侯战争中失掉军职的武士。

首选海道。日本与中国的朝贡关系,实际上是一种变相的贸易关系,这种关系给"朝贡"者带来很大的经济得益和生产力发展的刺激,如明宪宗《成化实录》卷62成化五年正月记载:"丙子,礼部奏日本国所贡刀剑之属,例以钱绢酬其直,自来皆酌时宜,以增损其数。况近时钱钞价值贵贱相远,今会议所赏之银,以两计之,已至三万八千有余,不为不多矣。"这仅是朝廷"酬其直"的钱钞,如果算上其他贸易活动所得收入,则日本"朝贡"者带来的经济利益是非常丰厚,具有强烈的刺激海上贸易作用。当中国政府实行海禁政策,阻止外国从海上进入中国贸易时,就会产生冲破"海禁"闭关锁国政策的问题。特别是当明朝正德以后,西洋殖民主义国家葡萄牙、荷兰和西班牙的势力逐步深入南洋,破坏了南洋与中国原有的"朝贡"关系,限制了中国沿海商贩的私人海上贸易,也限制了日本与中国的贸易,日本商人为了经济利益铤而走险,进行武装劫掠。中国少数奸商、流氓为了同样的利益不惜出卖民族国家,加入"倭寇"的行列。当时比较著名的有王直、徐海、陈东等,以王直的势力最大。就如《明史纪事本末》所载:"先是,徽人汪直以事亡命走海上,为舶主渠魁。倭勇而戆,其魁皆浙闽人,善设伏,能以寡击众,大群数千人,小群数百人,而推直为最,徐海次之。又有毛海峰、彭老生,不下十余帅,列近洋为民害。至是登岸,犯台州,破黄岩,四散象山、定海诸处,猖獗日甚,浙东骚动。"这些奸商、流氓利欲熏心,利令智昏、见利忘义,给"倭寇"作引线,伙同劫掠,就大大加深了"倭寇"对中国的灾害。"倭寇"对中国的灾害到嘉靖中世达到高峰。

台州自倭寇侵华以来深受其害,倭寇到处,烧杀抢掠,无恶不作,生灵涂炭,遗患无穷。不但民生凋敝,而且国家主权和安全都受到严重威胁。台州官民在抗倭斗争中付出了重大牺牲,连台州地方官员也献出了生命。如武炜,嘉靖中知台州府事,时倭人黄岩,炜挺身率兵至钓鱼岭,力战遇害。建愍忠祠于巾子山祀之。王士性说:"倭以丁未寇浙,始以朱公纨巡抚。朱至,严禁巨家大侠泛海通番者。又立钩连主藏之法,以双樯大舰走倭岛互市向导者长屿人林恭等若干人正典刑,于是海上诸大族咸怨。少司马詹荣希分宜①指,覆犹豫,御史周亮遂劾纨擅杀乖方,遣给事杜汝祯就讯之,拟闽海道柯乔、都司卢镗死,朱惧逮,仰药。此浙立巡抚、杀巡抚之始也。代朱者止王公忬得善政,亦以他事死。其后张公经论死,李公天宠论死,胡公宗宪逮系死,

---

① 严嵩为江西分宜人,此处以地代人,指严嵩。

十五年间，无巡抚得全者。至赵公孔昭，岛寇不来，始身名两全耳。""倭寇浙始丁未（1547），止辛酉（1561）。破黄岩、仙居、慈溪、昌国……诸卫、县，围余姚、海宁、上海、平湖、海盐、台州诸郡县。十五年间，督抚踵死……丙辰，胡公宗宪雄行阔略，始败之于皂林，击之于梁庄，杀徐海，擒麻叶，降王直、毛海峰。而谭公纶与戚继光、刘显相继至，又有白水洋之捷，崇明沙之捷，浙人始力能胜倭，志在杀倭，至今称南兵，皆其遗也。故论浙中倭功，当首祠胡公、谭公以及俞（大猷）、汤（克宽）卢（镗）、刘（显）戚（继光）等，而戚……其方略又出诸将之上。"[①]

（二）戚继光、谭纶抗倭

台州由于地处东海之滨，易受海上文化之滋润，亦易受海上外来势力之侵扰。就台州受到倭寇侵害而言，明朝正德九年（1514）即有记载"倭寇宁海"："漳人引倭入寇，奉化典史陆方领兵追捕，大捷。"（《宁海志》）嘉靖十三年（1534），"漳船假倭名劫太平茅岘及松门"《嘉庆太平志》），十八年（1539），倭寇宁海："倭至石所庄，十日，沿海居民尽逃。"嘉靖二十三年（1544），原先驻扎省城杭州的巡视海道副使移驻台州。二十六年（1547）十二月乙亥，倭寇犯台州，大肆杀掠："倭寇百艘久泊宁、台，数千人登岸焚劫，攻掠诸郡邑，毁官民廨舍至数千区。"在这件事的记载中还透露了重要的倭患原因："巡按御史劾防海副使沈瀚，守土参议郑世威因乞'敕巡抚朱纨严禁泛海通番，句连主藏之徒'。纵访知舶主皆贵官大姓，市番货皆以虚直转鬻牟利，而直不时给，以是构乱。乃严海禁，毁余皇，奏请镌谕戒大姓。不报。"三十一年（1552）始筑台州府城，夏四月，倭入海门（今台州市椒江区），五月陷黄岩，遂攻台州，知事武炜死之，知府宋治、仙居知县马濂击退之。是年倭连寇太平（今温岭），从三月到五月，杀掠沿海，直攻抵太平南门，知县方辂备御甚力，城得以未破。三十二年（1553）、倭寇太平、宁海、仙居，三十三年，倭寇太平、黄岩、临海、仙居，杀戮无算。三十四年，倭寇掠宁海，出没台州外洋，都指挥王沛败之大陈山，参将卢镗擒其酋林碧川等；又劫黄岩、仙居、天台，杀掳无算。三十五年，倭自临海入黄岩，官军败绩，陷仙居，郡守谭纶请兵歼之。又入寇宁海，与官军战于两头门，福建总督备倭刘炌于隘顽所遇贼，力战死之。三十六年，三十七年，倭寇侵略台州，气焰嚣张，杀掠无算，知府谭纶、总督胡宗宪率兵击退之。翌年，抗倭名将戚继光登场上任。

---

① 王士性：《王士性地理书三种·广志绎》，第333—334页。

戚继光(1528—1588)字符敬,又字汝谦、文明①,号南塘,晚又号孟渚。祖籍山东东牟。自其五世祖戚斌以下,世袭为登州卫(今山东蓬莱)指挥金事。戚继光于嘉靖二十三年(1544)承袭世职,时仅 17 岁,即开始了他一生历经艰险、"日日横戈马上行"的军事生涯。嘉靖三十四年(1555),在抗倭战争进入紧急关头时,戚继光被调任浙江都司金事,时年 28 岁。次年以参将分守倭患最重的宁波、绍兴、台州三府,并在龙山所(在今浙江定海)一战中崭露头角。

1.编练新军,创"鸳鸯阵"

在台州抗倭期间,他看到当时明朝军队主客各军从编制、给养到训练、纪律都存在着严重的问题,种种腐败现象大削弱了军队的战斗力,因而一再向上级提议在剿倭作战的同时,招募编练一支新军,"杀贼、练兵,可以并行不悖"。他指挥明军在浙东先配合友军攻克了倭寇盘踞多年的老巢岑港(地在今浙江定海西),后又解桃渚之围,追击并全歼了偷袭海门卫流窜乐清的三千倭寇。当时浙江总督胡宗宪发现戚继光是一个不可多得的将才,同意他编练新军;浙江按察使金事、兵备道唐尧臣"甚重之"。嘉靖三十八年(1559),添设台金严参将一员,驻扎台州,以宁绍台参将戚继光为台金严参将。三月,倭攻桃渚所及楚门、松门卫,总督胡宗宪檄令海道副使谭纶往救,与戚继光合攻,与贼连夜大战,复尾贼后,追奔环攻,斩首三百级,生擒十数人。三十九年(1560)、四十年(1561)倭寇掠宁海、太平,两犯郡城(府城临海),戚继光力战,次第击败之。经奏请准许,戚继光在义乌招募矿工、农民三千多人,训练新兵。"教以击刺法,长短兵迭用",这支新军在戚继光的严格训练下,针对倭寇流动突袭作战为主,多在浙东丘陵地带,较少大规模大部队作战的特点,又根据"南方多数泽,不利驰逐,乃因地形阵法,审步伐便利",训练形成抗倭作战的主要阵式——鸳鸯阵。此阵由十二人组成,队长一人为核心,位置最前,后面左右依次设盾牌②两人,狼筅两人,长枪左右各两人,镗钯手两人,伙夫一人,类似后来军队作战编制的基本单位"班",灵活机动,兵器配备攻守兼备,设置齐进齐退,杀一倭寇有赏,亡一战士有罚,立功共享,有罪连坐之法,平时严格训练基本功,战时齐心协力,奋勇杀敌,作战效果明显,遂成为明朝抗倭军队中一支纪律严明、作战勇敢的劲旅,史载"由是继光一军特精",在台州境内九战九捷,歼敌六千,人们称之为"戚家军"。

---

① 资料来自临海桃渚《新建敌台碑记》。
② 指盾牌手,亦即伍长。

2. 号令严明,赏罚必信

在当时明朝政府常备军战斗力严重败坏的背景下,戚继光治兵十分强调纪律,他制定"连坐法",一个作战单位的人必须做到指挥官与士兵同进退,共生死,遇敌作战时听从号令,有进无退,一人退却则一人被斩首,全队退却则队长被斩首,队长殉职而全队退却,则全队也要被斩首,故"士无敢不用命"。如有关史料记载戚继光大战上风岭一事:嘉靖四十年五月一日,继光率部至大田设伏待敌,会雨未战,过了二日,贼突出大田,奔往仙居,继光筹之:"贼出中渡由里路至白水洋七十里,我兵由官路至白水洋五十里,兵法云:'先处战地而待敌者,佚。'"就率部鼓行而西四十里,至上风岭屯止,伏五日,前锋出颇早,戚乃下令各斫松枝,执而坐,贼远望为林,未介意,仍旧行军,排阵长二十里,衣甲旗帜甚盛。戚家军等到倭寇行军过半,就丢掉松枝大声齐出,杀声震天动地,贼大惊,以三四百人作一队来冲击,我兵分为一头两翼一尾阵,以太学生蔡汝兰督战;又令赵太河督陈惟成、杨文通等以鸳鸯阵冲锋,疾若风雨,有前无退,贼遂败遁,逃到界岭山,恃险立营,山陡峻,惟一径可攀登,丁邦彦等首先攀缘,鱼贯而上,数贼疾前来砍,我兵用长枪枪贼堕岩下,遂得登,贼六七百人殊死战,我兵一以当十,贼败落岩谷,死者无算。贼走者奔白水朱家,我乘势围之,火四起,贼屡冲突不得出,赵大河弟赵幽甫举铳击之,悉毙贼。戚继光班师入城,士民相庆,谓自罹倭患无如此捷之快也。旋追倭到隘顽铁场,四围攻杀,斩首数百级,生擒倭酋五郎、如郎、健如郎等数十人。这些倭酋应当是日本浪人。胡宗宪奏捷,言:"贼屡犯宁、台、温,我师前后俘斩一千四百有奇,贼悉荡平。"在台州临海太尉殿(在今白水洋镇上峰)还流传着戚继光"戚继光斩子"的传说,是说上峰岭歼灭倭寇之战,其子(一说为养子)求战心切,提前率部发起进攻,其所部埋伏之处空出,致使部分倭寇逃逸,事后被戚继光斩首示众。这则传说也可从另一侧面印证戚家军抗倭所取得的辉煌业绩,与胜利得来的艰难。又如嘉靖四十年,圻头倭寇"焚舟誓必胜",进攻台州一役,戚继光"简锐师千五百人"前往迎敌,命令"毋掠辎重,毋尚首功,毋轻杀胁从,其以前驱者连击贼,无留行,后伍乃割贼首","既破贼,所获辎重遍赐军中。贼未破,争取财者罪死"。此仗打得倭寇一路奔逃,最后取得白水洋大捷。其铁的纪律,与执法无私,更是戚家军成为抗倭铁军的重要保障。

3. 陆海呼应,联动灭倭

戚继光主要力量是陆军,在抗倭作战中亦针对倭寇以沿海岛屿为老巢,流动性强，十分注意陆海联防，多兵种协同作战："一切战舰、火器、兵械，精求而更置之。"这是具有较强前瞻性的军事思想，在当时一干抗倭将领中，比较突出。其指挥作战，也有明显的成效。如嘉靖四十年，倭贼乌嘴船十六艘由象山到奉化西凤岭登岸，突袭宁海，戚继光令把总出舟师至宁海外洋伏击，又请宁波海道总兵各发兵会剿，大战良久，贼溃奔，死者甚众。戚继光在训练冷兵器作战的同时，还很重视热兵器的引进与训练，如当时从西洋进入中国东南沿海的火炮佛郎机，就在戚家军中成营建制，这应当也是戚家军战斗力强大的内在原因，充分说明戚继光的思想不仅继承传统，而且善于学习先进的文化及其技术。是年倭寇犯桃渚、里浦（今三门县浬浦）者流劫至郡城外花街，距郡城不足五里，人情惶惶，戚继光自桐岩岭驰抵城下，以丁邦彦为前锋，陈大成为右哨，陈濠、胡大受为中哨，赵记、孙廷贤为左右翼，各置监督，列阵而前，贼以一字阵迎敌，丁邦彦列铳殪之，铳就是火药枪。贼分右哨敌我左哨，邦彦反击其右；贼又分左哨敌我右哨，大成反击其左，贼大败，追至瓜陵江下，另一路追至新桥（疑今汛桥）五战五胜。

4. 谋定而动，智略为先

戚继光与倭寇作战，对于倭寇的观察研究细致深入，了解对手的作战方式与特点，做出适当的应对部署，是在料敌上先行一着，制胜才有保障。以嘉靖四十年倭寇欲攻台州府，而先攻打宁海为幌子，欲以此调动戚部。戚继光对唐尧臣说："贼睥睨台州，先发宁海，欲乘我兵出，乘虚入耳。"于是戚继光留下一支部队于海门（今椒江），居中策应，相当于预备队。然后率部赴援宁海，而倭寇果然乘虚大举在台州湾沿海登陆，"壬子登桃渚，癸丑登新河，甲寅登圻头，境内骚动"戚继光率部奔赴宁海，唐尧臣率部奔赴新河，"大破贼城下，余党夜遁，明日及之温岭，又破之"。宁海倭寇本以诱敌，闻戚继光军将来，"悉遁去"，而登桃渚之倭寇进逼台州府城，戚继光兼程回军，"会日中，兵行七十里不得食。守者以贼且至，毋纳"。诸将兵为争城门而喧哗叫嚷，吵成一团，倭寇进逼越来越近，戚继光说："倭寇进逼城下，你们还在争吵入城，这样下去，我们都要死无葬身之地了！"全军于是警醒，纷纷请战，待消灭倭寇后再吃饭。戚继光挥军前进迎敌于花街（今临海花街），先击杀倭寇先锋，贼大溃，逐北杀数十百人，又逐之瓜陵江，倭寇多走投无路，自沉死。这就是著名的"花街大捷"。

5. 驰援闽粤，立不世勋

浙江倭患基本平息以后，戚继光率领戚家军进入福建、广东剿倭，在福建的横屿、平海卫等战斗中,给予倭寇以沉重的打击,屡获胜利。嘉靖四十一年(1562),戚继光奉总督胡宗宪命,率部进攻盘踞在横屿的倭寇。横屿四面水路,险隘难以通行,戚继光命令参战将士:每人手持一束稻草,填壕而进,大破横屿倭寇,斩首两千两百余级。嗣后戚继光率部乘胜追击,一直追杀至福清,捣毁牛田,等于掘了倭寇巢穴。残存的倭寇慌忙逃往兴化(今福建莆田)。戚继光率领所部人不解甲,马不卸鞍,紧追不舍,摧毁倭寇据点六十余营。戚继光率"戚家军"班师返浙后,倭寇又从日本增兵,并用计赚开城门,攻占了兴化城,形势趋于严峻。福建总兵俞大猷和刘显等鉴于倭寇锋芒正锐,希望有大军支援合围。翌年(1563),朝廷命令以谭纶为右佥都御史、巡抚福建,前来支援,只是都指挥欧阳深不幸中了倭寇埋伏,力竭阵亡,倭寇遂占据平海卫(今莆田东部沿海平海镇)。四月,戚继光率领浙兵前来围剿。戚继光部到达,谭纶便筹划总攻倭寇,先在各海道上环立栅栏,阻断倭寇归路。待这些外围准备就绪后,谭纶以刘显为左军,俞大猷为右军,谭纶自领中军,以戚继光为先锋,围攻平海卫倭寇,一鼓荡平匪窟,斩首两千余级。嗣后戚继光等率部跟踪追击,不让残存倭寇有喘息之机,倭寇道路不通,又被斩杀三千多人。刘显等收复兴化。朝廷以戚继光先前横屿大战,录前后战功,擢戚继光为都督同知,世廕千户,代俞大猷为福建总兵。嘉靖四十三年(1564),戚继光率部又取得了仙游之战的胜利,遂驰援广东潮州,围剿海盗吴平与互通声气的倭寇,俞大猷击败并招降吴平,不久吴平死灰复燃。到嘉靖四十四年(1565),戚继光率领步兵,俞大猷统领水兵,联手进攻吴平部,吴平仅以身免,逃往凤凰山,取得全胜。谭纶为戚继光请功说:"自东南用兵以来,军威未有如此之震,军功未有如此之奇者。"

6.总结经验,著书立说

在致力于建设一支具备强大战斗力的国防军,以抗御倭寇的过程中,从实际出发,合理吸收自《孙子兵法》以来古代兵书中的营养,针对抗倭战争实践中的经验教训,戚继光写下了著名的军事学著作《纪效新书》。他在《自序》中说到此书取名《纪效新书》的原因:"夫曰'纪效',明非口耳空言;曰'新书',所以明其出于法而非混于法,合时措之宜也。"综观戚继光抗倭,总体上虽未出明初大将汤和听取方明谦建议的:"海上量地远近置卫所,陆聚步兵,水具战舰,使倭不得附岸。"而其临阵布局,随势指挥,则灵活机动,应变将略,均出于实际,极其千变万化,是胸有成竹,腹藏韬略,运用无穷,堪称"戚武库"。康熙《临海县志》载:"倭自壬子后,遍破浙东及杭、嘉、湖、苏、松、常、镇、淮、扬,至南通州,诸沿江郡、县、卫、州,不下数百处,杀伤人民百余万。时严嵩用事,赵文华视师,用人乖方,功过倒置,倭益猖獗。自朱纨死后,巡抚王忬有才略,任用俞大猷、汤克宽,释卢镗,正在斩获报胜间,忽以李天宠代之,以张经为总督,已而与文华不合,俱下狱论死,而倭流劫徽、宁、太平、南都,巡抚曹邦辅又逮系论死,代张经者周珫、杨宣俱为文华所制,无所建白,俱罢黜。至三十五年,用胡宗宪为总督,宗宪有才略,乃文华党也,设计招徐海、汪直投降,皆戮之,倭势始失。复以俞大猷为浙直总兵。改戚继光守台金严三郡。四十年,倭大掠桃渚、圻头,继光直趋宁海,扼桃渚,败之龙山,追之雁门岭,贼遁去,乘虚袭台州,继光手歼其魁,蹙余贼瓜陵江尽死,而圻头倭复趋台州,继光邀击之仙居道,无脱者。先后九战皆捷,俘馘一千有奇,焚溺死者无算。总兵官卢镗、参将牛天锡又破贼宁波、温州,浙东平,继光进秩三等。"这是当时浙东抗倭最重要的一段历史,是戚家军百炼成钢,锤炼为国之干城的精彩经历,定当永垂竹帛,传颂后昆。

7. 台人爱戚,永载竹帛

戚继光剿灭倭寇,保家卫国的英雄业绩,赢得了沿海各地遭受倭患人民的爱戴,"所在画像立祠,春秋俎豆,至有感而泣下者"(叶向高《请戚继光荫谥疏》)。抗倭的主战场在台州,戚继光抗倭的主要事迹在台州,台州人民对历史上人物最怀念的除了郑虔就是戚继光,戚继光的故事在台州传颂,全国纪念戚继光的地名和建筑物最多的是台州(见文前彩页"抗倭英雄戚继光")。台州除了府城(临海)内有继光街、戚继光表功碑等外(见文前彩页"戚继光表功碑"),纪念戚继光的祠庙、地名还有很多,如桃渚戚继光抗倭古堡、戚继光庙;白水洋上峰太尉殿、白水洋戚继光庙、白水洋继光街、继光桥;温岭新河戚继光碑;椒光(海门)戚继光庙(今为纪念馆)等。

8. 谭纶抗倭,青史垂名

谭纶(1520—1577),字子理,湖北宜黄人。嘉靖甲辰(二十三年,1544)进士,官至兵部尚书,谥襄敏。事迹具《明史》本传。嘉靖三十四年(1555)迁台州知府,是明朝抗倭战争尤其是在浙东抗倭战争中做出重大贡献的著名人物,当时与戚继光齐名,称"谭戚"。戚继光来台州抗倭时,谭纶配合前线,积极支持戚继光"立束伍法",征召兵员,做好后勤保障,练兵待敌,终于令抗倭事业取得大胜,"破倭寇,擒斩殆尽"。后来官浙江海道副使时,"又连破之"。当谭纶担任浙江右参政时,又击破饶平贼林朝曦部,浙江倭患基本平复。朝廷便调谭纶任福建参政,参加福建抗倭,时郡县多为倭所陷,谭纶与副总兵戚继光、总兵刘显、俞大猷等围剿倭寇,福建倭患亦平(见文前彩页"俞大猷题摩崖石刻")。后来又赴任四川巡抚、总督两广,剿灭乱贼,史称"朝廷倚以办贼,遇警辄调。居官无淹岁"。在南方平定后,奉调北方边防,在蓟辽"与戚继光协力边办,三卫诸部迄不敢南牧"。史载谭纶"性沉毅,知兵",其居官虽多为文职,然"终始兵事,垂三十年。积首功二万一千五百。计其功名,不在王守仁下"。可见当时谭纶充任维护国家安全稳定的"灭火队长"角色,谓为"国之干城",与戚继光等一大批抗倭名将彪炳史册,垂范千秋。台州百姓思念他的功绩,为他雕刻石像,"祀于郡城东隅",即在郡城的东侧立像祭祀。

今人黄仁宇评论戚继光是明朝"最有才能的将领",论抗倭卫国所发挥的作用而言,则功绩声威之高,一时无出其右。但戚继光在军仍多曲折,经历坎坷,在朝廷中屡被中伤,最后还被弹劾罢职,抑郁而终。真是"孤独的将领",令人喟叹不已。

(三)王士琦援朝抗倭

明朝晚期,倭患不仅侵扰我国东南沿海各省,还蓄谋已久,窥视朝鲜,其狼子野心,昭然若揭。于是抗倭不仅限于东南沿海,明朝军队还赴朝抗倭,扬我国威军威,取得胜利,台州士人王士琦以监军之职身与此役,发挥了监督、指挥的重要作用。王士琦(1551—1618)字圭叔,号丰舆,台州临海人。万历十一年(1583)进士,历任工部主事,福州太守,重庆太守,因单骑招抚杨应龙,升任四川按察副使等职,于明万历二十六年(1598)任山东参政时,与总兵刘綎率兵二万,随经略邢介赴朝鲜抗倭,任监军。督率中国援朝军队在朝鲜栗林围倭十余日,令水师待命于海上,以防倭寇援兵会合,并亲率军攻夺要地曳桥,终以陆军英勇作战,攻克城池。又击败其援兵,斩其头目石曼子,毁倭船数百艘。大败侵略朝鲜的倭军船队,取得明代中国军队抗倭援朝的重大胜利。以功超擢河南右布政使。后历任山东右布政使,山西右布政使,万历四十四年(1616)擢右副都御史,巡抚大同,镇守北疆,卒于官。其文集曰《三云筹俎考》四卷,即为驻守云中时所作者,是中国陆防(边防)重要军事著作。

纵观上述台州抗倭,是中国东南沿海抗倭大事中的重要一环,更是中国海防史上光荣的一页。浙闽苏粤四省倭患严重,而且持续时间悠久,实在值得深思。倭患袭扰东南沿海,其根源有以下几条:一是自然地理因素。首先从国家大势看,从日本到中国沿海航线便于到达浙闽,是自然条件使然,日本海上贸易客观上形成其船队大多驶向此地,故倭患集中于两省,而非其他地方。二是浙闽沿海岛屿星罗棋布,为倭寇肆虐提供了天然基地。宁波甬江口外有舟山群岛,台州湾有台州列岛,温州沿海有洞头群岛等,福建沿海岛屿更多。由于中国向来重视陆上,忽视海上,海防观念欠强,对于水军建设多为江防,主要是长江水兵,而甚少有正规海军建设,故倭寇侵略我国东南沿海,得以施其善于航海之长技,而中国沿海防守无力,等于门户洞开,倭寇每一登陆,如入无人之境,国家人民生命财产遭受重大损失,代价惨重,可为历史镜鉴,垂照后人。三是国家战略因素。中国战略向来重视陆上,重视农业,对于海上与商业每多轻视或者有意抑制,甚至在多个朝代治理海上贸易时出现禁海之策,令沿海国民与海外商贸戛然而止,造成重大损失,影响深远。明朝建立之初,即有鉴于元末方国珍称霸于东南沿海垂二十年的教训,大力经营沿海卫、所建设,本是加强国防建设的重大举措,但到中叶以后,军纪废弛,卫所制度亦渐生诸弊,海防军队战斗力严重下降。四是奸商勾连倭寇为害甚烈。我国海上商贸主要集中于东南沿海各大商港,以浙、闽、粤为重点,有明一朝与东洋、南洋交往中,东南沿海甚至部分非沿海地区商人为牟取暴利,私自组织队伍,与海上外来势力里应外合,狼狈勾结,遂致倭患蔓延,愈演愈烈,加之朝廷内部营私忌功,抗倭功臣每遭杀身之祸,功过倒置,损害深远。虽经朱纨、张经、李天宠、胡宗宪等竭力抗倭卫国,取得重大战果,然倭患仍旧深重,若非戚继光得到胡宗宪、张居正等人的支持,训练戚家军南征北战,与俞大猷等着力经营,则东南沿海的形势实难设想。"以史为鉴,可以知兴替",今日中国大陆虽然经济有了很大发展,国力也呈空前强盛,然由明朝台州抗倭史事,可以垂训于国防事业者多矣!

第六节 刘璈在台州发展文教的历史贡献

在台州近代文教事业发展史上,出身行伍的知府刘璈,做出了重要的举措,为台州频遭祸乱之后,能够迅速恢复社会经济秩序,复兴文教,培养人才,写下了重彩浓墨的一页。刘璈(1828—1887)字兰洲,湖南临湘(今临湘市)人,附生,参加湘军,隶左宗棠部到浙江,因勇敢善战,纪律严明,积功至花翎道衔,候补知府,获得"克勇巴图鲁"的称号,左宗棠对他信任有加,曾上疏称:"共事多年,信心有素,于整军治民之事,必能补其缺漏,仰答恩知者也。"于同治三年(1864)署台州知府,七年实授知府,十一年九月卸任。刘璈本是随着湘军到台州来镇压"长毛"①,当时台州虽然驱逐了"长毛",但土寇②仍然借"长毛乱"之余波兴风作浪,为害城乡,文教事业自然无从谈起了,而刘璈到任之后,先设法剿灭绿壳,擒获头目徐大度等,与黄岩知县孙熹合力计歼奇田匪帮数百人,肃清匪患,然后重视发展文教,振兴文化。他在大乱年代,兵燹之余,收拾烂局,主要采取了以下诸方面的措施:

一是筹措经费,保障办学的需要。从修缮学宫③开始,恢复府学与县学,令台州文教事业从官学领头,予以重新整顿;并在府城内新建三台、正学、东湖三处书院;《台州府志》载刘璈又设城乡义塾百余所,而《台州地区志》载刘璈共新建、重建、扩建或整顿充实书院 32 处,义塾 89 处。从官方收入渠道的盐捐中抽出一部分作为书院膏火费与公车费,在办学经费方面给予重要支持。

二是重濬东湖,亲近文士。台州府城内的东湖是一郡之名胜,为文士与百姓游观之佳所,又是台州主要书院上蔡书院所在地,刘璈所新建的东湖书院亦在此处。《台州府志》记载:"亲督所部军重濬东湖,构亭台,植桃柳,暇则与文士觞咏其中。"美化了东湖的环境,植树木,构亭台,还在公务之暇与文士"觞咏其中",也就是诗酒唱和,文人雅集之类的活动,拉近了与台州文士的距离。

三是亲自督查,考核学生。这是刘璈办学出成绩的极其重要的一环。刘璈经常"轻装徒步,乘夜诣各书院,私觇诸生勤惰",即暗访各书院学生学习的勤奋与懒惰情况,根据暗访所获得的印象确定赏罚数额。因此台州文教事业"乃大振"。

由此数招,可见刘璈办学一以贯之,办学力度很大,措施重在实效,并且亲自督访,不尚空谈。同时他还在台州知府任内做了很多社会公益事业和慈善事业,如建立昭忠祠、节孝祠、楚军忠义祠、育婴堂;设立常平仓,储谷万余石;社仓储谷四千余石;设立培元局,储款二十余万,作为抚恤、赒济、慰问等各项义举的费用(基金)。经过九年坚持不懈的努力,台州呈现百废俱兴的社会局面,刘璈实在是功不可没,值得台州人民纪念。同治十一年(1872)

---

① 民间对太平天国农民军之俗称。
② 本地土匪,台州方言俗称"绿壳"。
③ 今言校舍,此指台州府城内原有的府学和临海县学。

九月,刘璈乞归侍父,台州士绅为之树立《去思碑》,于府学宫建生祠,府城磊落岩郑广文纪念馆中还保有纪念刘璈的《临海义学碑记》。光绪初年,他署（临时性任职,代理之意——笔者注）甘肃兰州道员,六年（1880）,在左宗棠麾下驻防张家口,次年入京朝觐光绪帝,授福建台湾兵备道兼提督学政。后来刘璈先被提拔到台湾,任道台;后以事触怒巡抚,被贬谪到黑龙江而死,清光绪十四年（1888）五月十七日,台州六县士绅在府城东湖为刘璈举行公祭,备极哀荣。挽联中以著名学者黄岩王棻所撰最经典,联云:"有利必兴,有害必除,灵越山川齐整顿;无恶不惩,无善不显,明湖烟水永讴思。"王棻还在《前台州知府刘公祠堂记》评价刘璈说:"前明二百七十余年,守台者六十余人,治绩以谭襄敏公（抗倭名将谭纶——笔者注）为最;入国朝二百四十余年,守台者五六十人,以刘公治绩为最。"今台州府城内台州医院正门前的劳动路一带自北向南的横街下、狮子桥、三台坊巷口、县西街、五道庙、元帝庙、马殿前等,在民国时全部称为"刘璈街",就是为了纪念这位清朝守台"治绩为最"的知府刘璈。

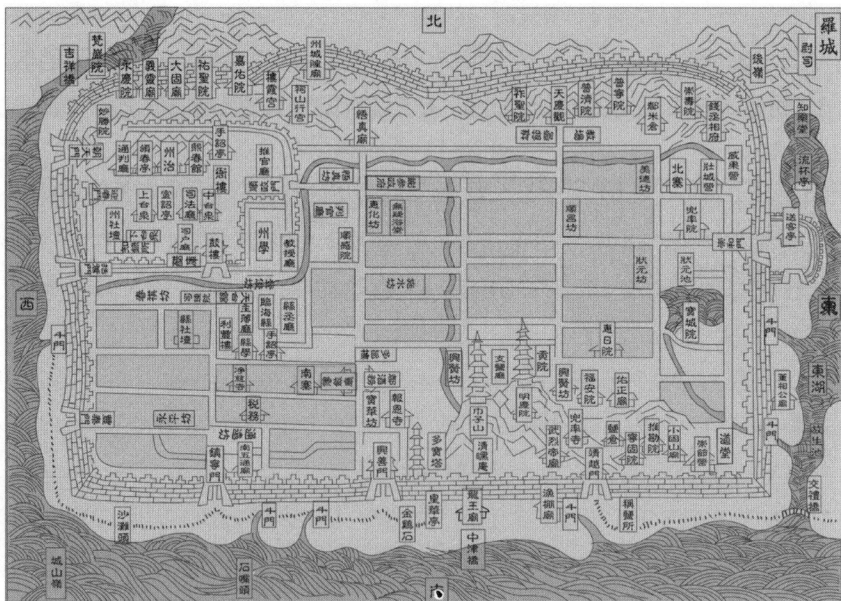

宋代台州州城图（据宋《嘉定赤城志》卷首《罗城图》绘制）

刘璈还着眼长远,在北京购置台州会馆,为台州考生寄宿提供方便。自顺治时台州发生"两庠退学案"（即前文"白榜银"案）以来,读书士子死谪殆尽,仅临海乡科绝榜 43 年;自乾隆四十年(1775)后,临海县进士绝榜 102 年。"白榜银"案的遗毒之祸之烈,是一面极其沉重的历史镜鉴。而刘璈为台州文教事业的恢复振兴,在光绪朝即有了结果,台州有 17 人中进士(其中临海县 8 人)。在清朝全台州仅中进士 38 人,光绪年间便占近一半。这有力地说明刘璈大兴文教的成绩十分显著,影响深远。刘璈在台州大力振兴文教的事迹,为后世治台者树立了一块丰碑,也为台州经济社会的长远发展建立了不朽的功勋。

第七节　救国思潮的浸润与台州现代科技人物群体

人们通常把西学东渐当作近代鸦片战争以后的事情,其实,早在鸦片战争之前,西洋传教士就带来了西洋的学术与文化,如明朝中后期开始了西洋学术的传播与译述刻印等,均属于当时重要的西学东渐活动。西洋传教士著名者有利玛窦、熊三拔、南怀仁、汤若望等,是以传播"福音"之名,带来西洋的天文、算学、医学、地理等,如清末太平吴观周所说:"盖自利玛窦于前明万历间,始以其教入中国。厥后汤、南踵至,益复披猖。"(《闲距录》自序)西洋传教士在华传播西学,与中国学者中的一些"有识之士"交流,翻译传递西学,最有代表性者首推徐光启,稍后有梅文鼎等,只是传教士携来的"其教以敬奉上帝为第一义,曰天下皆平等之人,教人无君也;曰人人有自由之乐,教人无父也"(《闲距录》自序)这样的观念与中国传统伦理道德产生了不可避免的碰撞。相比较而言,鸦片战争前传播的速度缓慢、比较零星、规模较小、影响不深刻而已。鸦片战争以后则进入大规模的全面系统地学习西方的科学与技术,从发轫于"师夷长技以制夷"的起点逐步发展到学习西方的语言文字,政治思想,科学艺术,崇拜之心不断提高,甚至于被抬举到"向西方寻求真理"的新阶段,西学东渐呈现大波巨澜式地"光临"中土,影响中华民族的思想学术与文化。在这个阶段,台州也涌现了一批学习西方的杰出人物,以其敏锐的触觉、先进的思想与前瞻的目光观照世界新文化浪潮不可避免地来临,呼吁国人面向现实面向世界面向未来,为振兴中华做出切实的贡献。在该阶段的人物中,周治平与周郁雨两人堪称众士之翘楚,为后人楷模,值得表而出之。

一、周治平与算学

周治平字启丰，一作起锋，具体生卒时间无考，生活年代与洪颐煊震煊兄弟相当，约在清乾隆中后期（1736—1795）到同治（1862—1874）年间，台州府临海县人。周治平年轻时为科举读书，积下了深厚的传统国学根基，然数奇命蹇，屡困于场屋，连年不售，遂无意功名，转而专攻天文历算，刻意阅读研究西洋人著作，进入学习近代以来西学东渐的学术领域。由于台州僻处东南沿海，名士学问虽高，而难有用武之地，一显身手。嘉庆二年（1797），浙江学政阮元来台州视学，闻周氏之名，经过考试，结果令阮元大出望外，叹为奇迹，在《定香亭笔谈》卷二中说："余于天文算法中求士，如临海洪颐煊、震煊，归安丁传经、授经，钱唐范景福，海盐陈春华等，皆有造诣。然以临海周治平为最深。治平拙于时艺，久屈于童子试，余至台州，治平握算就试，特拔入学。治平精于本人算术，通授时、宪诸法，明于仪器。"于是赠诗以勉之："中法原居西法先，何人能测九重天？谁知处士巾山下，独闭空斋画大圜。"高度评价了周治平的西学造诣，并为周氏的"空斋"亲书"画圜室"匾额以旌表之，使这位独处台州府城巾山之下的书生顿时声誉鹊起。周治平与洪颐煊兄弟同入杭州敷文书院肄业，又同入诂经精舍深造，这是阮元立志培育人才，多方诱掖奖励，勉勖有成，在后来编纂有关文献典籍（如《经籍纂诂》《畴人传》等）时均成为重要角色。史载周治平"通经术，精考据"，他的超越同辈之处在于他是当时鲜见的以西洋近代科学方法尝试解释中国古代典籍新途径的学者。如先秦著作《曾子·天圆篇》关于"偏侧风"的叙述，周氏给予新解说："万物各有本所，故得其所则安，不得其所则强。及其强力已尽，则复居于本所焉。""本所"这一概念的含义，周氏认为是指事物的本来特性，如水之性"重"，则"必下而不上"；气之性"轻"，则"必上而不下"。平时"日光照地，与气上升，偏于燥则发为风"；其气上升与云接触，冷热相遇，"因而成雨"。他把太空之气分为三个层次[①]，这些气都寒冷，只是程度各别。"三际"之气与春夏秋冬四季之地气相遇，就会出现雷电霜雪雨露等不同的天气。这些解说的原理与方法均是以西洋学说为理论基础，对国学经典著作进行新的解读，其意义不仅在于解说结果的正确或者正确的程度高低，而是在于开辟了学习西方，以近代科学的视野来观察世界，审视社会，洋为中用的新

---

① 谓之"三际"，际者，界也。

思路新途径。所以身居高位的阮元称赞周氏"能融会中西之说，其理甚明"。后来阮元著作《曾子注释》，就采纳了周治平对《曾子》的新解读成果，从而为阮著提高学术含量做出了重要贡献。《简明中国古籍辞典》评论道："《曾子注释》，清阮元撰……（此书）能采用中西天文算学之说进行解释，成为研究曾子思想的一个善本。"阮元还是我国历史上集中为自然科学家"树碑立传"的开创者，他编纂的《畴人传》，主要也是周治平与李锐参与编纂的。阮元说此书编纂起于乾隆乙卯（六十年，1795），成书于嘉庆己未（四年，1799），阮元自己说帮助写作本书的主要是元和（今苏州城内）学生李锐和台州学生周治平两人。

二、周郇雨与光学、电学和炮台工程学

周郇雨是鸦片战争以后，近代台州士人中从中学转而学习西学，具有较高造诣的代表性人物。周郇雨（1850—1882）一名郇，字叔赟，号黍香，临海人。清同治九年（1870）举人，会试考取国史馆誊录，任满议叙知县。《府志》本传载周氏从黄岩曾若济游，初为训诂音韵之学，所为《经说》深得俞樾赞赏。"继为词章之学，诗词、骈体文通峭异恒蹊（诗词骈文清峻拔俗，与寻常之作不同），已复为校勘目录之学，馆四明（今宁波）蔡氏墨瀣楼，尽发其藏书读之，所学益富。"后为天文、算数及西洋物理、化学、医药、矿物学等，究心蒸汽机械、火器（枪炮）的制造。应江南方言馆聘，翻译西洋学术著作，在当时颇有影响。后来转而究心于洋务，为经济有用之学，曾说："办洋务之人，必先知中国理法人情，必周知外国政教风气，又必兼知中外交涉时势情形，然后可以从事。"光绪七年（1881）客吴门（今苏州），太息时事，为《治原策》八千余言，《富强策》六千余言，少詹事瑞安王体芳时督学江苏，见而伟之，疏荐于朝，奉旨交总理衙门记名。又尝历览江海隘口，见炮台之拙，炮位之少，因为《新法炮台议》。大要谓：各口炮台皆用尖头弹平击法，取其事易而用捷，不知平头弹未必胜于尖头弹，平击法则远逊于悬击法，拟于各要口添设新法炮台，用田鸡炮及各式前膛炸弹，但求其多，不求其大。筑台之法，首测量水面，号线以定准点，依法为底线，求经纬各号线以识之，以炮弹及处为限；次测量山坡，定点以立台址，凡田鸡炮台无炮门有炮堡，无炮房有炮匣，堡后为台，精画识线平基，高下曲折，随地布置。设炮之法，首推算各炮轴心与水面号线各交点之相距尺寸，既得各准点距数，即依以定各炮高偏度数，及弹药磅数，列表相牌，以便操演。其防守施放之法：首位置瞭敌房，房上作斜坡以

避炮弹,顶角有天窗,窗安照物镜,镜后有折影镜,房中有收影镜,镜上画经纬线,与水面号线一一符合,如敌船入号线内,可传意各炮台整备齐击;次安设号表钟,号表设瞭敌房外,号之机设房内,表分上下行,上为经线,下为纬线,令炮兵共见之,号钟设炮台边角,击钟之机亦在房内,击法用电气或用拉线,如敌船循线而来,即令炮兵照牌定度,俟行至交点即报钟,令拉药齐发,则发无不中;次预备照海明灯,以防夜犯。石灰镫费大而事易,电光镫价重而器精,务令灯所及照之物,收影镜上亦能见之,则窥伺之计穷矣。台既成,须事事缜密,时时操演,试炮位以验其差否,练炮兵以察其能否,炮之准点虽已推算无差,而潮水之涨落,天气之阴晴,台址之毫末偏颇,炮度之分秒盈缩,皆能致准点微差之故,但使炮弹击点不出二丈以外,斯亦可矣。当时国防事业亟须懂西学的科技人才,故为提督周廷珪延请督筑炮台,因病未果。翌年不治身亡,英年早逝,年仅 33 岁。其遗著尚有《晷仪记》一卷、《诗文集》二卷、《制造巴得兰水泥理书》、《作宝砂轮法》、《电学纲目》(译作)、《电气镀金略法》一卷等。

三、以朱洗、冯德培为代表的现代科学家群体

在从半殖民地的近代中国走向独立的现代中国的过程中,教育救国、实业救国、科学救国、航空救国等等的口号都喊过,而以"科学救国"为时代的强音,持续最久,影响最为深远,对于有志青年拯救饱经外患和内乱的祖国,触动也最大。台州的脉搏与国家同步跳动,迄于 20 世纪末,涌现了王恭时、罗宗洛、王琎、陈芳允等一大批有才华、有胆识、有建树,取得突出成就的科学家群体,而其中又以朱洗、冯德培为代表。

(一)朱洗与《没有外祖父的小蝌蚪》

朱洗(1900—1962)谱名永昌,学名玺,字玉文,是我国著名的生物学家、实验胚胎学家。朱洗到法国勤工俭学后慨叹:"我哪有什么玉? 什么玺? 我是一贫如洗。"以"玺"字繁体字写作"璽",笔画较多,遂改名同音的"洗"。临海店前(今属白水洋镇)人,就学于浙江省立第六中学,即台州中学前身,五四运动时因参加罢课游行而被学校开除。1920 年赴法国勤工俭学,1925 年考入蒙彼利埃(Montpeliar)大学,师事巴德荣教授。1931 年发表《无尾类杂交的细胞学研究》论文,获法国国家博士学位。1932 年回国,先后担任广州中山大学教授、北平研究院动物研究所研究员兼中法大学教授,抗日战争时期,回家乡临海店前,在琳山创办琳山学校(见文前彩页"琳山学校""琳山学

校一隅"），以"心手同工"为校训，倡导"克勤克俭革除陋俗；且工且读心手并劳"之风，自己作词，请华文宪作曲，谱成《琳山校歌》。同时招引京沪沦陷后许多逃难而来的知识分子，到校任教，如翻译家许天虹、毕修勺等，热心接待搬迁至此的回浦中学，将自己的住宅腾出来让给其他教师居住，琳山一时人文蔚起，育人无数，成为临海西部著名的文教小镇。抗日战争胜利后，朱洗应邀赴台湾参与接收台湾大学，任台湾大学教授、动物系主任等职，大陆鼎革前返回大陆。20世纪50年代后，历任中科院上海实验生物学研究所研究员、副所长、所长，中国科学院生物学部委员。朱洗重点从事动物早期发育研究的将近40年间，发表科研论文60余篇。1961年他首次使人工单性生殖形成的雌蟾与雄蟾交配，繁殖出后代。在家蚕的混精杂交研究中，他发现了不同品种的逾数精子能影响子代的遗传。朱洗在科研上坚持不懈地精心投入对基本生物学问题的探讨，同时很重视科研为社会生产建设服务。在50年代到他去世前的十余年中，已经基本上解决了蓖麻蚕的引种、驯化、越冬品种培育和推广等问题。还和同事应用绒毛膜促性腺激素成功地解决了鲢、鳙等池养家鱼的人工催产、鱼卵孵化等技术难题，为我国淡水养殖业的发展做出了很大的贡献。朱洗由于做蟾蜍单性繁殖等研究，取得成功，在当时的业界产生了极大的影响，俗称"蛤蟆博士"，60年代北京科教电影制片厂曾为之摄制《没有外祖父的小蝌蚪》电影科教片，在全国放映，产生了很大的影响。朱洗一生研究不辍，著述不辍，译介推广不辍，留下著译20余种，共450万字，包括专著《生物的进化》，科普著作《科学的生老病死观》《蛋生人与人生蛋》《我们的祖先》《爱情的来源》《重女轻男》《雌雄之变》《霍尔蒙与人类之生存》《生物的进化》《由迷信中抽科学》《怎样饲养蓖麻蚕》《人人能养蓖麻蚕》等19种，《动物学》《脊椎动物发生学》等国际名著翻译四种，被评论者认为是清朝末年以来我国科学家用本国文字撰写科学书籍和科普读物最多的人。他的学术论著，已被选编为《朱洗论文集》，由科学出版社于1982年出版。1958年被选为第二届全国人民代表大会代表。

（二）冯德培与冯氏效应

冯德培（1907—1995），临海人，就读于回浦小学，考入浙江省立第六中学（现台州中学），1922年考入复旦大学文学系，翌年转入心理学系，1926年毕业于复旦大学生物学院，获理学学士学位，后留校任生理学助教；1927年到北平协和医学院，师从中国生理学先驱林可胜（1897—1969，新加坡华侨），开始做研究工作；1929年考取清华留美预备生，赴美国芝加哥大学留

学,师从生理系教授杰拉德,研究神经代谢,成绩是出色完成一项关于神经
窒息机制研究,1930 年获硕士学位。同年秋,由林可胜推荐转入英国伦敦大
学学院,师从诺贝尔奖得主、著名生理学和生物物理学家希尔,作神经和肌
肉产热的研究,于 1933 年获得博士学位。依导师希尔建议,赴美国宾夕法尼
亚大学约翰逊基金医学物理学研究所进修一年。在此期间,冯德培在神经
肌肉生理学上获得了重要的科研成果,他发现静息肌肉被拉长时产热和氧
消耗量都增加,反映了肌肉的代谢升高,被称为"冯氏效应",奠定了在世界
学术界的地位。1934 年回国后,任职于北京协和医学院,致力于神经肌肉生
理学的研究,和研究机构的创立;到 1941 年底止,冯德培在神经肌肉接头生
理学上做了大量开创性研究,在英文版《中国生理学杂志》①上,发表论文 26
篇,引起国内外同行的高度重视和赞誉,成为该领域国际公众的先驱科学
家。是年 12 月 7 日,日军偷袭珍珠港,太平洋战争爆发,协和医学院关闭,冯
德培辗转来到重庆,1943 年,任上海医学院教授;1944—1949 年,任中央研
究院医学研究所筹备处研究员、代理主任,期间于 1945 年底应邀访问英国,
翌年转赴美国,到纽约洛克菲勒医学研究所进行合作研究,同时为筹备中央
研究院医学研究所采购仪器设备,购买图书。1947 年夏回国,1948 年中央
研究院评审院士,冯德培与其导师林可胜均当选为首届中央研究院院士②;
是年 2 月回临海,担任私立回浦学校校董。1950—1958 年,任中国科学院生
理生化研究所研究员、所长;1955 年为中国科学院学问委员,1958—1984
年,任中国科学院生理研究所研究员、所长,中科院华东分院副院长;1981 年
5 月,任中国科学院生物学部主任、副院长;1984—1994 年,任中科院生理所
名誉所长。1986 年,当选为美国科学院外籍院士和第三世界科学院院士;
1988 年,当选为印度国家科学院外籍院士,应邀为《神经科学年评》写抬头的
自传性文章,是极其难得的在这样重要学术刊物上写自传的中国科学家之
一。1992 年,作为中国大陆科学家代表访问台湾。1995 年 4 月 10 日,因病
逝世于上海,终年 89 岁。冯德培先生是神经肌肉接头研究领域国际公认的
先驱者之一,中国生理学、神经生物学的主要推动者之一。

冯德培在肌肉和神经的能力学、神经肌肉接头生理学、神经与肌肉间营

---

① 由林可胜创办于 1927 年,并任主编,是当时我国具有国际水平的科学刊物。

② 当时生物组正式候选人中生理学有四个:林可胜,汤佩松,冯德培,蔡翘。结果
四人全部当选院士。

养性相互关系的研究方面取得了开创性的成果。在创建和领导中国科学院生理生化研究所、生理研究所，培养中国生理学人才，发展中国与国际生理学界的学术交流以及促进中国生理科学的发展等方面，都做出了重要贡献。

冯德培自 20 世纪 50 年代以来，先后被选为第一、二、三届全国人大代表，第五、六、七届全国政协常委，第五届政协上海市委员会副主席。学术职务方面，曾任全国科协委员，中国生理学会理事长，《生理学报》主编，英文版《中国生理科学》杂志名誉主编，1981—1993 年连任国际生理科学联合会理事，国务院学位委员会委员，中国科学院学位委员会主任等重要职务。2007 年 4 月，中科院上海生命科学研究院为纪念冯先生一百周年诞辰，在上海隆重举行冯德培铜像揭幕仪式暨学术报告会，可见其学术造诣及其影响之一斑。冯德培著作有《生理学大纲》等，主要学术专著为《肌肉、神经和突触——冯德培选集》（英文版），由中科院上海生理研究所印行。

（三）罗宗洛

罗宗洛（1898—1978），黄岩人，幼入私塾，1911 年入杭州安定中学堂求学，翌年转入上海南洋中学堂，1917 年毕业，校长王培荪鼓励罗赴日留学，因于 1918 年考入专为中国留学生开设的东京第一高等学校预科（日本语中"高校"相当于我国的高中，这种为中国学生专设的"高等学校"实际属于考大学前的高考培训学校），得到浙江省的官费资助；翌年入设于仙台的第二高等学校理科学习，1922 年考入北海道帝国大学（今名北海道大学，设于札幌）农学部植物学科，师从植物生理学家坂村彻教授，一头扎进实验室，1925 年本科毕业，又读该校大学院博士生，完成博士论文，于 1930 年毕业，获博士学位。前后苦读七年，成为中国留学生中第二位获得日本的帝国大学博士学位者，成为当时新闻报道的对象。当年回国，就任中山大学生物系教授、系主任，1932 年任暨南大学理学院教授，兼中华学艺社总干事。翌年转任国立中央大学（1949 年后改名为南京大学）生物系教授，抗日战争爆发后，中央大学西迁重庆，罗宗洛随迁；1940 年到浙江大学生物系任教授，当时浙大西迁到贵州湄潭，罗宗洛因陋就简，筹建植物生理实验室，进行研究。1944 年被聘为设在重庆的中央研究院植物研究所所长。中华人民共和国成立后任中科院实验生物研究所研究员兼植物生理研究室主任，1953 年研究室改名为植物生理研究所，罗宗洛任所长。1955 年为中科院学部委员。1957 年当选为全苏列宁农业科学院通讯院士，日本植物学会名誉会员。1963 年与汤佩松、殷宏章等发起创立中国植物生理学会，被选为第一、二届理事长，创办

《植物生理学报》,任主编。还担任全国第五届政协委员。于全国科学大会后,正想在"科学的春天"里有所作为时,不幸于1978年10月份因病逝世,享年81岁。著有《进化论》《生物学概论》《遗传》等,后来将他的研究论文汇编成《罗宗洛文集》①行世。

20世纪50年代,中国大陆遭到西方诸强国的经济封锁,连橡胶进口都很困难,我国在海南岛种植橡胶树也历经挫折,罗宗洛应邀赴海南岛研究对策,提出了有效的方法,为我国自行栽培橡胶林,扩大橡胶林种植面积都发挥了很好的指导作用。他说:"为了很好地解决实际问题,需要大大展开基础理论的研究,提高科学技术水平。理论是解决实际问题的指针,研究理论的最终目的在于解决实际问题,更好地为国民经济建设服务,不是为理论而理论。"

（四）陈芳允

陈芳允(1916—2000),黄岩县(今黄岩区)人,无线电电子学家,空间系统工程专家,中国卫星测量、控制技术的奠基者之一,"两弹一星"功勋奖章获得者,是中国科学院学部委员(院士),中国科学技术大学和国防科技大学教授,晚年任国防科工委科技委顾问、研究员,中国发展高新技术系统工程"863计划"的倡议发起人。陈芳允于黄岩中学毕业后进入浦东中学读高中,1934年考入清华大学机械系,后转入物理系,1938年毕业。嗣后进入西南联合大学学习无线电,毕业后到清华大学无线电研究所做课题,而后到设在成都的航空委员会无线电工厂,因研究定向仪成功,被任命为股长。1945年初赴英国,在伦敦做彩色电视接收机的线路,后转到曼彻斯特雷达研究室,从事海用雷达的研制。1948年回国,任职于中央研究院,1950年,中央研究院留在北京的部分与北平研究院合并,改名为中国科学院,陈芳允为生理生化研究所研制成功国内第一套生物电子学仪器。1956年,参加国家12年长期科学规划制订,后又参加新电子所的筹备工作。20世纪50年代陈芳允追踪国际最新科技,计算过苏联卫星运行轨道参数,观测海南岛日环食,研制脉冲技术示波器及其改进型号等。60年代为解决我国原子弹试验用多道脉冲鉴别器,陈芳允提出了试制方案,经反复实验,研制成功鉴别器,提供原子弹试验场使用,解决了实际需要;为空军研制成功机载抗干扰雷达,大量装备部队;主持制订中国第一颗人造卫星东方红一号的测控方案,以多普勒测

---

① 殷宏章,等:《罗宗洛文集》,科学出版社1988年版。

量为主,并在卫星入轨点附近的地面观测站设置雷达和光学设备"双保险",后调到国防科委,从事卫星地面测控网的研制与建设。70 年代,追踪美国阿波罗登月飞船所用微波统一测控系统,设计了新的微波统一系统,为我国通信卫星发射成功发挥了重要作用,后被评为国家科技进步特等奖。1985 年被选为国际宇航科学院院士,1986 年 3 月,陈芳允与王大珩、杨嘉墀、王淦昌联合提交发展我国高新技术的《关于跟踪研究外国战略性高技术发展的建议》,在邓小平批示与支持下,国务院经过研讨论证,制订了《国家高技术研究发展计划纲要》,拨款一百亿元,选择生物、航天、信息、激光、自动化、能源、材料七个技术类别,作为主要攻关项目,形成了习称"863 计划"的科技发展重大决策,推进中国高新技术跟上国际发展步伐,并开创中国在现代化高精尖科技领域的自主创新,发挥了重大作用,产生了深远的影响。1991 年陈芳允当选为国际宇航联合会副主席。1999 年被授予"两弹一星"功勋奖章。2000 年因病逝世,终年 85 岁。

台州籍其他现代科学家尚有中国科学院院士和中国工程院院士柯召、陈中伟、柯俊、黄志镗、洪孟民、吴全德、闻邦椿、蒋民华、齐康、陈洪渊、徐世浙、柯伟、金庆焕、池志强、方秦汉、蔡道基等。他们在各领域所取得的成就,都足以彪炳青史,流芳百世。

第六章 海洋经济时代的天台山文化

历史的长河流淌不息，天台山文化的发展也永不停步，来到 21 世纪之后，随着台州经济社会发展的强劲势头，展示了民营经济的强大生命力，也展示了市场经济的良好前景，为台州继承传统，开拓新天提供了有力的保障。而今中国的经济社会发展，极大地提高了中国在世界上的地位，"一带一路"国家倡议获得世界沿线众多国家和人民的强烈兴趣，激发出参与的热情。这也是在新形势下，内涵丰富的天台山文化发挥其应有的作用，特别是天台山和合文化精神，天台山与"唐诗之路"的特殊情结等，可以在新的舞台上展现其当代价值的良好契机。

第一节 海上丝路与天台山文化

台州以天台山而得名。天台山向来以"山水神秀，佛宗道源"驰名海内外，是日本、韩国佛教天台宗的祖庭，令这座文化名山显得地位崇高，声名远播。中国文化的对外传播，尤其是对东亚文化的传播，早在汉朝就已经开始了。若是从较大规模的以文献典籍输出的历史看，也有一千多年了。天台山文化作为中国文化对外传播的一个组成部分，最有辐射力者首推宗教，特别是佛教天台宗；还有天台山的爱情传说与唐诗之路、茶叶等等，主要是哲学（宗教）、文学、农学（茶叶种植及茶文化）等领域。为什么天台山文化对外传播要较之其他地方便利？这与它所处的地理位置濒临东海，正好位于我国东南沿海航运通道的腰部，长江出海口的南侧，特别是与东洋的朝鲜半岛、日本群岛、琉球群岛一衣带水，隔海相望有关。这条海上航运通道，便是历史悠久而长盛不衰的"海上丝绸之路"，也兼载了海上瓷器之路、茶叶之路，后二者因非本文主题，故在行文中偶涉及之，而不做展开。

一、海上交通与天台山文化传播

道书说天台山高一万八千丈,是道士为了突出此山之高而作的夸张,诗人说天台山高:"天台临四明,华顶高百越。"是诗人的表现手法,充满想象的浪漫。但天台山毕竟距海不远,在天台山顶峰的华顶,天气晴朗之时,可以眺望东海日出之景,这也是诗人所写的"凭高一登览,直下见溟渤"的来由;也是唐贤将天台山看作"海上仙山"的客观条件。所以从有文字记载到天台山,每与海洋结缘,方内文人喜欢它,认为可以与五岳媲美,只因道路幽迥,匿峰千岭,而致沧海遗珠,赞美颂扬,终于令世界知道有这么一座美妙之山,引来后世文人无限的欣羡与向往。方外人士喜欢天台山是因为它僻处东海之滨,人迹罕至,适宜炼丹合药,著述道经,开辟洞天福地;又以此地清静幽深,宜于启悟,故佛教宗师不顾京城宠遇优厚,亦愿意来此修炼,终于参证禅悟,开宗立派,结出硕果。总之是此山由东海之滨无名之山,到进入中原文人法眼而名动天下。而且引起海外人士的兴趣与喜爱,名扬海外,从来台求法,到移植天台山文化(主要是佛教天台宗),发扬光大,以至于产生了"墙内开花墙外香"的效应,颇多出人意表者。下试连缀分述之。

(一)佛教天台宗东传弘扬中国文化

佛教传入中国是在东汉初年,经过许多曲折的磨合,吸收了中国传统文化中的营养成分,主要是儒家学说中的有效成分,同时也在与道教的磨合中,吸收了道教教义中的许多成分,改造成为既有天竺文化根基,又有中华文化血肉,既有西天释伽思想,又有东土孔老精神的新佛教,终于在中国站住了脚跟,衍生出了适应中国本有文化的宗派,其中的天台宗,便是诞生于台州天台山的"中华佛教第一宗",在中国佛教发展谱系中居于崇高的地位。据有关资料记载,佛教传入台州大约是在东汉末年,《仙居县志》记载东汉兴平元年(194)的石头禅院是台州最早的佛教寺院,而后佛教在台传播,经过外来宗教与本土原始宗教的斗法竞争,外来的宗教逐步占领了台州的信仰高地,取得全面的优势,直到陈宣帝太建七年(575)智颛率弟子来天台山建立寺院,修炼研究佛法,发展成为天台宗,把佛教在华传播推向一个新阶段。天台宗便是佛教与中国文化结合而形成的影响极大的佛教宗派之一。

天台宗萌芽于南朝的陈朝,形成于隋朝,兴盛于大唐,在海内外弘传甚盛。海外部分主要传播于东洋的朝鲜半岛和日本,为中国文化向海外传播的代表。从传法统系看,高丽僧波若曾入天台山受智颛教,后来到宋朝,高丽僧人义天来华学习天台宗教义，并携回朝鲜，成为朝鲜半岛上传播天台宗的关键人物。嗣后是鉴真大和尚东渡日本弘法，传播佛教也包含了天台宗教义，成为后来日本留学僧来台州求法（求取佛教真经）的伏笔。鉴真和尚（687—763），广陵江阳（今江苏扬州）人，是天台宗章安大师灌顶的再传弟子。天宝十二载（753），鉴真历尽曲折，于第六次东渡日本获得成功，带去天台宗的典籍如《天台止观法门》《法华玄义》《法华文句》等上百卷。值得一提的是，鉴真和尚东渡日本，为了减少官府监管的注意力，是打着"将供具往天台山国清寺供养僧众"的旗号出行的。鉴真在日本传播律宗教义的同时，还弘传天台宗的教义，被授予"大僧都""大和上"等封号。台州开元寺（今台州临海龙兴寺）僧人思托随鉴真六次东渡，后在招提寺内宣讲天台教义，扩大了天台宗在日本的影响。鉴真圆寂后，思托用干漆夹苎之法制作的鉴真大师像，今成为日本国宝。而记载鉴真和尚东渡日本过程之书《唐大和尚东征传》，据研究者称是应思托之请，由真人元开所著成，遂为研究鉴真东渡历史之权威史料。思托自己撰有《大唐传戒师僧名记大和上鉴真传》，是元开著书时的蓝本与基础。

天台宗传播日本的最关键人物是最澄。唐德宗贞元二十年（804），日僧最澄（767—822）来台州学习佛教（求法），他入台州时所持通关文牒，由台州刺史陆淳签判，尚存在世，是日本国宝，成为极其珍贵的历史文物（见文前彩页"日僧最澄来台求法通关文牒"）。最澄到台州求法，是向天台宗十祖道邃学习教义，并与其弟子兼翻译义真同受菩萨戒。后又到天台山佛陇，向行满座主学习。翌年回国，台州刺史陆淳、司马吴颐、临海县令毛涣、天台座主行满等十人都很依依，作诗赠别，为日本留学僧与中国官员、天台宗高僧之间的深厚友谊，留下佳话。《宋高僧传》卷二十九载："贞元二十一年，日本国沙门最澄者，亦东夷卉服中刚决明敏僧也，泛溟涬，达江东，慕天台之法门，求颐师之禅诀，属（道）邃讲训，委曲指教，澄得旨矣。乃尽缮写一行教法，东归，虑其或问，从何而闻，得谁所印？俾防疑误，乃造邦伯（按指台州最高长官，此指时任刺史陆淳），作援证焉。时台州刺史陆淳判云：'最澄阇梨，形虽异域，性实同源，特禀生知，触类玄解，远传天台教旨，又遇龙象邃公，总万行于一心，了殊涂于三观，亲承秘密，理绝名言，犹虑他方学徒，未能信受，所请印记，安可不任为凭云。'澄泛海到国，赍教法，指一山为天台，号一寺为国清，风行电照，斯教大行。倭僧遥尊（道）邃为祖师。后终于住寺焉。"这里记载最澄来台州学习天台宗的经过梗概，不但载明师从之祖为道邃，而且考虑他回国之后担心别人不相信，还到台州刺史衙门，请刺史陆淳签署公函为证；同时详细记载最澄回国后照天台山之样，立寺号为国清，令天台宗在日本风行传播，尊奉道邃为祖师等等。

由此可知，日本佛教奉比睿山为天台山，其法脉相承，传播弘扬，广受欢迎，成为日本化的佛教，一直盛行至今，日本天台宗人对天台山祖庭的联系与来访，也一直是中日两国文化交流活动中一道风景。台州文士、天台宗人对于东洋人来华学习佛教、学习天台宗教观都是很热情、很支持的，台州本土第一位获得全国性声誉的诗人项斯，与日本来华僧人有交游，像他作有《日本病僧》诗云："云水绝归路，来时风送船。不言身后事，犹坐病中禅。深壁藏灯影，空窗出艾烟。已无乡土信，起塔寺门前。"看来此僧之病情已经很重，所以"起塔寺门前"，也就是准备埋葬于寺旁了。杨夔作有《送日东僧游天台》："一瓶离日外，行指赤城中。去自重云下，来从积水东。攀萝跻石径，挂锡憩松风。回首鸡林道，唯应梦想通。"这些来天台学佛的僧人，未必都是中国与东洋佛教交流史上有记载者，但从这些仅留存于唐诗中所见的点滴，不难推知当时日本和朝鲜半岛对天台山宗教的期盼与向慕了。20世纪50年代以后，由于中国大陆遭到西方列强经济封锁二十多年，国民经济恢复与发展虽成绩巨大，但大陆对外开放交流的窗口实在是小得可怜。至于台州专区（后改为地区），在"文革"期间，佛教寺院属于被"大破""横扫"之列，国清寺和尚都被驱赶出门，还俗的还俗，流浪的流浪，寺院房舍被改建成天台县拖拉机修造厂，香火断绝，以至于当读高小的笔者听到从外面回来的大娘舅说天台国清寺正在整顿修复，从北京运来佛寺用品，还让和尚回来之事时，简直不相信自己的耳朵。当事隔多年的后来，我陪同大学老师吴熊和先生夫妇观览国清寺时，听陪同的天台一位领导介绍说：现在国清寺外寒拾桥头照壁上的"隋代古刹"四字中，"隋"字是没有"工"的，就是当年把国清寺办成拖拉机修造厂，令人记忆深刻，所以书法家在写字时就故意不写"工"而成的（见文前彩页"隋代古刹国清寺"）。从"文革"后期到改革开放初期，国清寺见诸报端者多是与日本人来朝拜天台山祖庭这样的友好交往事件有关。1973年，国务院总理周恩来下令修复，拨款30万元，从北京故宫博物院调运一批珍贵的佛像、法器到国清寺，敦促要赶在1975年前完成国清寺修复工程。这是"文革"中全国唯一的一所停止革命，修复开放的寺院。改革开放以后，随着国门的逐步打开，中外交往日益频繁，日本天台宗僧人以及普通游客造访天台山者不断增多，前来朝拜和观光。

通过天台山国清寺这一桥梁，台州佛教寺院与日本的联系亦复更加密切，后来又随着中国大陆与韩国外交关系的建立而建立交往。如日本天台宗僧人来国清寺举行法会，建造最澄来华求法祖师碑亭，建立智者大师、行满座主、日僧最澄三座石碑（见文前彩页"国清寺高僧三石碑"），当时的中国佛教协会会长赵朴初为题"法乳千秋"匾；日本日莲宗来寺建造妙法莲华经经幢（见文前彩页"天台国清寺妙法莲华经经幢"），也就是报恩塔，镌有"知恩报恩"四字，表示对祖庭的感谢；日本曹洞宗、临济宗、净土宗等僧人都来天台山参谒礼拜，寻觅祖庭及有关寺院史迹等等，像曹洞宗来天台山拍摄《茶叶之路》电视专题片，都是其中影响较大的事情。在台州府城巾子山脚下的古刹龙兴寺作为州寺，是唐朝官府管理台州全部寺院的地方，所有日本留学僧来学习天台宗的管理手续，都在此寺办理。像最澄等来留学求法所需相关手续，乃至于与台州衙门联系等就必经由此处。所以日本天台宗信徒也经常到修复后的龙兴寺来访祭拜，更多的是日本游客来此游历观光。

韩国天台宗也在国清寺建造了类似的纪念性建筑——中韩天台宗祖师纪念堂（见文前彩页"中韩天台宗祖师纪念堂"），就邻接"法乳千秋"亭，位居其西，恢复和巩固了与祖庭的法脉联系。这些都是在改革开放以后，中国重新打开与世界联络的环境下，东洋邻邦回顾历史，寻根问祖，所建设的纪念性建筑。本来朝鲜半岛与中国的联系很紧密，因为山水相连，交通往来都较日本方便，即使海上商贸，亦与日本相似，而距离要近。台州境内有关朝鲜半岛的地名，仅载于地方史志之中者，亦远较日本为多，如台州府城内有"通远坊"，黄岩县城内有"新罗坊"，木宫泰彦《中日交通史》载："唐与新罗交通颇繁，楚州（今江苏淮安）以北，现今江苏省与山东省沿海各州县，处处有新罗坊，坊中有总管，并有翻译。盖新罗坊即新罗人之居住地也。"可见当时中国东部沿海与朝鲜半岛之间来往不但地域广布，而且程度亦高。台州境内的"新罗坊"是从五代时期设置，宋陈耆卿《赤城志》载："五代时，以新罗国人居此，故名。"临海境内以"新罗"命名者还有两处：一为新罗屿，一为新罗山。新罗屿在"县东南三十里，昔有新罗贾人（商人）舣舟（停船）于此，故名"，是因为新罗国来的商人航船到此时驻泊于此而得名。其地约在今临海市汛桥镇之晒鲞岩，是一处古渡头，旁有小山，合乎"屿"的"在陆为屿，在水为岛"的含义。新罗山约在今临海城郊的后山，此山与松山、八叠山一脉相承，延绵北去，其命名之因盖为新罗人客死而葬于此。朝鲜半岛之人来台州经商、求法等是因为地理相近，隔海相望的关系，其中如明朝弘治元年（1488），朝鲜弘文馆副校理崔溥从济州岛奔丧,冒险出海,漂流到台州临海牛头洋(今属台州三门县)登陆,获得中国军民救助,成功经陆路回国,事后写成沿途见闻录《漂海录》,成为无心插柳之历史见证。清朝乾隆六年(辛酉,1741)夏,有韩人二十余飘舟至台州,寓天宁寺,天台齐周华与叶少曾、秦抹云、蒋若翰诸名士盘桓寺内多日,与韩人宋生者笔谈交流,帮助韩人解决困难,赠送诗文等。天宁寺是巾子山上众多寺院中的一所,唐宋以来曾经为漂流脱险的朝鲜人提供住宿救济,资助回国等事,半岛民众亦有寻迹而至,礼拜游观,以遂夙愿。上述齐周华等人与韩国漂海至台者的交往,即为其中著例而已。台州州城中的通远坊是官方设置机构,专门接待远方(类似于今天边远地区)和外国来经商、进贡乃至求法之人,都是台州在对外联系,特别是海上交往史上所留下的遗迹。

(二)佛教天台宗及天台山遇仙传说南传

佛教南传历史亦久,像南亚斯里兰卡(昔译锡兰)就不必说了,东南亚的越南、缅甸、泰国、老挝、柬埔寨乃至于新加坡、马来西亚、印尼、菲律宾,都是佛教传播较盛的地方,历史上也是受中国与印度文化影响深远的地方。而越南尤其与中国文化关系密切,就像近人冯承钧在《占婆史》译序中所指出的:"综计二千年来,越南隶中国千余年,自主之时亦近千年。自主以后,以中国文化南布占婆①,古占婆所受之印度文化,逐渐消灭。则一部越南史,实一部越②占交争史。质言之,中国印度文化交争史也。"中国佛教与交趾、安南(均为今越南)的交游传播是很早就有了,如唐释贯休《送僧之安南》诗云:"安南千万里,师去趣何长。鬓有炎州雪,心为异国香。退牙山象恶,过海布帆荒。早作归吴计,无忘父母乡。"这是一位出身于吴的僧人,要赴千万里外的安南传法,与贯休相知者。杨巨源有《供奉定法师归安南》,张籍有《上国送日南僧》,日南为交趾郡名。贾岛有《送安南惟鉴法师》诗,可知是安南的学问僧人,来中国学佛讲经:"讲经春殿里,花绕御床飞。"可见是极有学问的高僧,应邀入宫为皇帝讲经,因当时交趾九郡是中国领土,这种交流不过是太普通不过之事,放在今天看,则更可证明当时安南与中国的佛教文化联系之紧密。而天台山文化南传,主要是佛教天台宗南传则表现得与东传不完全相同。据有关佛教史研究表明,天台宗南传始于20世纪20年代初年,其

---

① 指今越南南方。
② 指今越南北方。

传教代表人物是越南高僧显奇法师(1863—1936)。显奇俗姓陈,字国亮,越南嘉定省芹勺县(今隶隆安省)人。少年时到香港青山道教纯阳宫学道,1922 年到宁波游方,入天台宗第四十三祖谛闲(1858—1932)门下为徒,谛闲为之授戒,赐名"得真",号"显奇",嗣后回香港,把纯阳宫改建成"青山禅院",为首任住持,先后着意培养了七位越南门徒,传天台宗教观到越南。是为天台宗南传之首站。嗣后又传到新加坡,主要人物有谛闲法师的弟子宝静法师,还有天台宗僧人乐果、晓云、大雄、慧僧等人。改革开放以来,天台山佛教传播在东南亚亦有进一步扩展,从历史上的越南等少数地方扩展到缅甸、马来西亚、泰国、菲律宾等地。总之,天台宗通过持续努力,弘扬教观,传承台宗一脉衣钵,在东南亚诸佛地取得了一定的成功。

同时天台县国清寺外的天台山中华佛教城,专门以研制雕刻佛像为职志,采用传统"干漆夹苎"技法造像,它拥有的"金漆木雕——干漆夹苎法"被工艺美术界认定为中华民族优秀传统工艺美术一大门派之瑰宝,法人代表汤春甫 1992 在新加坡召开的世界佛教大会上广受好评,被授予"佛艺大师"称号。这种工艺制作佛像来源于东晋时隐居于剡中的高士,也是我国历史上著名的雕塑家戴逵,他是吸收有关工艺,用于佛像上,制成"木心干漆夹苎"和"泥心干漆夹苎"佛像,当时号为"绝品"。戴氏之法流传于台越一带,后来随鉴真东渡日本的台州开元寺僧人思托,便用此法为鉴真大和上制作"干漆夹苎彩色坐像",成为日本最早的肖像雕塑,日本国宝。宋朝天台张延皎、张延裘兄弟用此法制成"优填王释伽瑞像",由日本僧人带回,供奉于清凉寺,是如今所知最早从天台山制作而传播于东洋的佛像。从 20 世纪 60 年代初,汤春甫跟随天台山华顶寺释广弘学习"干漆夹苎、金漆造像"技艺,深研传统,提炼创新,令这一古老工艺焕发新的生机。1999 年汤春甫制作的"千手千眼观世音像"获得国家"世纪杯"金奖,为故宫博物院珍藏。2006 年汤创作的"九龙大屏风"为中南海收藏。五十多年来,汤春甫创作的佛教造像及其他作品先后荣获国家级及以上金奖六十余次,如"中国历代杰出帝王像"展出于新加坡,"中华历代杰出人物"618 尊大型群雕像为台湾省新竹历代名人馆收藏,"儒教孔子七十二弟子"为台湾孔庙收藏,并为泰国制作"泰国历代圣王像",珍藏于皇宫圣皇殿。2010 年,汤春甫制作"和合二仙像",2012 年制作"澳大利亚历任总理塑像"参加"澳中文化年"活动,为澳大利亚名人馆收藏,还为澳国新南威尔士州制作历任州长像 47 尊。2016 年与瑞典诺贝尔博物馆合作,用干漆夹苎法制作八百多尊诺贝尔奖获得者塑像等。

成为当代天台山文化对外传播上的亮点。20 世纪 80 年代开始,天台山佛教城制造各种大小佛像数万躯,行销于我国大陆、台湾省、香港、澳门;东洋日本、韩国,南洋新加坡、马来西亚、泰国;西洋美国、加拿大、澳大利亚等。在世界六十多个国家和地区都有天台山造像产品的身影,把天台山佛教造像工艺传播到世界各地,也是对传统文化的弘扬。天台山佛像是一个重要的载体,拉近了天台山与佛像销售地善男信女的距离,促进了解,也引来不少佛教信众到天台山观光旅游,在无意中开拓了中外交流的新通道,扩大了天台山文化对外的影响。从文化传播、交流与发展的视野来看,佛教从西天传入中土,经过了落地、生根、开花、结果后,又向东洋、南洋传播,对中国本土文化的演化产生了重大的推动作用,中国迄今仍然是世界上佛教的最大根据地。正如汤一介先生所说:"中国文化曾受惠于印度佛教,印度佛教又在中国得到发扬光大。"他又说:"自西汉末以来,印度佛教曾对中国文化的各个方面,如哲学、文学、艺术、建筑以至民间风俗习惯都有深刻的影响。而到七、八世纪以后,佛教在印度衰落了,至 13 世纪基本湮灭。但正是隋唐以来,佛教在与中国文化结合的情况形成了若干影响极大的佛教宗派,使佛教得到了重大发展,并由中国传到朝鲜半岛和日本以及越南等地。"[①]

二、官方使节与宾贡人士之传播

古代中国文化对周边国家与民族产生了广泛而深远的影响,首先是官方使节来往的宣传带动,让中国文化走向四周。像首都长安的朝廷宫殿建筑与布局,街坊设计、国家权力机关的构成,办事制度等等,成为日本、朝鲜半岛和越南等的范型和蓝本。唐诗中留下许多诗作,为此提供了丰富的材料。如包佶有《送日本国聘贺使晁巨卿东归》,朱千乘有《送日本国三藏空海上人朝宗我唐兼贡方物而归海东诗》,钱起有《送陆侍御使日本》和《送陆珽侍御使新罗》,昙靖、鸿渐、郑壬三人均有《奉送日本国使空海上人橘秀才朝献后却还》同题诗,徐凝有《送日本使还》,皇甫曾《送归中丞使新罗》:"南宪衔恩去,东夷泛海行。天遥辞上国,水尽到孤城。已变炎凉气,仍愁浩淼程。云涛不可极,来往见双旌。"权德舆有《送韦中丞使新罗》,刘禹锡有《送源中丞充新罗册立使》,熊孺登有《送马判官赴安南》;也有送外国使节回国的,如孟郊有《奉同朝贤送新罗使》,张籍有《送金少卿副使归新罗》;还有使节自己

---

① 汤一介:《佛教与中国文化》自序,宗教文化出版社 1999 年版。

所作的,如高骈《赴安南却寄台司》《安南送曹别敕归朝》;等等。其次是周边
国家文士羡慕中华文明,学习中国文字、礼仪,熟悉中国经典,来中国参加大
比(考试),以求取功名,作为入仕的重要途径,这就是宾贡文人交往传播中
华文化,当然也包含了天台山文化。历史上东洋朝鲜半岛和日本、琉球等地
与中国大陆的交往,因朝鲜半岛与中国山水相连,所以更加方便,不但其国
王要受中国皇帝册封,而且其文人学士要来中国参加科举考试,取得功名,
衣锦还乡,视为无上荣耀。唐范摅《云溪友议》卷二"登州贾者马行余"条载,
马行余遇风,被吹到新罗国,其国君接见他时说:"吾虽夷狄之邦,岁有习儒
者,举于天阙(指中国的皇宫),登陆第,荣归,吾必禄之且厚。乃知孔子之
道,被于夷夏乎!"意为新罗国每年都有读书人前往中国,参加礼部举行的进
士考试[①],在中国考中功名,荣耀归来者,我一定要给他高官厚禄。中国古代
选举制度中有所谓"宾贡"一类,到了这时,就是中国政府为接纳周边友邦来
华考试者所增立的名目。杜荀鹤作有《送宾贡登第后归东海》,就是一位考
试中式的海东文士。朝鲜半岛宾贡及第的代表人物是崔致远。晚唐诗人张
乔[②]《送宾贡金夷吾奉使归本国》:"渡海登仙籍,还家备汉仪。孤舟无岸泊,
万里有星随。积水浮魂梦,流年半别离。东风未回日,音信杳难期。"[③]若能
在中国考试中式,对应试者而言,相当于"登仙籍",回国后以中国生活方式
炫耀人目,便似改革开放初国人从西方留学回国者一般,在青年人心中的地
位,以说洋话,着洋装,用洋物为荣。外来文人来华学习,时间长短不定,有
的来去匆匆,有的少年来华,年老始离华,如顾非熊《送朴处士归新罗》:"少
年离本国,今去已成翁。客梦孤舟里,乡山积水东。鳌沈崩巨岸,龙斗出遥
空。学行中华语,将归谁与同?"[④]唐朝台州第一位进士,也是第一位获得全
国性声誉的诗人项斯,也在无意间留下了与新罗文人交往的作品《送客归新
罗》:"君家沧海外,一别见何因? 风土虽知教,程途自致贫。浸天波色晚,横
笛鸟行春。明发千樯下,应无更远人。"这位自沧海外而来的新罗客,看来长
途跋涉,盘缠将罄,前路漫漫,这是在华期间学业,或者考试诸事不太得意之
人。项斯与之别意依依,充满关怀,读之今人动容。南洋的越南首都河内,

---

① 一般是三年一大比,大比之前有乡试、府学考试、县学考试等为选拔机制。
② 张乔,池州人。咸通中进士,为避黄巢之乱,罢举隐居九华山。
③ 彭定求,等:《全唐诗》,上海古籍出版社1986年版,第1606页。
④ 彭定求,等:《全唐诗》,上海古籍出版社1986年版,第1285页。

其孔庙不但规模宏大,除建筑样式外,内部的陈列布局,牌匾楹联,人物雕像与祭祀物品用具都极像中国的翻版,它还有一点是为中国孔庙所羡慕的,就是没有经历大的破坏,较好地保留了原貌;而且在河内孔庙里,还为科举取得功名者树碑立传,以为宗族交游光宠,同样保存得很完整很有尊严。(见文前彩页"河内文庙科甲碑廊")

(一)明朝宾贡成功人士代表台州知府阮勤

以前以宾贡人士在华入仕而且取得高位者首推日本人晁衡,其他还有吉备真备等多人,但大唐以后,则以此身份在华担任官职者鲜有闻人,唯到明朝中期,在台州还有一位因宾贡途径而仕至台州知府的越南文士阮勤,就是不但官居高位,而且政绩出色的一位代表。他在台州知府任上将近十年,超过两任,《台州府志·职官表二》载,阮勤是明英宗天顺八年(1464)始任台州知府,成化七年犹在任(见章纶《新建太平县治记》),到下一任知府刘忠接任时是成化九年(1473),主要有以下几件事值得叙说:一是设立太平县。根据经济社会发展的实际情况,向朝廷请示分立太平县。据《台州府志》载,明宪宗成化五年(1469),台州知府阮勤上奏将黄岩南部方岩、太平等三个乡分置为县:"(明)《一统志》:成化五年,以台州知府阮勤请,析黄岩南方岩、太平、繁昌三乡置太平县,凡户七千二百四十九,口二万九千五百八十一。"邑人林克贤作有《上分县封事》记其事。二是重视文教事业建设。见于文献者就有修建台州府儒学乡贤祠(见刘钎《台州府儒学乡贤祠记》),重修仙居文明楼(见杨守陈《重修文明楼记》),重修宁海县学大成殿(见杜宁《重修宁海县学大成殿记》),修建学校,修整台州最古老的书院上蔡书院,"自成化己丑(成化五年,1469)冬十月始事,迄十有二月落之",花了一个季度重修落成:"为堂五楹,两庑楹各三,门二重,甓垣缭之,榜之衢曰'上蔡书院'"(见杨守陈《重兴上蔡书院》)等,做了不少实事。三是重视官衙等机构建设。如太平县新立,就为新建太平县治,"肇于成化庚寅夏六月甲戌(成化六年,1470,见章纶《新建太平县治记》),至辛卯春正月乙亥(成化七年,1471)落成",共有县厅、仪门、官衙、吏舍、仓库等,计一百七十余楹。在建造过程中,阮勤还"时来提督,躬恤民隐",助以"储蓄羡余官银千余镒",就是资助太平县一千多两积蓄的银子。这位台州知府阮勤便是交趾(今越南)人,由宾贡中式而授予官职,最后做到刑部侍郎的职务。他的事迹在《台州府志》卷九十七《名宦传》中有传:"阮勤,字必成,交趾多翼人。景泰五年(1454)进士,历大理寺正,天顺八年(1464)知台州。修学校,建乡贤祠及上蔡书院。奏分黄岩为二县,置太平。清慎有惠政,赐诰旌异。累官参政都御史,终刑部侍郎。"刘钎也评论阮勤为:"阮君名勤,与予同年举进士第,治行超卓。"正是这一类型人士的典型案例。

(二)诗僧交往花开别枝

唐朝是诗的国度,是诗的海洋,是诗的时代,诗是时代最广泛的文学体裁。僧人精于诗者亦很常见,刘禹锡《唐四僧诗·灵澈诗》序云:"释子工诗尚矣。休上人赋别怨,约法师哭范尚书,咸为当时才士之所倾叹。厥后比比有之……世之言诗僧多出江左。灵一导其源,护国袭之;清江扬其波,法振沿之。如幺弦孤韵,瞥入人耳,非大乐之音。独吴兴昼公,能备众体。昼公后,澈公承之。至如《芙蓉园新寺》诗云:'经来白马寺,僧到赤乌年。'《谪汀州》云:'青蝇为吊客,黄耳寄家书。'可谓入作者阃域,岂独雄于诗僧间耶?苏州刺史刘禹锡序。"刘禹锡列举了数位当时有代表性的诗僧:休上人、约法师、灵一、护国、清江、法振、昼公,而以昼公①为翘楚,可知作诗亦为方外所熟习。足见流风所及,无不熏染。域外人士亦同染此风,即使方外人士亦来中国学佛求法,与中国交往,在诗文中留下无数作品,足以见证。如唐朝诗人孙逖《送新罗法师还国》:"异域今无外,高僧代所稀。苦心归寂灭,宴从得精微。持钵何年至,传灯是日归。上卿挥别藻,中禁下禅衣。海阔杯还度,云遥锡更飞。此行迷处所,何以慰虔祈。"②诗中所言是昔日的"异域",今日已经"无外",是大唐广开招纳门路,与邻邦的融合明显加强,方外人士往来更加密切,文化传播与交流自在其中。

日本佛教界与中国,与台州的天台山佛教交往很密切,除前述最澄之外,其中颇负声望者还有后来如圆珍、圆仁、成寻等人。圆珍(814—891)于唐宣宗大中七年(853)十二月来台州国清寺向物外法师求法。圆珍所持通关文牒所载"日本国内供奉赐紫衣僧圆珍等叁人,行者肆人",其行程规划是"巡礼天台、五台山及游历长安"(见文前彩页"日僧圆珍等人巡礼天台山文牒")。翌年赴长安深造,获得"批记"。大中十年重返国清寺,建止堂,为企业之所,于大中十二年(858)回国,携回佛教经典441部1000余卷,超过以前入唐求法诸僧,为日本天台宗寺门派奠基者,任天台宗第五代座主。圆珍将入唐求法行程写成《行历记》,但原本已经佚失,留传下来者为宋朝赖觉节录

①　诗僧皎然,俗姓谢,字清昼,传为谢灵运十世孙。
②　彭定求,等:《全唐诗》,上海古籍出版社1986年版,第276页。

的《行历抄》，国内有佛教文化学者白化文等所作《行历抄校注》一书行世。如今天台山国清寺祥云峰麓还建有一座圆珍亭，以纪念这位涉海西行的佛法搬运者。圆仁来天台山求法，将其经历写成《入唐求法巡礼行记》；成寻则同样留下了一部《参天台五台山记》，都是早期东洋诸国文人来华经历的记录，为后世来华者要写作经历所见所闻所感，归国献于朝廷，作为了解中国的第一手资料，也是最具新鲜感的情报，开访华行记如后世《燕行录》之先河。著名诗人张籍《赠海东僧》一诗为我们窥见当时中华上层文士与东洋留学僧交往的一个截面："别家行万里，自说过扶余。学得中州语，能为外国书。与医收海藻，持咒取龙鱼。更问同来伴，天台几处居？"①诗中更提供了"海东僧"来华的路线是经过"扶余"，即经东北，是走陆路到中国，学习汉语，能写汉字，懂医道，会咒语，还有同伴来学天台法门。这是从非台州籍诗人作品中所见的东洋僧人来华学习天台宗的记录，可以为台州接收留学僧历史添补珍贵资料。

（三）金地藏由临海登陆入唐

中唐时期新罗国王子金地藏是东洋羡华而留华者之代表，《全唐诗》作者小传称金地藏"至德初航海"来华，近十年来有关研究，以为金地藏经海路到达中国，登陆地点是台州临海，在临海登陆后逗留于无量寺，此寺在今临海火车站附近滩头村，后来再辗转到达九华山修炼胜业。兹录金地藏诗《送童子下山》一首以见意："空门寂寞汝思家，礼别云房下九华。爱向竹栏骑竹马，懒于金地聚金沙。添瓶涧底休招月，烹茗瓯中罢弄花。好去不须频下泪，老僧相伴有烟霞。"②

（四）道教传播东洋文脉久长

道教是中国本土宗教，以"得道成仙""长生不老"为基本信仰，它的诞生很大程度上是为了抵制佛教来华而捍卫中国本土文化的需要，属于彼得·伯克《文化杂交》中提出的文化交流中四种反应的第二种："抵制，以抗拒和净化形式呈现的抵制。"③是代表本土传统文化的一种力量。所以道教的诞生时间是在东汉末期，是在佛教传入中土百余年甚至近二百年之后，这也就是当初中国传统文化的力量一种自觉或不自觉的出于自卫的反应，是适应

---

① 彭定求，等：《全唐诗》，上海古籍出版社 1986 年版，第 957 页。
② 彭定求，等：《全唐诗》，上海古籍出版社 1986 年版，第 1986 页。
③ 彼得·伯克：《文化杂交》，杨元、蔡玉辉译，译林出版社 2016 年版，第 73 页。

新形势下的文化产物。卿希泰说："道教……作为中国传统文化的重要组成部分,孕育出许多灿烂的文明成果。从历史上看,道教很早就传播到周边国家与地区,其中对东亚地区的朝鲜半岛和日本列岛影响较大。

(五)道教在朝鲜半岛

唐朝初年,唐高祖、唐太宗就曾派遣使者前去朝鲜半岛传播道教。8 至 15 世纪时,道教在朝鲜半岛得到了上至贵族、下至平民的广泛信奉。"[①]以前大陆学者对此研究不足,或者不够重视,对于佛教的东传谈得多,对道教的东传谈得少。实际上道教在日本也同样有传播,即使对日本文化也有影响。卿希泰说:"来自中国大陆与朝鲜半岛的信道者,以及随遣唐使来华的日本留学生不仅将《道德经》等道教经典带回日本,而且还在学习中华文化的过程中,了解并部分地接受了道教的神仙信仰。编于 9 世纪末的《日本国见在书目录》中记载的道书就达八十多种。在日本的奈良朝到平安朝时期,道教的长生信仰、神仙思想、斋醮科仪和术数方伎不仅在日本得到传播,而且也逐渐融入日本民族文化之中,对日本的天皇制、律令制、神道教、武士道、修验道、阴阳道的形成与发展有着潜移默化的影响。"

据孙亦平的研究,道教东传是在创立不久,即随着移民迁徙和文化交流的展开而传播到周边的国家与地区,其中对朝鲜半岛的影响尤为显著。8 世纪,道教在皇帝的支持下,输入朝鲜半岛,被创造性地吸收与改造后,至 15 世纪时,道教在朝鲜王朝得到了广泛的信奉,形成斋醮科仪、内丹修炼、民间信仰三大流派,不仅再传向日本,还返归中国。迄今仍然对韩国文化产生潜移默化的影响。中国道教对韩国文化的熏染最为显著又最有代表性的便是韩国的国旗图案,俗称"太极旗",其中核心元素是太极图案与八卦符号,这简单而清晰地表明道教文化对它的影响。我们台州天台山的道教在中国道教史上亦有重要地位,像前文提及的道教宗师司马承祯、吴筠、杜光庭、叶藏质等人都曾经蒙皇帝青睐,召为国师,备受重视,晚唐徐灵府著《天台山记》,将天台山道源流做了较为系统的记载,成为中国道教经典之一。宋朝张伯端著《悟真篇》,是道教发展史上由外丹向内丹转变的一大标志。与韩国道教文化中的内丹修炼便有紧密联系。孙氏说,朝鲜半岛所传的内丹道属于中国道教的钟吕内丹道系统。它将内丹术奠基于形而上之"道"上,使丹道与道性、心性相贯通,令所倡导的"性命双修"具有了可操作性,以北宋张伯

---

① 孙亦平:《道教在日本》,南京大学出版社 2016 年版,序。

端(984—1082,一说是 987—1082)为代表的金丹派南宗的出现为其成熟的标志,并在金元时期王重阳创立的全真道中得到了全面的发展。孙氏认为:源于内丹道的全真道主张从人"自身性命出发去体悟天地之道,养生之理的方法,大概也是全真道能够很快征服人心,在北七真人的努力下得以迅速传播并很快传到朝鲜半岛的重要原因之一"。

(六)道教在日本

道教传入日本是在魏晋时期,随着移民带来的文化新枝,并在唐宋时期达到高峰。据孙亦平研究:在日本奈良朝到平安朝时期,来自中国与朝鲜的信道者,以及随遣唐使团去中国留学的日本人,不仅将《道德经》等道书带回日本,而且还在学习汉字和接受中华文化的过程中逐渐了解了道教。道教神灵、道书、道术、道观和道教仪式等都曾传入日本,或通过与日本神道教相融合,或变成佛教的形式得以流传。日本道教传入略有别于朝鲜半岛,它是由前者为驿站传递而输入,至于海上直接输入者亦有,但主要途径还是通过半岛实现的。又因为中国道教虽然传入日本,但历史上日本官方曾经拒绝像接受佛教、儒教那样接受道教,所以道教一直未能获得主流社会的认可,处于社会边缘,其教不彰。遣唐使节亦多限制道教,如吉备真备等回国后限制后人以道教为修身之戒法:"不得用仙道。"总之,处于大海之中的日本虽然十分喜欢原始神道色彩的徐福,供奉徐福①,将徐福登陆处立神社祭祀以纪念,又开辟为国立公园,供国民和游客观光瞻仰等等,然对中国道教似乎有一种排斥的本能,令道教与日本主流文化的关系总得不到健康的交流,这就导致道教文化在日本一直处于边缘地带,难以获得正常的传播,从而阻碍了天台山道教与日本列岛的交流,堵塞了道教文化"走出去"的通道,给后世与后人留下值得深思反省的课题,也给后人留下开拓进取,如何把堵塞变成开放的重要课题。另据日本学者提供的信息,日本虽然对道教的信仰与传播不太感兴趣,也不太着力于此,但对于中国道教的研究仍然很重视,有一批学者在持续关注并研究道教南宗,研究张伯端及其《悟真篇》到道教南宗的集大成者白玉蟾,研究道教经典《周易参同契》及其外延问题等,特别是像常盘大定等著名学者的研究,可以窥见日本学界对中国道教文化的重视与

---

① 因徐福携带童男童女东渡海上仙山,日本人以为此仙山即日本。

研究水平。①

　　以上所述中国佛教天台宗、道教南宗等对东洋的朝鲜半岛、日本和琉球的传播，虽有陆路与水路两条途径，但主要还是通过海上通道输出，在长期的官方使节、民间商贸往来甚至意外漂流中实现文化的交流。对南洋文化的输出与影响，与东洋的情形亦有相似之处，亦有陆上与海上两途，但海上通道在此过程中扮演主渠道的作用，并与海上丝绸之路、瓷器之路、茶叶之路相伴，用"居功至伟"来形容，也无不妥。即使今天海陆空交通条件十分发达的情况下，海上航运通道仍然是文化交流的重要途径。

第二节　挖掘天台山文化，为旅游经济服务

（一）刘阮遇仙及其变形演绎

　　自东汉以降，江南山水不断得到中原文人的欣赏与赞颂，尤其是每一次中原大动乱，都会导致大量难民南迁，在此过程中，中原文化逐步移植到东南沿海的浙东，形成了保留中原许多文化元素的浙东文化。即以在历史上流传极其广泛的"刘晨阮肇天台山遇仙"的传说，就是由中原文人来到浙东以后获知，好奇新鲜而记录下来的一个令人产生悠然神往遐思的典型传说。这个传说之所以如此令人着迷，是因为其爱情传说情节曲折，峰回路转，爱情奇遇既合于人间生活又高于人间生活，遇仙环境幽深优美，而结局又令人感伤凄凉，惆怅不已。自从南朝文人记录为文字以后，历代文人十分喜欢，在文学创作中经常剪裁引用，成为常用典故，写入诗歌、散文、笔记、小说、戏剧各种体裁的作品中，蔚为大观。当刘阮遇仙传播到海外，遂成为东亚、东南亚汉字文化圈中共同的文学意象，历久弥新，未尝衰歇，真是世界文学史上罕见的奇观。像朝鲜半岛有以《刘阮遇仙》为典故的文学作品，日本古代典籍《风土记》中有《浦岛子传》，还有续篇《续浦岛子传记》，是日本汉文小说经典，归为民间传说类小说；越南有以歌舞形式演绎的《刘阮遇仙》等。甚至有的研究者还提到19世纪美国作家华盛顿·欧文的一部作品在故事情节上借鉴刘阮遇仙传说云云。这些不同国度的作品或是刘阮遇仙的引用移植，

---

① 松下道信：《日本全真教南宗研究简介》，引自连晓鸣主编：《天台山暨浙江区域道教国际学术研讨会论文集》，浙江古籍出版社 2008 年版，第 200—212 页。

或是其变形，或是其故事模式的翻版。

近年来，随着"浙东唐诗之路"研究深入开展，"浙东唐诗之路"是诗歌之路，是文化之路，是山水旅游之路的影响日益扩大，"诗路"沿线对她的关注与重视不断上台阶，刘阮遇仙传说的解读与演绎新作就不断地应运而生，除了被改编成小说外，又被改编成歌舞剧，2016 年 7 月 29 日《中国台州网》发布《刘阮传说将创编成歌舞剧年底杭州首演》，报道说：近日，大型神话歌舞剧《天台遇仙》（刘阮传说）的签约仪式在天台举行，这部被誉为中国最浪漫的"人仙爱情"传说将被搬上舞台。"天台遇仙"是我国流传已久的民间传说，源于东汉，而自晋以来，历代文人多以此为题材写出大量传世名篇。2014 年"天台遇仙"被列为国家级非遗保护名录，大型神话歌舞剧《天台遇仙》就是根据流传久远、影响广大的刘晨、阮肇入天台山采药而误入桃源，遇到仙女，并与之成婚为主要内容的神话爱情故事改编创作而成。由天台县与浙江省歌舞剧院合作，将这一传说搬上舞台，就是为了扩大"天台遇仙"的宣传力和影响力，将千年前天台地区百姓的多姿多彩的生活，包括人与环境的和谐融洽、古时同胞的婚嫁、歌舞、生活等，以及神怪进行一次艺术性的碰撞对接，届时该歌舞剧将利用舞美、音乐、灯光等手法，充分挖掘展示出"刘阮传说"中的"人仙爱情"故事，为广大游客和观众打造一台丰盛的文化和视觉盛宴。歌舞剧《天台遇仙》搬上舞台后，计划进行常态化演出，并入驻天台旅游景点，助推天台山旅游事业发展。由于刘阮遇仙于天台山的传说影响最大，以至于它的光芒掩盖了发生在天台山的其他遇仙传说；若将背景放在浙东来看，那么以天台山脉为主线的浙东地区真是中国历史上爱情传说的集中区域，像中国民间四大传说之一的"梁山伯与祝英台"的传说也是产生在此处，更不用说与刘阮遇仙模式相似的"袁相根硕赤城遇仙"，以及充满当时人间现实生活折射内涵的"章汎秋英生死恋"等传说了。

（二）唐诗之路余韵悠悠

遇仙传说所产生的影响是十分巨大，而且持久不衰，文人画士为天台山中绝色仙女所激发、倾倒，容易产生向往之情，每会潮起心血，也很想到天台山中走走，说不定就撞上一位仙女呢？因此唐朝的诗人也往往以此传说来打趣欲往天台山中一游的文士，不要在山中随便乱闯，那里的仙女多着呢，很容易被仙女迷住。如唐朝诗人施肩吾所作的《晚春送王秀才游剡川》诗就告诫王秀才不要到越中溪边乱走，以防被美丽可爱的仙女迷惑不归："越山花老剡藤新,才子风光不厌春。第一莫寻溪上路,可怜仙女爱迷人。"①又如诗人张子容"遥知神女问,独怪阮郎归"(《送苏倩游天台》)诗中的"神女"便是仙女,这首诗是以反向思维的口气祝愿苏倩到天台后为仙女所留。随着唐诗被来华的使节、留学生、留学僧及其他商贾诸色人等带到日本和朝鲜半岛等地,天台山中的美丽风光传到日本朝鲜,连发生于天台山中的以刘阮遇仙为代表的"遇仙"传说也就传到东洋诸国,成为文人喜欢引用的典故,不断出现在东洋文士的作品之中,催生新的文学形象,成为联结中华文化的牢固纽带。

(三)天台山文化是升级台州旅游不竭的文化资源

当今科技日新月异,数字化、信息化,让世界经济快速进步,呈现从发达国家向发展中国家波浪式的推进,经济消费也快速变化。现在到了有闲群体不断增多,旅游休闲成为社会生活中重要的消费项目。姑且不说发达国家旅游休闲的旺盛,就近四十年来国内旅游业的发展,那就明显地对社会经济生活产生了重大的影响。从前为少数人所享受的"游山玩水"这只"王谢堂前燕",如今已经"飞入寻常百姓家",普通的民众也可以享受得到了。而浙东唐诗之路本来就是古代的旅游观光、宗教信仰、曲线入仕和隐逸不仕等等因素综合而成的文化之路,今天的浙东唐诗之路研究一个很直接的意义就是开发旅游业,将文化研究与经济发展联合互动,良性循环,实现文化产业化。

今天的浙东仍然是一个探幽访胜的旅游景区。历史上以越州(今绍兴)为中心的浙东七州,今天演变为八个"地级市"(在七州的基础上增加了一个舟山市),遍布国内知名的自然景观和人文景观,其中大多为唐诗之路所涉及的历史悠久的名胜古迹,今天依然是游客心目中游览观光的胜地。以天台山脉所联结得最为紧密的浙东三州为例,越州萧山、浙东运河、州城府山、越王台、飞来塔、镜湖②、若耶溪、云门寺、会稽山、大禹陵(见文前彩页"大禹陵")、苎萝山浣纱石(西施故居)、曹娥江孝女庙(见文前彩页"孝女曹娥庙")、上虞东山谢安隐居处(见文前彩页"谢安隐居处")、绍兴兰亭中国书法圣地、剡中的剡溪、戴逵隐居处(戴溪,王子猷雪夜访戴处)、崂山(谢灵运隐

---

① 彭定求,等:《全唐诗》,上海古籍出版社 1986 年版,第 1249 页。

② 宋朝为避宋太祖赵匡胤祖父赵敬之讳,改称鉴湖

居处）、沃洲、金庭（洞天，王羲之隐居处，王羲之墓）、天姥、大佛寺①（以上为唐诗之路时代固有名胜，仅属举例，下同）；青藤书屋、周恩来祖居、鲁迅故居、蔡元培故居、秋瑾故居、徐锡麟故居、大通学堂、绍兴东湖、柯岩、吼山、穿岩十八峰；台州的天台山国清寺、高明寺、塔头寺、太白读书堂（见文前彩页"天台山华顶李白读书堂遗址"）、智者大师拜经台（见文前彩页"华顶拜经台日出"）、桐柏宫（见文前彩页"天台山桐柏宫紫阳殿"）、玉京洞（即十大洞天中的盖竹洞天）、关岭、桐柏、华顶、石梁（见文前彩页"石梁飞瀑"）、赤城（见文前彩页"天台山赤城"）、桃源（刘阮遇仙传说发生地）、寒岩明岩（白话隐逸诗人寒山子隐居处）、始丰溪、灵溪、惆怅溪，台州州城、开元寺、恶溪、灵江、大固山、临海山、章安赤栏桥（以上为唐诗之路及其前时代名胜），州（府）城内巾子山、东湖、台州城城墙、临海桃渚抗倭古堡、海门卫、仙居神仙居、景星岩、温岭凤尾山（今大陈岛，原属太平县）、松门所、新河所、长屿洞天；明州四明山、雪窦山、阿育王寺、天童寺、明州州城（今宁波古城区，以上唐诗之路时代）、保国寺、天一阁藏书楼、东钱湖、奉化溪口、镇海卫、昌国卫（今属舟山）；等等。历代文人来到浙东，在充分欣赏它美丽的自然风光，领略它深厚的人文积淀的同时，还可以从中做不断的"探索与发现"，步前贤之踵武，发思古之幽情，念古思今，畅想自然、社会与人生。在充满竞争的功利气氛中追求道德的自我完善，在喧嚣纷繁的大千世界中寻找心灵的宁静，在华丽的世俗社会中企盼灵魂的解脱。如今这种文化消费仍然需要，甚至更加需要。

　　在旅游项目上，除了通常的旅游类型外，宗教朝拜游是浙东旅游大有可为的开发领域。浙东的宗教对海外产生重大影响，以天台宗为代表，主要传播到日本和韩国。经过千百年来的"薪尽火传"，天台宗在国内虽然不是佛教的"热门"，其势力与影响也远不如当年，但是天台宗的国外分支发展得很好，信徒众多，势力广大，不但兴办实业，还拥有教派自己的大学、报纸、电台等传媒工具，具有深植的根基与深远的影响。日本、韩国天台宗信徒每年都要到天台朝拜祖庭。天台国清寺是浙东佛教寺院对外文化输出最为知名的，在东洋佛教信徒中是朝拜的圣地。改革开放以来，随着我国与东洋邻邦外交关系的正常化，佛教天台宗作为文化交流的不可替代的纽带，得到中日韩三国的重视。现在国清寺里的日本、韩国建立的谢师碑等建筑，带领我们穿越时光，令人回忆当年天台宗祖师接受日朝留学僧，将天台宗教义和佛经

---

①　唐朝尚称为石城寺。

传授给东洋留学僧的情景。浙东其他东传佛教也常迎来其海外崇信者。如曹洞宗等,也迎来日本同宗朝拜,具有很大的潜力可以发掘。在招引国内信徒朝拜观光上,还有数量极其巨大的一般民众值得深入调研,重视信众的需要,盘点佛教资源,推出适合的宗教旅游产品。这方面的文章做得不够,需要加大力度,加以研究,引导,将法律法规、政策与经济发展结合起来,提高信众的朝拜消费档次,促进和谐社会的进一步发展。总之,开发宗教朝拜游是近四十年来浙东不少地方取得成功的途径。有些佛教寺院往往就是景区的主要景点,以"佛"兴"游",游客如潮,旅游业长兴不衰,如天台山国清寺、舟山普陀山的佛教朝拜旅游就是一个典型的事例。相比于佛教朝拜对旅游业的拉动,道教宫观的影响力则要弱些,其社会普通信众数量也不如佛教信众面广量大,但不能视若无睹,这部分的宗教场所及其信众也有一定的旅游价值,甚至是有较大的价值,像浙江省有天下十大洞天中的三大洞天①以及一处小洞天,众多的福地等道教场所,很值得保护与利用。像天台山中的桐柏宫是台州道教的知名场所,又是台州道教的管理机构,历史上与众多的文化名人结下深缘,像司马承祯、吴筠、李白、孟浩然、许浑、杜光庭等等,这些文化名人都是重要的可以为名山旅游事业持续发展发挥支撑作用。如今台州黄岩的委羽洞天、仙居的括苍洞天都已经在保护与利用上引起了重视,必将为当地旅游的提振提供有效帮助。

山水景色游与文化的结合,是今后仍然需要不断研究提高的领域。当今旅游开发热潮中打出文化牌子的为数甚多,起初为旅游发展发挥了明显的成效,同时也有一些问题。有的看似重视文化,文化似乎"生逢其时",而其实是"炙手可热心可寒",将山水景色与文化结合得水乳交融,促进旅游繁荣兴旺,并非比比皆是。比较常见的是不恰当地使用"文化"乃至滥用"文化",以"文化"为味精、噱头与标签,乱标乱贴,并不能让山水文化得到实质性的重视,发挥其提高人民精神生活境界,改善社会文化环境,实现文化创新的目的。因此这一课题将是需要深入研究和发掘的文化矿藏,在进一步发展浙东山水景色旅游事业中将值得充分的关注。目前浙东有些地方开发山水旅游景点取得较大的成功,像绍兴的嵊州、新昌,台州的天台、仙居就是典型案例。毋庸讳言也在山水文学和文化方面存在深入研究与提高的空间,这就需要唐诗之路这样的文化研究为它提供重要的帮助。如果能够发

---

① 委羽洞天、盖竹洞天、括苍洞天。

掘历史上曾经拥有过的文化遗产,为此类景点景区充实内涵,提高旅游的文化层次,增强对游客特别是对文化层次相对较高游客的吸引力,扩大景点景区的影响,就会产生持续的良好的效果。

天台山文化对外的影响力若从东晋孙绰创作《游天台山赋》开始,有一鸣惊人,持续发酵之效。嗣后随着王羲之、支道林、谢灵运、顾恺之、陶弘景、李巨仁等名家巨擘的一再赞叹颂扬,尤其是萧统的《昭明文选》作为读书人必读教材,而成为海内外知名的文化圣地。

(四)天台山茶叶对东洋饮茶文化的影响

中国是世界上茶叶种植的发源地,也是饮茶礼仪、泡茶艺术(茶艺)的发源地,对世界茶叶种植与饮茶文化做出了巨大的贡献,在茶文化史上无疑居于崇高的位置。茶叶之所以进入中国人的饮料之中,在上古时代的神话传说中,是神农尝百草时发现此物有解毒的作用,这在古人的心目中便具有神奇的功效,特殊的药用价值。这种神话传说为我们提供了古人发现茶叶功效的主要原因。而其味苦,是茶叶在味觉上最初也是最突出的印象,《说文解字》:"荼,苦荼也。"古代文献记载中多忘不了它的苦。像《诗经·七月·谷风》:"谁谓荼苦,其甘如荠。"古人对茶的生长习性与时令也早有观察与记载,如《楚辞·九章·悲回风》:"故荼荠不同亩兮",《春秋繁露·循天之道》:"而荼以夏成。"出于药用植物性状与功效的分析判断,一般书籍记载不会很细致,而对于专门研究草药的著作而言,则属于必需分辨清楚的,陆羽《茶经》卷下载:"茶,一名荈,令人不眠。"所以记载茶叶多见诸古代医药之书中,如《唐本草》载茶叶:"茗味甘苦,微寒,无毒。主瘘疮,利小便,去痰热渴,令人少睡。""主下气,消宿食。"《汤液本草》卷下载:"茗,苦茶,气微寒,味苦甘,无毒,入手足厥阴经。……清头目,利小便,消热渴,下气消食,令人少睡。"东汉王褒《僮约》中已有"烹荼尽具""武阳买荼"的"约定",可见"吃茶"的习惯与煎茶、泡茶作为日常生活内容在很早的时代就已经成为先民的重要组成部分。"茶"字本与"荼"字同,其物主要味道便是"苦",故前贤多记住其"苦味"的特点,《尔雅·释木》"槚,苦荼"条下,晋郭璞注云:"树小如栀子,冬生叶,可煮作羹饮。"并解释茶叶的异名(别名)"茗"与"荈"以及"荈"字之义:"今呼早采者为荼,晚取者为茗。一名荈,蜀人名之苦荼。"而唐朝陆德明《经典释文》将"荈"字释为"茗之类"。王桢《农书》卷十"茶"条:"《茶经》云:'一曰茶,二曰槚,三曰蔎,四曰茗,五曰荈。'早采曰茶,次曰槚,又其次曰蔎,晚曰茗。至荈则老叶矣。'盖以早为贵也。"这几个茶叶的字以"荼(茶)、茗"为常用,其分别主要着眼于采摘时间的早晚。实际上用训诂学的术语来表达的话,就是浑言之(笼统地说),茶就是茗;析言之(区别地说),则早采的叫作茶,晚采的叫作茗。茶字变成茶,清朝学者认为是在唐朝开始的,其关键人物便是号称"茶圣"的陆羽,其著作便是《茶经》。像顾炎武在《日知录》卷七中说:"荼字自中唐始变作茶。"郝懿行在《尔雅义疏》"櫃,苦荼"条下解释道:"今茶字古作荼。诸书说荼处,其字仍作'荼',至唐陆羽著《茶经》,始减一画作'茶'。今则知'茶',不复知'荼'矣。"

我国长江中下游地区是茶叶分布的好地方,历史上一直是产茶的地区,出名茶之地。《茶经》以为茶叶以"山南以峡州上[①],襄州、荆州次之,衡州下,金州、梁州又下"。《农书》"茶"条说:"闽、浙、蜀、荆、江、湖、淮南,皆有之,惟建溪北苑所产为胜。"这些古代茶叶记载作为考察出产品质优劣,只能供参考。今天来看,浙江全省均产优质茶叶,从东海中的舟山群岛,到浙江与江西、安徽交界的开化等,从湖州到温州,莫不如此。而台州天台山是中国较早栽培茶叶、研究分析茶叶的生长特点与较早利用茶叶的地方,天台山的方外人士,最早的应当是道士关注茶叶,到栽培茶叶,后来普及开来,将吃茶作为有益身体健康,提神补智和修炼得道成佛的重要辅助手段。天台山的茶叶种植与吃茶文化到唐朝已经达到一个新的阶段,应当是与时尚同步,甚至领先一步,重视吃茶。有关史料记载表明:茶叶在唐朝已经为社会知阶层所共宝,成为日常生活中重要的饮料。李肇《唐国史补》卷下云:"风俗贵茶,茶之名品益众。"可见茶为社会各阶层所贵重的程度,诚如唐朝诗人顾况在《茶赋》中所说的那样:"赐名臣,留上客,谷莺啭,宫女嚬,泛浓华,漱芳津,出恒品,先众珍,君门九重,圣寿万春。此茶上达于天子也。滋饭蔬之精素,攻肉食之膻腻,发当暑之清吟,涤通宵之昏昧,杏树桃花之深洞,竹林草堂之古寺,乘槎海上来,飞锡云中至。此茶下被于幽人也。"[②]茶叶上达天子,下被幽人,无论三教九流,广为普及。不但大唐域内饮茶成为风尚,而且影响到周边少数民族的生活习惯,李肇《唐国史补》卷下载西番亦甚嗜茶,且多中国各地输出之茶:"常鲁使西番,烹茶帐中,赞普问曰:'此为何物?'鲁公曰:'涤烦疗渴,所谓茶也。'赞普曰:'我此亦有。'遂命出之,以指曰:'此寿州者,此舒州者,此顾渚者,此蕲门者,此昌明者,此灉湖者。'"李肇所载西番赞普拥有内

---

① 峡州生远安、宜都、夷陵三县山谷——原注。

② 董诰,等:《全唐文》,上海古籍出版社 1990 年版,第 2375—76 页。

地许多地方出产的茶叶,那么茶叶的流通与贸易到达西番的情况,与西番人民生活喜欢茶叶自不难推知,可见当时饮茶风习之一斑。正是在这种社会共同珍视茶叶的情况下,文人之间将饮茶视为雅事,以饮茶相尚,其风愈扇愈烈,对社会饮茶习俗的培养起到重要的推动作用。比如在浙东的政治中心越州,文人云集,骚客如林,当时由越州的严维、李洞等人发起组织了"云门茶会",堪称当时的茶叶品评鉴定会,又是"茶与诗文化现场观摩大会",都是当时全国风行的饮茶风尚之缩影。由此联想起上述日僧最澄一行来台州求法,在最澄等人"毕业"前夕,要举行送行仪式,台州司马吴颛等举行茶会与之为别,赋诗相送,依依深情,尽托之于茶。这就是当时风尚所贵重的习俗。

浙东诸州均出产茶叶,而所产之茶,向以越州日铸茶为代表,素为贡品,号称海内名茶。台州茶叶栽培与种植历史悠久,特别是天台山植茶最早,天台山上的"园茗"早在葛玄时就开辟出来了,《抱朴子》:"盖竹山有仙翁茶园。"旧传葛玄植茗于此。后来台州各县亦均有名茶出产。据宋陈耆卿《赤城志》记载:按陆羽《茶经》台越下注云:"生赤城山者与歙同。"桑庄《茹芝续谱》云:"天台茶有三品,紫凝为上,魏岭次之,小溪又次之。……而宋祁答如吉茶诗有'佛天雨露,帝苑仙浆'之语,盖盛称茶美而不言其所出之处。今紫凝之外,临海言延峰山,仙居言白马山,黄岩言紫高山,宁海言茶山,皆号最珍,而紫高山茶昔以为在日铸之上者也。"当时台州各县都有优质茶叶出产,天台所产之茶以紫凝山出产者为佳,黄岩的紫高山茶甚至被认为超出绍兴名茶日铸茶之上。与越州相邻的浙东婺州(今浙江金华)出产名茶,号称"东白"茶,被李肇载入《唐国史补》。越中亦出产名茶,其茶叶只取叶尖,故被誉为"越笋"。唐朝刘言史作有《与孟郊洛北野泉上煎茶》[①]诗:

> 粉细越笋芽,野煎寒溪滨。
>
> 恐乖灵草性,触事皆手亲。
>
> 敲石取鲜火,撇泉避腥鳞。
>
> 荧荧爨风铛,拾得坠巢新。
>
> 洁色既爽别,浮氲亦殷勤。
>
> 以兹委曲静,求得正味真。
>
> 宛如摘山时,自歠指下春。

---

① 彭定求,等:《全唐诗》,上海古籍出版社 1986 年版,第 1187 页。

湘瓷泛轻花，涤尽昏渴神。

此游惬醒趣，可以话高人。

　　被誉为"茶圣"的诗人陆羽足迹遍及浙东，既徜徉于山水风月之间，又逍遥于官宦仕途之中，"尝镜水之鱼，宿剡溪之月。"正如其友人皇甫湜《送陆鸿渐赴越序》所云："野墅孤岛，通舟必行。渔梁钓矶，随意而往。余兴未尽，告云遄征。夫越地称山水之乡，辕门当节钺之重。进可以自荐求试，退可以闲居保和。吾子所行，盖不在此。"①越州向来被誉为山水之乡，又是浙东最高行政机关所在地，可以寻求进身仕途的机会，不成则也可以寻找到幽隐高逸之佳所，但陆羽此行的目的并不尽在于此。陆羽走遍东南山水，品评各地茶叶和泉水，所著《茶经》号称世界上第一部茶叶著作。晚唐诗人皮日休《茶中杂咏》诗序云："何得姬公（指周公）制《尔雅》云：'槚，苦茶。'即不撷而饮之，岂圣人纯于用乎？抑草木之济人，取舍有时也。自周以降，及于国朝茶事，竟陵子陆季疵言之详矣。然季疵以前称茗饮者，必浑以烹之，与夫瀹蔬而啜者无异也。季疵始为《经》三卷，由是分其源，制其具，教其造，设其器，命其煮，俾饮之者除痟而去疠，虽疾医之不若也。其为利也，于人岂小哉？余始得季疵书，以为备矣。后又获其《顾渚山记》二篇，其中多茶事。后又太原温从云，武威段碣之各补《茶事》十数节，并存于方册。茶之事由周至于今，竟无纤遗矣。"②这里将茶叶入饮品的时间提到周朝，因《尔雅》传为周公所著，也可备一说，以为将来考证之资。不仅如此，越中茶叶之影响还达到东瀛日本。日本留学僧最澄在越中台州，尤其是在天台山留学期间将天台山茶叶引种到日本，成为日本茶叶种植的开端。有的学者将它称为"中日茶叶之路"。唐朝诗人写到越中产茶、饮茶之作颇多，如温庭筠《宿一公精舍》诗云："夜阑黄叶寺，瓶锡两俱能。松下石桥路，雨中山殿灯。茶炉天姥客，棋席剡溪僧。还笑长门赋，高秋卧茂陵。"司空图《暮春对柳二首》诗云："紫愁惹恨奈杨花，闭户垂帘亦满家。恼得闲人作酒病，刚须又扑越溪茶。"更为难得的是诗僧皎然《饮茶歌诮崔石使君》诗中对剡溪出产的茶叶极其赞赏，高度评价其清香与功用："越人遗我剡溪茗，采得金牙爨金鼎。素瓷雪色缥沫香，何似诸仙琼蕊浆。一饮涤昏寐，情来朗爽满天地。再饮清我神，忽如飞雨洒轻

---

①　董诰，等：《全唐文》，上海古籍出版社 1990 年版，第 3113 页。

②　彭定求，等：《全唐诗》，上海古籍出版社 1986 年版，第 1548 页。

尘。三饮便得道,何须苦心破烦恼。此物清高世莫知,世人饮酒多自欺。愁看毕卓瓮间夜,笑向陶潜篱下时。崔侯啜之意不已,狂歌一曲惊人耳。孰知茶道全尔真,唯有丹丘得如此。"金鼎煎煮的"金牙"越茶,配以"雪色素瓷(特指越瓷)"的茶器,足以令人领略当时文人饮茶清雅高洁风貌的一面。读到这些唐朝诗人所作之诗,反映文人饮茶成风,茶叶成为馈赠佳品,以茶待客成为时代新风尚,就不难理解最澄要费心思从天台山引种茶叶,学习中国士大夫的"吃茶养生"新招数了。

"吃茶"而成"茶艺",深刻地影响了东洋"茶道"。中国上流社会的士大夫在吃茶时,逐步将它与养生、艺术、礼仪表演联系起来,发展成为"吃茶的艺术"——茶艺。茶艺的名称历史上有几个术语,如点茶、分茶等,属于吃茶活动中带有观赏性质的表演艺术。这种茶艺在唐朝就已经出现了趋形,上述有关诗歌等记载中可见一二。这种吃茶的风尚与吃茶的礼仪对日本人来说是很新鲜的,所以在最澄等引进茶种的同时,也就把当时浙东的喝茶的礼仪等"茶文化"也带到了日本。这种以喝茶为中心形成的"茶文化",我国古代在文化人中比较盛行,其名目叫作"分茶",是一种喝茶礼仪所提炼成的艺术表演,唐朝还未形成明确的术语,到宋朝就流行于上流社会,又因社会变动而及于普通民众阶层。南宋浙东大诗人陆游有《临安春雨初霁》"矮纸斜行闲作草,晴窗细乳戏分茶",是描写文人书斋生活中"作书""分茶"的情景,更是因为这首诗写得好而成为传播甚广的"分茶"名句。北宋诗人陈与义《与周绍祖分茶》诗中有一些关于分茶过程的细节描写,让后人得以窥见其中一二:

> 竹影满幽窗,欲出腰髀懒。
> 何以同岁暮?共此晴云碗。
> 摩挲蛰雷腹,自笑计常短。
> 异时分白云,小杓勿辞满。

看来"分茶"是要用茶杓"点"茶,茶碗中的茶水出现某种形象图案,令人观赏称快以为娱乐。杨万里的《澹菴坐上观显上人分茶》把它的表演艺术写得更加美妙:"分茶何似煎茶好,煎茶不似分茶巧。蒸水老禅弄泉手,隆兴元春新玉爪。二者相遭兔瓯面,怪怪奇奇真善幻。纷如擘絮行太空,影落寒江能万变。银瓶首下仍尻高,注汤作字势嫖姚。不须更师屋漏法,只问此瓶当响答……"明朝田汝成《西湖游览志·西湖游览志余》卷三记载南宋定都于临安(今杭州),一时繁华景象,当时临安各种游戏活动极多:"至于吹弹、舞拍、杂剧……花弹、蹴鞠、分茶、弄水、踏滚木……不可指数,总谓之赶趁人,盖耳目不暇给焉。"这种"分茶文化"大概是士大夫、隐士、方外人士悠闲品茶时所展示的"手艺",也是有些有才艺的妓女的赚钱"本领"之一。《佩文斋书画谱》卷三十六:"赵総怜能着棋、写字、分茶、弹琴。""分茶"与弈棋写字(书法)弹琴并列。这种"艺术"直到明清两朝还很流行。如清康熙皇帝《再叠前韵题唐寅品茶图》:"非关陆羽癖分茶,偶试原欣沃道芽。瓷碗筠炉值兹暇,田盘春色正和嘉。"这种"分茶"手艺的形成自然是中国茶文化的产物,而与我国饮食发达的艺术因素息息相关。据宋人所记载的宋朝饮食生活中有"分茶",属于饮食店的一种。孟元老《东京梦华录》卷四《食店》:"大凡食店大者谓之分茶,则有头羹、石髓羹、白肉、胡饼……面饭之类。"又有"素分茶":"及有素分茶,如寺院斋食也。"则是素食。吴自牧《梦粱录》卷十六载有"又有专卖素食分茶,不误斋戒。"同卷还有"分茶酒店",又有"分茶店",就是面食店。正是这么发达的饮食花样,饮茶出现"分茶"这样兼有礼仪与艺术的"手艺"也自然是合乎情理的事情。只是这种"分茶"的艺术在中国慢慢地失传了,而在日本被很好地保存了下来,并且有所发展,形成现代日本的"茶道"。在改革开放后,国人重视传统文化的发掘弘扬,浙东的茶艺表演既参考日本现代茶道,又继承了悠久的"分茶"传统,糅合了现代与历史文化的深厚内涵,赋予它以时代的精神和不同于古代的表演形式,"千年的铁树开了花",翻开历史的尘埃,失传了的"分茶"演变为今天的"茶道"表演,成为招待游客与对外交流的一个组成部分。应该说是文化翻新的表现吧。

(五)天台山弈棋对东洋的影响

博弈是一种高级智力游戏,传说是帝尧发明的用来教育他儿子丹朱的"教具",后来普及开来,成为训练和开发人的思维能力的一种游戏。现代将弈棋划分到体育运动的范畴,这是现代人的事。古代没有这种分野的问题,也未明确把它划归何类。如果放眼世界,有的国家也未将弈棋归到体育范畴中,如日本,不仅把围棋看作智力的竞技,还视为艺术。和钢琴、绘画一样,棋手可以把它作为一种职业的选择,可以作"美的追求"。这也可以看出这种游戏的分野是不一致的。近年来将棋牌类游戏归类为"智力运动",应当看作对此类游戏认识的深化,也是在其性质划分上的回归。我国对待围棋的传统观念还有更加丰富的内涵,前贤把弈棋看作十分高尚文雅的事情,具有浓郁的文化韵味，故谓之曰"坐隐"；把对弈看成两人的无声的交流会晤，故谓之曰"手谈"。宋人把棋书命名为《林泉高致》，此后把棋谱称为"桃花泉"等等，就是这种观念的产物。这就超出仅把弈棋当作竞技活动的境界远得多了。浙东弈棋的来历前文在述及两大神话传说中已经详细地交代了王质观仙人弈棋而烂柯一事的来龙去脉，是围棋传说的发祥地，可谓历史悠久。关键是浙东弈棋有传统，在民间基础好，即使在唐朝诗人留下的作品中，都可以看到当时浙东文人弈棋的蛛丝马迹，供后人来想见其生活风尚，品味其风雅情操。如越州布衣诗人秦系在《春日闲居三首》诗就写道：

> 一似桃源隐，将令过客迷。
> 碍冠门柳长，惊梦院莺啼。
> 浇药泉流细，围棋日影低。
> 举家无外事，共爱草萋萋。

好一个"浇药泉流细，围棋日影低"啊，那是具有悠闲心思和缓慢的生活节奏中，拥有高雅的情调和牧歌式的优雅朋友，在体味人生的难以言传的精神境界。宋朝文豪苏轼"长日唯销一局棋"，虽然也是缓慢节奏的，但是不及此诗的宽舒与无心无意。

另一位游历浙东的布衣诗人张祜诗中也反映了当时方外人士的弈棋情节，他在《赠天台叶尊师》诗中写道：

> 莫见平明离少室，须知薄暮入天台。
> 常时爱缩山川去，有夜自携星月来。
> 灵药不知何代得，古松应是长年栽。
> 先生暗笑看棋者，半局棋边白发催。

这个叶尊师就是晚唐时期天台山著名的道士括苍（今丽水）叶藏质，在晚唐时期来天台山游观的诗人笔下多次出现。浙东和尚道士爱弈棋还可以未到过浙东的诗人作品中得到印证。如晚唐著名诗人温庭筠在《宿一公精舍》诗中就提供了很好的事例："松下石桥路，雨中山殿灯。茶炉天姥客，棋席剡溪僧。"剡中僧人有爱好文雅者本不足为奇，而在唐诗中屡次见到其中多有爱好弈棋者就值得注意了。它是为习俗所熏陶，还是为传统所感染，或者是为环境所"风化"？所以浙东棋风流传时间长,民间弈棋风气较盛,与其历史渊源相为表里。至于日本人士何时将中国的弈棋(下围棋)学到手的,目前还没有一种权威的结论。但从中国历史文献记载来看,不会晚于隋朝。《隋书·倭国传》记载:"(倭人)好棋博、握槊、樗蒲之戏。"既是"好棋博",则其社会上至少已经开始流行围棋,成为有闲人士的一种娱乐消遣,一种文化生活的优先选择,这才会出现"好棋博"之戏。如此我们才会从唐宣宗时围棋国手顾师言与日本(倭国)王子交手对弈的记载来看,应当是早在唐朝之前。日本史料如《古事记》等记载也要早于唐朝,围棋传入日本。像《大日本百科事典》则认为围棋在公元1—4世纪经朝鲜传到日本,在唐朝以前就已经流行于上流社会中了。所以笔者在唐朝浙东诗文中很难找到有关围棋与日本人士的直接联系,而日本人来浙东也没有像对佛教、诗文以及茶叶等的学习兴趣,没有留下学习围棋的故事及其记载。到当代浙东涌现了许多著名的围棋国手,如马晓春、俞斌、陈临新、杨士海、王一民和女子棋手金倩茜、朱菊菲等都是出自越州台州明州温州,两位女子围棋国手都是天台县人,而嵊县(今绍兴嵊州市)马晓春九段1995年一年之内两夺世界冠军,实现了中国棋手在世界围棋比赛历史上冠军"零的突破",并且连续夺得十三届"名人",创下了现代中国围棋史的空前的奇迹;台州天台县俞斌九段号称中国围棋队的"计算机"和"洗衣机",在中国围棋与东洋的韩国交锋处于低潮的2000年勇夺"LG杯"冠军,长期保持等级分的前列,这是到今年为止中国棋手所夺得世界冠军中的极具里程碑意义的三项,而且是前三项。台州临海的陈临新九段,夺得"新体育杯"、国手赛冠军等,这在当年冠名赛很少的时候是很难得的国家围棋队少数几个问鼎的九段棋手。马晓春、陈临新、俞斌三位九段都是"天台山"(天台山脉范围)人,是中日围棋擂台赛的主力棋手,也是当时中国围棋对外交流中的骨干,号称"半个国家队"。马晓春、俞斌都担任国家围棋队总教练,俞斌是现任总教练,陈临新是浙江省围棋队教练。他们在与日韩为主的国外围棋比赛中,既"树敌"无数,又与这些"敌手"结下了深厚的友谊。现在这些棋手仍然活跃在弈棋的圈子里,还时常有令人惊喜的表现。从"浙东三连星"他们身上,回溯历史,是否可以倾听到一点浙东弈棋文化"余音袅袅不绝如缕"的回响,体味到一丝"野芳发而幽香,嘉木秀而繁荫"的回味?从1988年天台县承办第十届"新体育杯"围棋赛起,2012年天台县设立"天台山世界女子围棋团体锦标赛"以来,以中、日、韩以及我国台湾女棋手组团前来比赛,迄今已经举办了六届,其中韩国获得三届比赛冠军三届亚军,中国大陆队获得三届冠军三届亚军,日本队获得五届季军,我国台湾队获得一届季军。因为天台山国清寺就在赛场边上,是日韩棋手喜欢游观之地,所以团体围棋赛间,日韩棋手多乐意到国清寺游观,调节心情,拜访天台宗祖庭,为围棋比赛留下许多有趣的花絮。佛教天台宗祖庭的国清寺,佛宗道源的天台山,在宗教文化之外,又增添了一条以弈棋与日韩交流的渠道,延续历史的文脉,开辟新的蹊径,为浙东山水增辉,为天台山文化添彩!

天台县还是我国第一个获得"围棋之乡"称号的县,1988 年 10 月,全国第十届"新体育杯"围棋赛在天台县举行,由于国手俞斌九段是天台人,又是"新体育杯"冠军,女子棋手金倩茜、朱菊菲也是天台人,获得过"新体育杯"冠军的陈临新九段邻县临海人。以前天台民间风俗还有女子出嫁要有围棋为嫁妆,当时县里围棋比赛常有上千人参赛,围棋运动在群众中的普及程度很高。依据上述情况,国家体委于 1988 年 10 月 26 日向天台县颁发了全国第一个"围棋之乡"的证书,由体委四司棋类处长杨光辉宣读命名文件。此后,马晓春的故乡嵊县(今嵊州市)是第二个获得全国"围棋之乡"称号的县(1990 年 5 月 11 日),迄今共有五个县(区)获得"围棋之乡"的称号,其他三个是:江苏省张家港市,上海市嘉定县(后改为区),河北省怀安县。这些地方的围棋普及程度较高,对于促进地方智力运动发展,提高群众性文化娱乐活动层次,丰富业余文化生活,增进社会文化交流,建设和谐社会,都发挥了积极的作用。

第三节　台州文化特点之简要归纳

常言道:"一方水土养一方人。"同理,一方之人自然有一方之文化,而此方之文化之所以不同于他方之文化者,因为地方之特点也。台州文化的特点,因为文豪鲁迅于无意间的点评,传播最广,亦最得人认同者,非"台州式的硬气"莫属。而今随着地方文化研究越来越受到重视,台州地方文化特点的归纳提炼,亦一改以前无人问津的状态,变得多姿多彩,总结起来,亦有多种方式表达。如有人则称台州自然环境及其文化特点为"山魂海魄";有人称为"台州四气":硬气、灵气、大气、和气;诸如此类,不一而足。地方文化的特点与周边地域文化上存在紧密的联系,要想切分得准确,提炼得鲜明,不是容易的事情。比如台州特色文化之与温州文化本是同一辖区,可谓同根同源,相同之处甚多,但亦存在不同,就如温州方言之与台州方言,温州人做生意之与台州人做生意,同中有异,异中有同。即以"山魂海魄"为例,温州亦是山海之间,放在温州是否同样适用? 肯定是适用的。以之用于宁波、绍兴是否也可? 又如"硬气"来概括台州文化的特点,放在金华、衢州、严州、处州,是否同样有硬气? 肯定有,王士性说金衢严处为山谷之民,"石气所钟,猛烈骛愎,轻犯刑法"嘛。因此概括台州文化的特点,实在是不容易的。推敲再三,觉得文豪在无意中的点评恰如其分地标明"台州式",实为简洁明了,标称得当,又可区别于周边地域文化的特点;同时对台州文化特点的概括,从文豪的一"气"开始,到今人的四"气",呈不断增长趋势,似乎概括的"气"多,对于台州地方文化研究的深度就深了呢? 似乎也不是这么绝对。故选其中山水两大要素,标以"台州式",以概其余。是否合体,有待于诸位体认了。

一、"台州式的硬气"

台州擅山海之雄奇,台州人世居于山海之间,按照"存在决定意识"的道理,是坚定不移的大山和狂风巨浪的大海,造就了台州人民刚强不屈的性格,鲁迅点评为"台州式的硬气"(《为了忘却的记念》)。

台州人民在长期历史中养成了不畏强权,敢于抗争,坚持真理,崇尚气节,宁为玉碎不为瓦全的风气,台州式的风气俗称"台州斜"。因为台州人的文化主流来源于中原,可以说将中原文化中的根基带到台州,并予以弘扬,又世居于山海之间而受山海之钟毓,适应东南沿海环境的特点,可谓环境使然。台州式的硬气表现在文人身上者,明显植根于儒学思想中的"士不可以不弘毅","三军可夺帅也,匹夫不可夺志也","士任重而道远。仁以为己任,不亦重乎? 死而后已,不亦远乎?"(以上《论语》);"富贵不能淫,贫贱不能移,威武不能屈。此之谓大丈夫"(以上《孟子》),台州士人为自己处世为人"立德、立功、立言"所追求的"三不朽",即使临危赴难,亦勇于担当,哪怕付出再大的牺牲,也不可"夺志",的确做到了"卓然有立,不为他物移动"(《朱子语类》）。如明朝方孝孺①，清朝齐周华，现代陆蠡、柔石等士人身上所体现的"大丈夫"精神，真合了一句古话："夫路不险则无以知马之良，任不重则无以知人之德。"这些先哲的立德践行，透露着一股不可磨灭的浩然之气，气贯长虹，纵然千载之下，仍旧彪炳史册，永放光芒。

台州式的硬气表现在武人身上者，其操守一如上述文士。如明朝沿海抗倭战争中，与俞大猷协力抗倭的名将台州临海人刘恩至，戚继光的部下杰出的抗倭武将杨文等六位"武人"；明朝赴朝鲜抗倭的王士琦。清朝台州沿海抗击"绿壳"，在嘉庆朝围剿安南艇匪"凤尾帮"即盘踞于大陈岛的越南"绿壳"，剿灭沿海本土"绿壳""水澳帮"，台州参战将士发挥了重要作用。抗日战争时期，国军上将陈安宝将军率部浴血奋战，亲自持枪与日寇肉搏，战死疆场，同样为国捐躯的国军将领还有王禹九将军等；台州人保家卫国，奋勇当先，1939年抗日战争进入相持阶段，前方吃紧，急需大量兵员，天台县成立抗日志愿兵团，原定招兵1290人，结果自愿报名者达1714人，成为"在全国各县中还是第一次见到"的事件，被评为全国著名的"抗日模范县"。同时台州"武人"供职于军队重要岗位者，如国军空军总司令周至柔上将，国防部次长林蔚上将，军需总署署长陈良中将等大批台州"武人"，忠诚于国家，奉公守职，为驱逐日寇，取得抗日战争的伟大胜利做出了重要贡献。台州军民在抗日战争中还有重大建功表现，1945年3月17日，日本海军第四派遣舰队司令山县正乡中将所乘座机降落于台州湾海门口，被国军水警、护航部队和沿江各乡镇自卫队围歼，山县正乡及其随员大部被击毙，少数漏网日寇于随后几日在海门到涌泉沿江地带被搜剿，或毙或俘，无一脱逃，山县正乡后被追晋为海军大将。这是抗日战争中被中国军民在战场上击毙的级别最高的日军将领②，仅次于被美军击毙的山本五十六海军大将，是台州军民在抗日战争中所取得的最大的战果，所建立的最大的战功。

台州式的硬气表现在官员身上者，表现为正直官员多，执法如山官员多。明耿定向《先进遗风卷上》记载了一位台州出身的官员，在金钱与法律面前，不贪婪，不阿徇的形象：

---

① 靖难之役中，方孝孺不肯为篡权登基的朱棣起草登极诏书，最后被灭十族。台州府城内原有方正学祠，在临海县衙北百花桥，今重建于聚宝山侧。又有祠在宁海县西门内。俱祀明方孝孺。又有八忠祠，在临海县龙顾山，祀方孝孺、叶惠仲、王叔英、徐垔、郑华、卢原质、郑恕、卢迥，皆建文时死难者。后增入东湖樵夫，为九忠祠。

② 在北方被击毙的阿部规秀虽同为中将，但级别低于山县正乡。

　　　　天台鲁中丞穆登进士后，还乡，杜门读书，绝迹谒请。嗣戒行还京，有司具賮赆赠之，固辞弗受。或曰："行以赆，礼也。奈何拒之？"鲁公曰："筮仕之始，未有分毫益于乡里而先厉之，忍乎？"嗣拜监察御史，寻擢福建佥事，摧抑豪右，无所顾避。文敏时执政，家人有犯者，亦不少贷。文敏以为贤，特荐于宣庙，遂拜佥都御史。鲁公历仕二十余年，家无余赀，被服如寒士。卒之日，家无以殓，赖诸公卿赙，始克襄事。迹公终始若此，于文敏之知，可谓亡负矣。

　　这里举到的清官鲁穆一是谢绝地方官府送的礼物，二是执法无私，即使于己有恩的上级官员的家人有犯法者，"亦不少贷"，不因为有恩于己而徇私枉法，予以宽纵。三是历仕二十余年，家贫如寒士到死的时候，连殡敛的钱都没有，依靠其他亲友的送葬钱才完成了葬礼。

　　又如明朝天台人范理，他在担任江陵令一职时，遇到当朝大员杨溥之子路过江陵时，亦止按照通常礼节对待，未尝特别逾礼阿徇，而杨溥并未因此疏远范理，反而认为范理做得正确，推荐范理升任德安府知府，在德安做了许多有惠于民众的事情，留下了很好的口碑。杨溥又提拔他担任贵州左布政使，人家都劝范理应当写信与杨溥，表示感谢。范理认为杨溥是为朝廷任用人才，不是对我范理特别照顾，有什么好谢的呢？直到杨溥去世后，才在葬礼上祭拜而哭送，来感谢这位人生的知己：

　　　　杨文定公溥执政时，其子自乡来省，至京邸，公问曰："一路守令闻孰贤？"其子曰："儿道出江陵，其令殊不贤。"曰："云何？"曰："即待儿苟简甚矣。"乃天台范理也。文定默识之，即荐升德安府知府，甚有惠政，民到今颂之。再擢为贵州左布政使，或劝范当致书谢范公，曰："宰相为朝廷用人，非私理也。何谢？"竟不致一书。逮后文定卒，乃祭而哭之，以谢知己云。

　　这些人的事迹，实际上都有一种前提，那就是"打铁先要自身硬"，自身若是不硬或者不够硬，要做到像鲁穆、范理这样，是不可能的。

　　台州式的硬气表现在普通百姓身上者，表现为勇于反抗，不畏高压。台州历史上僻处东南沿海，每当统治者压迫加强，各种盘剥深重，矛盾激化，便易产生民变事件，造成重大影响，甚至波及全局。较大的民变事件，如唐朝安史之乱即将平息时,台州爆发了袁晁起义,短短时间内,民疲于饥役者悉归之,聚集起人马二十余万,占领了台州、温州直到衢州、上饶一线,江南震动,唐朝中央调动镇压安史之乱的精锐部队李光弼部,赶赴浙东,以雷霆万钧之势,围剿袁晁所部,才算在半年时间内扫荡成功。但朝廷所付出的代价是难以计算的了。又如宋朝睦州方腊起义,台州仙居吕师囊聚众响应,打到台州州城,亦呈一时风云际会之势。元朝末年黄岩盐贩方国珍(其家乡今隶路桥区)为反抗官府压迫,揭竿而起,聚集队伍,以海上船队为凭借,进则登陆打击,官军兵临围剿,则登船出海,扬长而去,退往海岛,官府徒唤奈何,其势力鼎盛时占有台州、温州、庆元府(今宁波、舟山)以及绍兴府的余姚、上虞,隔曹娥江为界,阻断元朝海上运道,造成大都物资告急,成为推翻元朝统治的重要力量。晚清临海金满占领桐坑为据点,反抗官府暴政,坚持数年,朝廷不得已而招安。20世纪第一次国内革命战争时期,台州宁海县爆发了著名的"亭旁起义"(亭旁今隶三门县),为共产党发动的浙东有重要影响的农民武装暴动事件。等等。这些历史事件集中体现了台州百姓身上那种不畏强权,勇于反抗的精神。

二、台州式的灵气

台州三面环山,一面临海,海上交通是其有利的自然因素,以陈寅恪先生的观点,易得外来文化的影响。像台州历史上道教与佛教特别发达,便是与之濒海地域存在紧密的关系。这些宗教文化在台州千百年的深耕细耘,对台州文化的熏染,自然发挥了重要作用。台州境内最大的水流是灵江,系浙江第三大水系,仅次于钱塘江和瓯江,是台州的母亲河,是现代化交通系统出现以前台州内陆与台州湾口交通的大动脉。水的流动不居,变幻莫测,均源于其本性。就如洪颐煊所说:"夫天下之至变者莫如水,或千百年而变,或数十年而变,或一二年而变。观其趋决无常,迁徙不定,载籍所陈,靡得而尽也。"[①]水被视为"天下之至变者",可知其灵动,随时而变,随地而变,无时不变。由于台州既有巍峨的高山,如括苍山脉,天台山脉,无不是浙江沿海有名的大山,故又有水乡泽国的环境,在灵江中下游两岸形成了台州最为广阔的沿海冲积平原,地势低平,水网密布,南官河、东官河等是其中主要人工水道,与灵江、永宁江、椒江水系一起养成了台州人的随机应变的灵性,就如

---

① 　洪颐煊:《汉志水道疏证》,中华书局1985年版,自序。

水的流动不居,无孔不入,做事不墨守成规,思路灵活,善于寻找机遇创造机遇,发展经济。按照王士性的看法,应当是受"水气所钟",而致阴柔灵动吧。这种特点在台州的表现,主要集中于沿海片温黄平原地带的集镇文化和商贩文化。这种水乡文化的灵气愈发显现了蓬勃的生机和无限的活力,是台州民营经济发展中的主动力。在发展台州经济模式中展现了良好的业绩和广阔的前景。

温黄平原向来有经商的传统,是台州最善于做生意的,从前的"鸡毛换糖",小贩收集长头发、鸡毛、牙膏壳、鳖壳、猪鬃,到改革开放初期收购破铜烂铁等,再发展到专门收购废旧电器特别是电动机、发电机、变压器等,收购废旧电器的台州人几乎走遍了全国的角角落落,甚至收购到解体初期的苏联各加盟共和国。另外,这些受"水气所钟"者所从事的行业在改革开放初期,多是做城里人看不起,不愿做的活,如卖炊饭、豆腐生、补鞋、洗衣等,十分接近以前中国人出国到欧美国家所从事的职业。就是这些从事收破烂的、做不起眼职业的台州人,在完成了资本原始积累后,投资于所瞄准的国有企业、集体企业的空隙,把产业做得风生水起,红红火火,尤其是台州李书福的吉利汽车,从补鞋、修理自行车开始,再做摩托车制造,再到造成中国民营企业生产的第一辆吉利汽车,也是中国人拥有自主产权的第一辆汽车,再到建成吉利汽车集团,兼并世界汽车知名品牌"沃尔沃",书写了台州式灵气的华彩乐章,完成了台州民营企业不到 30 年时间华丽的蜕变,化蛹成蝶,树立了一座极具典型意义的丰碑。如今的李书福仍然奋勇精进,自强不息,其发展前景难以限量。

台州水乡的灵气,善于经商的长处,与山乡的硬气也不是截然成为鸿沟,不可逾越。台州山乡为石气所钟的台州人也是善于学习,与时俱进,生存能力很强,外出经商、创办企业者多如过江之鲫,其中身价高者亦很多,但大多为人低调,不事张扬,似乎亦成为新的特色。如今台州人走出台州,走向全国,直到走向世界,已经不再是新闻。如山乡仙居人发现从照相馆的冲洗液和废旧胶卷中可以回收白银,于是从事此行业的人越来越多,终至形成生意兴隆了多年的仙居白银市场。山乡天台从事废旧橡胶的利用,各种汽车用橡胶制品产业因而兴隆;又有著名的平桥筛网市场,是全国有名的筛网交易集散地。临海杜桥的眼镜市场是全国最大的眼镜市场;黄岩的模具市场具有国际影响,温岭的家用水泵、塑料制品、鞋革、水产;路桥的小商品市场(中国日用品市场)还是义乌小商品市场的"师傅",玉环的水暖阀门、家具市场；三门的青蟹市场等等，无不是台州人因地制宜，随机应变，适应时代的需要，不断开拓创新的结果。

当历史的车轮驶到现在，一个古老而年轻的正在快速发展的、经济总量占世界第二位的伟大国度，一个擅山海之利，以民营经济成分占绝对优势的台州，在全国来看究竟处在什么样的位置？据"2017 年中国百强城市排行榜"提供的数据，台州居 2017 年全国百强城市排名的第 50 位，较上一年前进了三位。该榜单由华顿经济研究院编制，由经济和非经济（软经济）两大系列指标综合而成。经济指标由 GDP 和居民储蓄两部分构成，占比 61.8%；非经济（软经济）指标由科教、文化、卫生、生态环境四部分构成，占比 38.2%。与单一维度的经济指标相比，该指标体系能够更加全面、科学地衡量一个地区政治、经济、社会、文化、生态等"五个文明"的建设发展水平。2018 年，据第一财经·新一线城市研究所对中国 338 个地级以上城市再次排名，台州站到了全国经济社会发展的前列，进入中国 30 个二线城市的第 15 名，这是台州人民经历了多么艰难辛苦换来的！放眼新时代，面向世界的台州，在继承传统台州"士秀而文，重道德，尚名节，言行本乎礼义，闾巷弦诵之声相接"（方孝孺语）的基础上，正以台州式的硬气与灵气，在各个领域辛勤劳动，贡献智慧，编织着发奋图强，开拓创新的华美图画，书写着引人入胜的诗篇，演奏着鼓舞人心的乐章。我们坚信，台州的明天更加灿烂辉煌！

参考文献

[1]王士性.王士性地理书三种[M].周振鹤,编校.上海:上海古籍出版社,1993.

[2]逯钦立.先秦汉魏晋南北朝诗[M].北京:中华书局,1983.

[3]萧统.文选[M].上海:上海古籍出版社,1992.

[4]徐三见.默墨斋集[M].北京:中国社会科学出版社,2004.

[5]徐三见.默墨斋续集[M].北京:中国社会科学出版社,2006.

[6]许地山.道教史[M].上海:上海古籍出版社,1999.

[7]曹聚仁.中国学术思想史随笔[M].北京:三联书店,1986.

[8]何炳松.浙东学派溯源[M].桂林:广西师范大学出版社,2004.

[9]陈耆卿.嘉定赤城志[M].徐三见,点校.北京:中国文史出版社,2004.

[10]林表民,谢铎.赤城集 赤城后集[M].徐三见,点校.北京:中国文史出版社,2007.

[11]董诰,等.全唐文[M].上海:上海古籍出版社,1990.

[12]李昉,等.太平广记[M].上海:上海古籍出版社,1990.

[13]严可均.全上古三代秦汉三国六朝文[M].北京:中华书局,1958.

[14]刘昫.旧唐书[M]//二十五史.上海:上海古籍出版社,上海书店,1986.

[15]斯蒂芬·欧文.盛唐诗[M].贾晋华,译.哈尔滨:黑龙江人民出版社,1992.

[16]萧启庆.元代史新探[M].台北:新文丰出版公司,1983.

[17]喻长霖.台州府志[M].胡正武,等,校点整理.上海:上海古籍出版社,2015.

[18]彭定求,等.全唐诗[M].上海:上海古籍出版社,1986.

[19]孙亦平.道教在日本[M].南京:南京大学出版社,2016.

[20]孙亦平.道教在韩国[M].南京:南京大学出版社,2016.

[21]韩昇.遣唐使和学问僧[M].香港:香港中和出版有限公司2011.

［22］诺伯特・欧勒.中世纪的旅人［M］.谢沁霓,译.台北:麦田出版社,2005.

［23］张西平.中国文化"走出去"年度研究报告(2015 卷)［M］.北京:北京大学出版社,2016.

［24］严绍璗.日本中国学史稿［M］.南昌:江西人民出版社,1999.

［25］彼得・伯克.文化杂交［M］.杨元,蔡玉辉,译.南京:译林出版社,2016.

［26］戚学标.台州外书［M］.上海:上海古籍出版社,2016.

［27］吴观周.续台学源流［M］.稿本,浙江临海博物馆藏.

［28］黄仁宇.万历十五年［M］.北京:中华书局,1982.

［29］陈寿.三国志［M］.陈乃乾,校点,北京:中华书局,1982.

［30］张崇根.临海水土异物志辑校［M］.台北:海峡学术出版社,2013.

［31］陈珏.初唐传奇文钩沉［M］.上海:上海古籍出版社,2005.

［32］徐灵府.天台山记［M］//丛书集成初编,第 1998 册,北京:中华书局,1985.

［33］胡正武.唐诗之路唐诗选［M］.北京:中国文史出版社,2004.

［34］葛洪,等.笔记小说大观［M］.扬州:江苏广陵古籍刻印社,1984.

［35］李吉甫.元和郡县图志［M］.北京:中华书局,1983.

［36］何奏簧.临海县志［M］.丁伋,点校.北京:中国文史出版社,2006.

［37］方孝孺.逊志斋集［M］.徐光大,点校.宁波:宁波出版社,1986.

［38］项斯.项斯诗注［M］.徐光大,注,浙江古籍出版社,2006.

［39］胡正武,胡平法.台州人文研究选集(第一卷)［M］.北京:华艺出版社,2006.

［40］叶哲明.台州历史文化专辑［M］.杭州:浙江人民出版社,1993.

［41］台州地区地方志编纂委员会.台州地区志［M］.杭州:浙江人民出版社,1995.

［42］胡正武.魏晋风流对唐诗之路的先导作用简说［J］.台州学院学报,2004(1).

［43］胡正武.唐诗之路与佛道宗教［J］.台州学院学报,2003(4).

［44］胡正武.唐诗之路与政治因素之关系［J］.台州学院学报,2006(1).

［45］胡正武.刘阮遇仙故事与越中传统造纸发微［J］.浙江师范大学学报,2002(3).

［46］瞿蜕园.汉魏六朝赋选［M］.北京:中华书局,1964.

［47］陈寅恪.金明馆丛稿初编［M］.上海:上海古籍出版社,1980.

[48]汤用彤.魏晋玄学论稿[M].北京:人民出版社,1957.

[49]汤用彤.汤用彤集[M].北京:中国社会科学出版社,1995.

[50]任继愈.中国哲学史[M].北京:人民出版社,1979.

[51]简明不列颠百科全书[M].北京:中国大百科全书出版社,1985.

[52]葛洪.抱朴子内篇[M]//新编诸子集成(第一辑).北京:中华书局,1985.

[53]范文澜.中国通史简编(修订本)[M].北京:人民出版社,1965.

[54]傅璇琮.唐才子传校笺[M].北京:中华书局,2002.

[55]余嘉锡.世说新语笺疏[M].上海:上海古籍出版社,1993.

[56]高似孙.剡录[M]//四库全书.上海:古籍出版社,1987.

[57]严可均.全上古三代秦汉三国六朝文[M].北京:中华书局,1999.

[58]陶潜.搜神后记[M].汪绍楹,校注.北京:中华书局,1981.

[59]臧励和,等.中国古今地名大辞典[M].重印本.香港:商务印书馆香港分馆,1982.

[60]上海古籍出版社.汉魏六朝笔记小说大观[M].王根林,黄益元,曹光甫,校点.上海:上海古籍出版社,1999.

[61]林表民.赤城集[M].徐三见,点校.北京:中国文史出版社,2007.

[62]台州地区文管会,台州地区文化局.台州墓志集录[M].丁伋,点校.1988.

[63]竺岳兵.唐诗之路唐诗总集[M].北京:中国文史出版社,2003.

[64]竺岳兵主编.唐诗之路综论[M].北京:中国文史出版社,2003.

[65]竺岳兵.唐诗之路唐代诗人行迹考[M].北京:中国文史出版社,2003.

[66]竺岳兵.天姥山研究[M].香港:中国国学出版社,2008.

[67]李建军.宋代浙东文派研究[M].北京:中华书局,2013.

[68]戴复古.戴复古全集校注[M].吴茂云,校注.北京:中国文史出版社,2008.

[69]临海市委,临海市政府.临海揽要[M].杭州:西泠印社出版社,2014.

[70]林伟.台州民间信仰文化探寻[M].北京:宗教文化出版社,2015.

[71]王及.天妃以前的海洋保护神——白鹤崇和大帝赵炳[J].台州学院学报2009(2).

[72]叶德辉.书林清话[M].长沙:岳麓书社,1999.

[73]纪昀.钦定四库全书总目(上下册)[M].四库全书研究所,整理.北京:中华书局,1997.

［74］陶宗仪.陶宗仪集［M］.徐永明,杨光辉,整理.杭州:浙江人民出版社,2005.

［75］陈孚.陈刚中诗集［M］//文渊阁《四库全书本》.

［76］柯九思.柯九思诗文集［M］.王及,编校,杭州:中国美术学院出版社,2004.

［77］王棻.台学统［M］.上海:上海古籍出版社,2016.

［78］马司帛洛.占婆史［M］.冯承钧,译,北京:中华书局1956.

［79］释慧皎,等.高僧传合集［M］.上海:上海古籍出版社,1991.

［80］洪颐煊.台州札记［M］.徐三见,点校.北京:中国文史出版社,2004.

［81］连晓鸣.天台山暨浙江区域道教国际学术研讨会论文集［M］.杭州:浙江古籍出版社,2008.

［82］胡正武.清考据学家洪颐煊著述存佚考［M］//吴敏霞.古文献整理与研究(第一辑).北京:中华书局,2015.

［83］胡正武,马斌.风流天子唐明皇与唐诗之路［M］//台学研究(第一卷).北京:中华书局2012.

［84］真人元开.唐大和上东征传［M］.北京:中华书局,2000.

［85］潘珹辑.天台胜迹录［M］.胡正武,校点,杭州:浙江大学出版社,2010.

［86］谢铎纂.赤城新志［M］.徐三见,点校.北京:中国文史出版社,2015.

［87］陈骙.文则［M］.胡正武,校点,上海:上海古籍出版社,2013.

［88］齐召南.水道提纲［M］.胡正武,点校.北京:国家图书馆出版社,2017.

［89］戚学标.台州史事杂著三种［M］.临海徐三见名家工作室,校注,长春:吉林文史出版社,2017.

［90］吴茂云.新发现《戴氏家乘》中戴复古家世和生卒年［J］.台州学院学报,2013(2).

［91］灌顶.国清百录［M］.天台山国清寺影印本,2007.

跋

"台州地阔海冥冥,云水长和岛屿青。"这是诗圣所作名句,本是描写此地居处僻远,穷山恶水,满目荒凉,挂念其年老体弱的忘年交广文馆博士郑虔,因陷于长安为安史之乱贼劫持而任伪职,乱平后被贬谪至此,其生活怎么过啊。而今,这两句诗常为地方作为诗圣夸赞台州,制成条幅标牌等,向世人宣传的广告。本书所写台州历史发展历尽曲折,到如今走上民营企业蓬勃发展,市场经济繁荣兴旺之路,它所表现出来的区域文化及其精神,就是一幅台州从荒凉到兴盛的演进图画。世间瞬息万变,进无止境。这本记述天台山文化之书虽有结束之日,对于她文化的研究探索却方兴未艾,没有终止之时。

天台山是古人心目中的"海上仙山",她的面貌已经不再像古代那样"或倒影于重溟,或匿峰于千岭",能够为世人所自由观览欣赏,而她所代表的台州文化,则生生不息,月异日新,尤其是台州民营经济在极其艰苦的环境中,在极其薄弱的基础上顽强崛起,独立标杆,自成一格,继承了"群贤多能立光明俊伟事业,以惊动人世"的血脉,在新的世界一体化潮流中迎风破浪,扬帆远航。新时期的天台山文化呈现日益成长壮大,枝叶纷披,越来越显现出引人注目的姣妍之势。建设新台州,呼唤新文化,呼唤新真儒,群贤彪炳,群星璀璨的华光当不遥远。

在此书酝酿与成书过程中,部分内容在成教院、人文学院历届学生中作为讲义使用,并作为"台州山海文化传统及其当代价值研究创新团队"子课题列入;蒙台州著名史学家叶哲明教授指导,获益良深;同时天台山文化研究所的研究工作得到了天台县政协及陈政明主席的热情鼓励与支持,本书也是受惠者之一;得到台州市社科联原主席茅玉芬、副主席张永红、汤天伟的热情支持;临海博物馆徐三见先生给予指导帮助,令著者每每虚往实归;天台著名学者许尚枢先生先后为著者解答问题;天台山文化交流中心朱封鳌先生和月净法师多次邀请著者参与有关研讨交流;天台知名书法家杨志成先生为本书题写书名;天台县文化学术界奚小星、奚富强、陈远明,临海博物馆王海波,友生厉维扬等为本课题研究提供帮助;得到本校人文学院、天台山文化研究院诸同事启发与帮助;本书所用照片,亦得到众亲友的热情支持,为此,凡得自亲友的照片,署以摄影者姓名,以传其名,扬其美,其余未署名者即为著者所摄;本书责编沈娴女士为本书稿修改提出多项合理化建议等等,谨在此一并致以谢忱!

著　者

己亥仲春修改于临海菊筠斋